新

TOPIK

词汇标准教程

初级

[韩] 延世大学韩国语学堂　编著

世界图书出版公司

北京·广州·上海·西安

图书在版编目（CIP）数据

新 TOPIK 词汇标准教程：初级 / 韩国延世大学韩国语学堂编著. —北京：世界图书出版有限公司北京分公司，2018.8
ISBN 978-7-5192-4507-8

Ⅰ.①新… Ⅱ.①韩… Ⅲ.①朝鲜语—词汇—水平考试—自学参考资料 Ⅳ.① H553

中国版本图书馆 CIP 数据核字 (2018) 第 072777 号

신 TOPIK 어휘 표준 교과 과정（초급）

书　　名	新 TOPIK 词汇标准教程（初级）	
	XIN TOPIK CIHUI BIAOZHUN JIAOCHENG（CHUJI）	
编 著 者	［韩］延世大学韩国语学堂	
执 笔 者	［韩］全娜荣　［韩］金志惠　［韩］李宣英　［韩］李隐芝	
责任编辑	乔　伟	
出版发行	世界图书出版有限公司北京分公司	
地　　址	北京市东城区朝内大街 137 号	
邮　　编	100010	
电　　话	010-64038355（发行）　64033507（总编室）	
网　　址	http://www.wpcbj.com.cn	
邮　　箱	wpcbjst@vip.163.com	
销　　售	新华书店	
印　　刷	北京中科印刷有限公司	
开　　本	787 mm × 1092 mm　1/16	
印　　张	29.25	
字　　数	640 千字	
版　　次	2018 年 8 月第 1 版	
印　　次	2018 年 8 月第 1 次印刷	
版权登记	01-2017-0875	
国际书号	ISBN 978-7-5192-4507-8	
定　　价	69.80 元	

머리말

　연세대학교 한국어학당이 창립된 지 올해로 59주년이 되었습니다. 지난 59년 동안 연세대학교 한국어학당은 회화 교재, 언어 기능별 교재, 활용 연습용 교재 등 많은 교재를 집필, 출간해 왔습니다. 그러나 최근 한국어를 배우는 학습자들이 늘면서 그들의 요구도 다양해졌으며, 한국어 어휘와 문법에 초점을 둔 차별화되고 전략화된 학습용 교재가 필요하게 되었습니다. 특히 한국어능력시험에 응시하는 응시생의 수가 나날이 증가하고 있어 이에 대한 요구도 매우 커지고 있습니다. 이러한 요구에 힘입어 TOPIK을 비롯한 한국어능력평가시험에 관한 연구와 출제 경험이 많은 한국어학당에서 개정된 TOPIK의 내용을 반영하여 <신TOPIK 문법 표준 교과 과정>과 <신TOPIK 어휘 표준 교과 과정> 교재를 개정판으로 출간하게 되었습니다.

　<신TOPIK 어휘 표준 교과 과정>은 초급과 중·고급 (상), 중·고급 (하)의 3권으로 구성되었으며, 한국어를 공부하는 학습자들의 어휘 능력을 향상시켜 한국어 숙달도를 높이고 현재 시행되고 있는 TOPIK을 비롯한 다양한 한국어능력평가시험에 대비하도록 고안되었습니다. 이를 위해 <신TOPIK 어휘 표준 교과 과정>은 한국어 교재와 한국어능력평가시험에서 다루어지고 있는 어휘를 등급에 맞게 선정하여 각 어휘의 의미와 기능을 설명하고 예문을 제시하였으며, 다양한 문제를 통해 학습한 어휘를 활용할 수 있도록 구성하였습니다.

　<신TOPIK 어휘 표준 교과 과정>은 한국어교육기관에서 어휘 학습을 위한 부교재로 활용할 수 있으며 혼자서 공부하는 학습자는 자습용으로 활용할 수 있습니다. 본 교재가 한국어 학습자들이 효율적으로 어휘를 학습하여 한국어능력을 향상할 수 있도록 하는 데 기여할 수 있기를 바랍니다.

연세대학교 언어연구교육원 한국어학당 교재편찬위원회

前言

　　延世大学韩国语学堂创立至今已有59年。在过去的59年里，延世大学韩国语学堂编写、出版了许多会话教材、语言功能类教材、活用练习类教材等。但是最近随着韩国语学习者数量的增加，学习者的要求也变得多样化了，从而需要专门针对韩国语词汇和语法的差别化、战略化学习用教材。特别是随着韩国语能力考试应试生数量的日益增加，学习者对这类教材的需求量也越来越大。针对这种需求，对TOPIK等韩国语能力测评考试有深入研究和丰富出题经验的韩国语学堂编写了《新TOPIK词汇标准教程》《新TOPIK语法标准教程》两套教材。

　　《新TOPIK词汇标准教程》分为初级、中高级上、中高级下三册，是为了增强韩国语学习者的词汇能力，进而提高学习者的韩国语熟练程度以及应对现阶段实施的TOPIK考试等各种韩国语能力测评考试而编写的。为此，《新TOPIK词汇标准教程》把韩国语教材和韩国语能力测评考试中出现过的单词进行了分级编排，对每个单词的意义和功能进行了说明，并提供了单词活用例句。此外还收录了各种可以对所学单词进行活用的练习题。

　　《新TOPIK词汇标准教程》可以用作韩国语教育机构的词汇学习辅助教材，也可以用作韩国语自学者的自学教材。希望本教材能够帮助韩国语学习者们提高韩国语词汇学习的效率，从而增强韩国语能力。

延世大学语言研究教育院韩国语学堂教材编纂委员会

일러두기

1. <신TOPIK 어휘 표준 교과 과정>초급은 한국어를 배우는 중국인 학습자를 위한 어휘집으로 초급 단계에서 알아야 할 어휘를 소개하였다.

2. 이 책은 주제별 총 16과로 되어 있다.

3. 이 책은 주제별로 약 50개~100개 정도의 어휘를 제시하여 설명하였다. 총 어휘 개수는 표제어, 유의어, 반의어, 관련어 등을 모두 포함하여 1325개이다.

4. 각 어휘 설명에는 발음, 품사, 번역, 활용 구문, 활용 표현, 유의어, 반의어, 관련어, 예문 등이 포함되어 있다.

5. 예문은 초급 단계의 학습자가 이해할 만한 문법을 사용하였다.

6. 어휘 제시의 순서는 대주제, 소주제, 가나다순이다.

7. 각 과는 크게 어휘 설명과 연습 문제 두 부분으로 구성되어 있다. 먼저 어휘 설명 부분에서는 활용 구문, 활용 표현, 유의어, 반의어, 관련어 , 예문을 통해 학습자들이 어휘에 대해 충분히 이해할 수 있도록 했고, 어휘 연습 문제 부분에서는 어휘 문제들을 통해 앞서 배운 어휘를 정확하게 이해했는지 확인할 수 있도록 했다.

8. 어휘 연습 문제는 다양한 유형으로 제시하였다. 특히, 한국어능력시험 (TOPIK)을 준비하는 학습자들을 고려하여 한국어능력시험의 문제 유형과 같거나 유사한 문제들을 수록하였다.

9. 단어 색인에는 각 과에서 주요하게 다룬 표제어는 물론 표제어의 유의어, 반의어, 관련어도 모두 포함하여 가나다순으로 제시하였다.

凡例

1. 《新TOPIK词汇标准教程(初级)》是面向中国韩国语学习者的词汇书，里面包括学习者在初级阶段应该掌握的词汇。

2. 本书按主题分为十六课。

3. 本书的每个主题包括50～100个单词。把词条、近义词（用近表示）、反义词（用反表示）、相关词（用关表示）等都包括在内的话，本书的词汇量为1325个。

4. 每个词条中包括发音、词性、汉语意思、活用结构、常见用法、近义词、反义词、相关词、例句等。

5. 例句中使用了初级学习者可以理解的语法。

6. 词汇按照大主题、小主题、韩文辅音字母顺序排列。

7. 每课包括词汇说明和词汇练习题两大部分。词汇说明部分通过汉语意思、活用结构、常见用法、近义词、反义词、相关词、例句使学习者能够充分理解词汇。词汇练习题部分通过一系列词汇练习题使学习者得以确认自己是否准确理解了前面所学的词汇。

8. 词汇练习题包括多种题型。值得一提的是，编者特别为准备韩国语能力考试的学习者编写了与韩国语能力考试的试题类型相同或相似的练习题。

9. 单词索引按照韩文辅音字母顺序排列，不仅包括每课的单词，而且包括该单词的近义词、反义词、相关词。

主题一览表

课	大主题	小主题	词汇数量（个）
第一课	위치와 장소（位置和场所）	1. 위치（位置） 2. 장소（场所）	54
第二课	물건（东西）	1. 의류（衣服） 2. 잡화, 보석, 액세서리（杂货，宝石，饰品） 3. 문구류（文具） 4. 가전제품, 전자제품（家用电器，电子产品） 5. 주방용품, 욕실용품（厨房用品，浴室用品） 6. 가구（家具） 7. 물건의 성질（东西的功能）	104
第三课	시간1（时间1）	1. 수（数量） 2. 시각（时刻） 3. 날짜（日期）	41
第四课	시간2（时间2）	1. 순서（顺序） 2. 시간의 길이（时间的长短） 3. 시간（时间）	43
第五课	사람1（人1）	1. 가족, 친척（家人，亲戚） 2. 관계（关系） 3. 이름, 나이, 성별（姓名，年龄，性别） 4. 외모, 성격（外貌，性格）	61
第六课	사람2（人2）	1. 감정, 생각（感情，想法） 2. 직업（职业） 3. 자세, 움직임（状态，行动）	61
第七课	일상생활1（日常生活1）	1. 하루 생활（一天的生活） 2. 연락（联系）	56
第八课	일상생활2（日常生活2）	1. 만남（见面） 2. 쇼핑（购物）	45
第九课	학교와 직장（学校和工作单位）	1. 대인 관계（人际关系） 2. 학업과 업무（学业和工作） 3. 학교생활（学校生活） 4. 직장 생활（职场生活）	94

课	大主题	小主题	词汇数量（个）
第十课	여가（空闲时间）	1. 운동（运动） 2. 감상, 관람（欣赏，参观） 3. 여행（旅行） 4. 취미（兴趣）	53
第十一课	음식（饮食）	1. 맛（味道） 2. 음료, 간식（饮料，零食） 3. 재료, 소스（材料，调味汁） 4. 요리（料理） 5. 음식（食物） 6. 식사（用餐）	96
第十二课	교통（交通）	1. 탈것, 타는 곳（交通工具，乘坐交通工具的地方） 2. 승차, 탑승（乘车，搭乘） 3. 길, 운전（路，驾驶）	58
第十三课	자연과 계절（自然和季节）	1. 동식물（动植物） 2. 색깔（颜色） 3. 자연, 경치（自然，风景） 4. 날씨（天气） 5. 계절（季节）	66
第十四课	주거（居住）	1. 건물（建筑物） 2. 집（家） 3. 이사（搬家） 4. 집안일（家务活）	57
第十五课	건강（健康）	1. 신체（身体） 2. 병, 증상（疾病，症状） 3. 병원, 치료（医院，治疗）	75
第十六课	담화 표지（话语标记语）		15

Contents

目录

第一课　위치와 장소（位置和场所）……………………… 001

第二课　물건（东西）……………………………………… 021

第三课　시간 1（时间 1）………………………………… 053

第四课　시간 2（时间 2）………………………………… 073

第五课　사람 1（人 1）…………………………………… 091

第六课　사람 2（人 2）…………………………………… 113

第七课　일상생활 1（日常生活 1）……………………… 137

第八课　일상생활 2（日常生活 2）……………………… 157

第九课　학교와 직장（学校和工作单位）……………… 175

第十课　여가（空闲时间）………………………………… 205

第十一课　음식（饮食）…………………………………… 227

第十二课　교통（交通）…………………………………… 259

第十三课　자연과 계절（自然和季节）………………… 281

第十四课　주거（居住）…………………………………… 303

第十五课　건강（健康）…………………………………… 323

第十六课　담화 표지（话语标记语）…………………… 349

연습 문제 정답（练习题答案）…………………………… 357

단어 색인（单词索引）…………………………………… 365

 **위치와 장소** (位置和场所)

1 위치 (位置)

걸다 [걸다] 动 挂，搭

例 옷을 옷걸이에 거세요.
请把衣服挂在衣架上。
가족사진을 벽에 걸었어요.
我把全家福挂在墙上了。

活用结构 名에 名을/를 걸다
常见用法 벽에 그림을 걸다 把画挂在
墙上
옷걸이에 옷을 걸다 把衣服
挂在衣架上

근처 (近處) **[근처]** 名 近处，附近   近 주변 周围，周边 주위 周围

例 병원 근처에는 약국이 많습니다.
医院附近药店很多。
저는 학교 근처에 있는 하숙집에 살아요.
我住在学校附近的寄宿家庭里。

活用结构 名 근처

넣다 [너타] 动 装进，放入

例 가방에 책을 넣었어요.
我把书装进书包里了。
삼계탕에 소금을 넣어서 드세요.
请往参鸡汤里放点儿盐再食用吧。

活用结构 名에 名을/를 넣다
常见用法 지갑에 돈을 넣다 把钱装进
钱包里
커피에 설탕을 넣다 往咖啡
里放糖

놓다 [노타] 动 放, 搁置　　　　　　　　　　　　　　近 두다 放, 搁

例▶ 식탁 위에 수저를 놓았습니다.

我把勺子和筷子放在饭桌上了。

바닥이 더러우니까 가방을 놓지 마세요.

因为地板很脏, 所以请不要把包放在地板上面。

活用结构 动어/아/여 놓다

名에 名을/를 놓다

常见用法 넣어 놓다　装进, 放入

걸어 놓다　挂上, 挂好

책상 위에 책을 놓다

把书放到书桌上

두다 [두다] 动 放, 搁　　　　　　　　　　　　　　近 놓다 放, 搁置

例▶ 지갑은 서랍 안에 잘 넣어 두었어요.

我把钱包放到抽屉里了。

오늘은 회식이 있어서 차를 집에 두고 출근했어요.

因为今天 (公司) 有聚餐, 所以我把车停放在家里,

没开车上班。

活用结构 动어/아/여 두다

名에 名을/를 두다

常见用法 놓아두다　放上, 放好

넣어 두다　装进, 放入

걸어 두다　挂上, 挂好

밑 [믿] 名 下面, 底下　　　　　近 아래 下边, 下面　反 위 上边, 上面

例▶ 제일 밑에 있는 책이 뭐예요?

最下面的是什么书?

나무 밑에서 할아버지들이 바둑을 둡니다.

爷爷们在树下面下围棋。

活用结构 名 밑

사이 [사이] 名 ①之间, 中间 ②时间, 之间, 那会儿 ③关系

①之间, 中间

例▶ 학교와 병원 사이에 은행이 있습니다.

银行在学校和医院之间。

活用结构 名과/와 名사이

②时间，之间，那会儿

例▶ 한 시에서 두 시 사이에 전화하세요.

请一点到两点之间打电话。

活用结构 名과/와 名사이

③关系

例▶ 부부 사이에는 비밀이 없어야 한다고 생각해요.

我认为夫妻之间应该没有秘密。

活用结构 名 사이

名과/와 名사이

常见用法 친구 사이 朋友关系

부부 사이 夫妻关系

부모와 자식 사이 父母和

子女的关系

선생님과 학생 사이 师生

关系

속¹ [속] 名 内，里，里面　　　　　　　　　近 안 内部，里，里面　 反 겉 表面，外表

例▶ 봉투 속에 돈을 넣으세요.

请把钱放到信封里。

주머니 속에 아무것도 없어요.

口袋里什么也没有。

活用结构 名 속

常见用法 물 속 水里

숲 속 树丛里

산 속 山里

봉투 속 信封里

상자 속 箱子里

안 [안] 名 内部，里，里面　　　　　　　　　近 속¹ 内，里，里面　 反 밖 外，外边，外面

例▶ 가방 안에 만화책이 있어요.

书包里有漫画书。

교실 안에서는 음식을 먹으면 안 됩니다.

不可以在教室里吃东西。

活用结构 名 안

常见用法 집 안 家里

학교 안 学校里

건물 안 建筑物里

가방 안 包里

안으로 들어가다 进入里面

① "안"和"속"在一般情况下可以互换使用。
　가방 안 (ㅇ) / 가방 속 (ㅇ)　包里
　봉투 안 (ㅇ) / 봉투 속 (ㅇ)　信封里

② "안"和"속"有的时候不可以互换使用。地点名词后面一般不使用
　"속"，而使用"안"。
　학교 속 (X) / 학교 안 (ㅇ)　学校里
　회사 속 (X) / 회사 안 (ㅇ)　公司里
　공항 속 (X) / 공항 안 (ㅇ)　机场里

③ 出现下面情况时，不使用"안"，而使用"속"。
　산 안 (X) / 산 속 (ㅇ)　山里
　숲 안 (X) / 숲 속 (ㅇ)　树丛里
　물 안 (X) / 물 속 (ㅇ)　水里
　사람 안 (X) / 사람 속 (ㅇ)　人们中

앞 [압] 名 前面　　　　　　　　　　　　　　　反 뒤 后面

例▶ 선생님 앞에 학생들이 앉아 있어요.　　　　活用结构 名 앞

学生们坐在老师前面。

12(열두)시에 학교 앞에서 만납시다.

我们十二点在学校前面见面吧。

어디 [어디] 代 哪里，哪儿，什么地方

例▶ 어디로 가면 버스를 탈 수 있어요?

去哪里可以乘坐公共汽车？

나는 서울에서 왔는데 너는 고향이 어디야?

我来自首尔，你的家乡是哪里？

옆 [엽] 名 旁边，侧面

例▶ 우리 집 옆에 공원이 있습니다.　　　　　　活用结构 名 옆

我家旁边有公园。

한국에서는 어른과 술을 마실 때 얼굴을 옆으로 돌려서 마셔요.
在韩国，（年轻人）跟长辈一起喝酒的时候要把头转向侧面再喝。

올려놓다 [올려노타] 励 放在……上   反 내려놓다 放下

例 ▶ 가스레인지 위에 주전자를 올려놓았다.
我把水壶放在燃气灶上了。
아침에 학교에 오면 선생님 책상에 숙제 공책을 올려놓으세요.
早上来学校时，请把作业本放在老师的书桌上。

活用结构 名에 名을/를 올려놓다
常见用法 책상 위에 가방을 올려놓다
把包放在书桌上

위 [위] 名 上边，上面   反 밑 下面，底下　아래 下边，下面

例 ▶ 양말은 침대 위에 있어요.
袜子在床上。
숙제 공책을 책상 위에 놓았어요.
我把作业本放在书桌上了。

活用结构 名 위
常见用法 위로 올라가다　到上面去

위치 (位置) [위치] 名 位置   关 장소 场所，场地

例 ▶ 책상을 놓을 위치를 알려 주세요.
请告诉我书桌的摆放位置。
지금 다니는 학교의 위치가 어떻게 됩니까?
你现在就读的学校的位置在哪里？

常见用法 건물 위치　建筑物的位置

있다 [읻따] 形 有   反 없다 没有

例 ▶ 우리 반에 미국 사람이 있어요.
我们班里有美国人。
저는 한국어 교과서가 세 권 있습니다.
我有三本韩国语教材。

活用结构 名이/가 있다

2 장소 (场所)

가게 [가게] 名 小商店，小铺子

例 집 근처에 가게가 있어서 편해요.

因为家附近有小商店，所以我觉得很方便。

설탕을 사러 집 앞에 있는 가게에 갔다 왔어요.

我去家前面的小铺子买白糖了。

活用结构 名 가게

常见用法 옷 가게 服装店

신발 가게 鞋店

경찰서 (警察署) [경찰써] 名 警察局

例 제일 가까운 경찰서가 어디에 있어요?

最近的警察局在哪里?

길을 잘 모르면 경찰서에 가서 물어보세요.

您如果不认路，就请去警察局问一下吧。

공원 (公園) [공원] 名 公园

例 저는 주말마다 공원을 산책해요.

我每周末都去公园散步。

일요일에 가족과 같이 공원에 놀러 갔어요.

周日我和家人一起去公园玩儿了。

常见用法 놀이공원 游乐园

극장 (劇場) [극짱] 名 剧场，剧院，电影院 关 영화관 电影院

例 저녁 6(여섯)시에 극장 앞에서 만납시다.

我们晚上六点在剧场前面见面吧。

수업이 끝난 후에 영화를 보러 극장에 갈 거예요.

我下课后要去电影院看电影。

꽃집 [꼳찝] 名 花店   近 꽃 가게 花店

例▶ 요즘은 꽃을 배달해 주는 꽃집이 많아요.

最近，很多花店提供送花服务。

저는 요즘 꽃집에서 아르바이트를 합니다.

我最近在花店里打工。

노래방 [노래방] 名 KTV

例▶ 시험이 끝난 후에 친구들과 같이 노래방에 갔어요.

考完试后，我和朋友们一起去KTV了。

제가 자주 가는 노래방은 비싸지만 깨끗하고 넓어서 항상 사람이 많아요.

我经常去的那家KTV虽然价钱很贵，但是那里因为既干净又宽敞，所以总是有很多人。

대사관 (大使館) [대사관] 名 大使馆

例▶ 주한 중국 대사관은 명동에 있어요.

中国驻韩大使馆位于明洞。

비자를 받으려면 대사관에 가야 해요.

要想拿到签证，必须去大使馆。

活用结构 名 대사관

常见用法 중국 대사관　中国大使馆

한국 대사관　韩国大使馆

문방구 (文房具) [문방구] 名 文具店   近 문구점 文具店

例▶ 학교 근처에 문방구가 많아요.

学校附近文具店很多。

문방구에서 연필, 지우개, 종이, 자, 가위 등을 살 수 있어요.

在文具店里，我们可以买到铅笔、橡皮、纸、尺子、剪刀等。

미술관 (美術館) [미술관] 名 美术馆

例▶ 미술관에서 사진을 찍으면 안 돼요.

不可以在美术馆里拍照。

경기도 과천에 국립현대미술관이 있어요.

京畿道果川市有国立现代美术馆。

박물관 (博物館) [방물관] 名 博物馆

例▶ 한국의 국립중앙박물관은 서울 용산에 있습니다.

韩国的国立中央博物馆位于首尔龙山。

박물관에 가서 유물들을 보면서 역사 공부를 했어요.

我去博物馆边参观文物边学习历史了。

밝다 [박따] 形 ①（灯、光等）明亮，亮堂，亮 ②（颜色）鲜艳 ③ 欢快，开朗

①（灯、光等）明亮，亮堂，亮

反 어둡다（灯、光等）黑，暗

例▶ 불을 켜니까 방이 밝아졌어요.

因为开了灯，所以房间变得明亮起来。

活用结构 名이/가 밝다

②（颜色）鲜艳

反 어둡다（颜色）灰暗

例▶ 미선 씨는 밝은 색 옷이 잘 어울려요.

美善非常适合穿亮色的衣服。

活用结构 名이/가 밝다

③欢快，开朗

反 어둡다 阴郁

例▶ 우리 사무실에 재미있는 사람들이 많아서 항상 분위기가 밝아요.

我们办公室里有很多有趣的人，因此办公氛围一直很欢快。

活用结构 名이/가 밝다

常见用法 밝은 목소리 欢快的声音

표정이 밝다 表情欢快

밝게 웃다 开朗地笑

방송국 (放送局) [방송국] 图 电视台

例▶ 방송국에 가면 연예인을 많이 볼 수 있어요.

去电视台的话，可以看到很多艺人。

저는 졸업 후에 방송국에서 기자로 일하고 싶습니다.

我毕业后想成为电视台记者。

tip ✦

韩国有以下几家电视台：
KBS韩国广播公司，MBC韩国文化广播公司，SBS首尔广播公司电视
台，EBS韩国教育广播电视台

백화점 (百货店) [배콰점] 图 百货商店

例▶ 백화점 물건은 비싸기는 하지만 질이 좋아요.

百货商店里的东西虽然价格很贵，但是质量很好。

세일 기간에는 백화점에 사람이 많아서 복잡해요.

打折期间百货商店里人很多，到处都乱哄哄的。

병원 (病院) [병원] 图 医院

例▶ 남편이 병원에 입원했어요.

丈夫住院了。

많이 아프면 병원에 가세요.

如果疼得很厉害，就请去医院吧。

常见用法 병원에 입원하다   住院
병원에서 퇴원하다   出院

빵집 [빵찝] 图 面包店

近 제과점 面包店

例▶ 저는 아침마다 빵집에서 빵을 사요.

我每天早上都去面包店买面包。

학교 안에 있는 빵집은 값이 싸고 맛있어서 학생들에게 인기가 많아요.

学校里面包店的面包既便宜又好吃，因此深受学生们欢迎。

서비스센터 [서비스센터] 图 服务中心

例 휴대전화가 고장이 나서 서비스센터에 갔습니다.

因为手机出故障了，所以我去了服务中心。

서비스센터에 사람이 많아서 1(한)시간 동안 기다렸어요.

因为服务中心人很多，所以我等了一个小时。

서점 (書店) [서점] 图 书店　　　　　　　　　　　　　　　　近 책방 书店

例 오늘 서점에 가서 책을 많이 사 왔어요.

我今天去书店买回来很多书。

큰 서점에는 오랫동안 서서 책을 읽는 사람이 많습니다.

在大型书店里，长时间站着看书的人很多。

세탁소 (洗濯所) [세탁쏘] 图 洗衣店，干洗店

例 봄이 되어서 겨울옷을 세탁소에 맡겼어요.　　　常见用法 세탁소에 맡기다　把……送到

春天到了，我把冬天的衣服送到了洗衣店。　　　　　　　　　　洗衣店

이 옷은 드라이클리닝을 해야 하니까 세탁소에 맡기세요.

这件衣服需要干洗，因此请把它送到洗衣店吧。

수영장 (水泳場) [수영장] 图 游泳池

例 저는 아침마다 수영장에 가서 수영을 해요.　　　常见用法 실내 수영장　室内游泳池

我每天早上都去游泳池游泳。　　　　　　　　　　　　　　야외 수영장　室外游泳池

지금은 날씨가 추워서 야외 수영장을 이용할 수 없습니다.

因为现在天气太冷，所以人们无法在室外游泳池游泳。

술집 [술찝] 名 酒馆

例 오늘은 회사 근처 술집에서 회식을 합시다.

我们今天在公司附近的酒馆里聚餐吧。

이번 주말에 집 근처에 있는 술집에서 친구들을 만나기로 했어요.

我决定这周末在家附近的酒馆里见朋友。

슈퍼마켓 [슈퍼마켇] 名 超市　　　　　　　关 마트 市场　가게 小商店，小铺子　편의점 便利店

例 슈퍼마켓에서 과일과 과자를 샀어요.

我在超市里买了水果和点心。

지금 집 앞 슈퍼마켓에서 세일을 한다고 해요.

听说家前面的超市正在打折促销。

스키장 [스키장] 名 滑雪场

例 그 사람은 겨울이 되면 주말마다 스키장에 가요.

到了冬天，那个人每个周末都去滑雪场。

저는 밤에 스키장에서 스키를 타는 것을 좋아해요.

我喜欢晚上在滑雪场滑雪。

시골 [시골] 名 乡下，农村　　　　　　　　　　　　　　　　　　　　反 도시 城市

例 시골은 공기가 좋아요.　　　　　　　　　　　常见用法 시골 사람　农村人
　　　　　　　　　　　　　　　　　　　　　　　　　　　시골 생활　农村生活
农村的空气很好。　　　　　　　　　　　　　　　　　시골 풍경　农村风景

시골에는 차가 많지 않아요.

乡下汽车不多。

시장 (市場) [시장] 名 市场

例 남대문 시장에는 여러 가지 물건이 많아요.

南大门市场有各式各样的东西。

바다 근처 수산 시장에 가면 싱싱한 회를 사서 먹을

수 있어요.

去大海附近的水产市场可以买到新鲜的生鱼片吃。

活用结构 名 시장
常见用法 수산 시장　水产市场
　　　　　동대문 시장　东大门市场

식당 (食堂) [식땅] 名 食堂，饭馆

近 음식점 餐馆　레스토랑 餐厅，饭馆

例 이 근처에 싸고 맛있는 식당이 있어요?

这附近哪家饭馆的饭菜既便宜又好吃?

수업이 끝난 후에 식당에 가서 식사합시다.

我们下课后去食堂吃饭吧。

약국 (藥局) [약꾹] 名 药店

关 약사 药剂师

例 큰 병원 근처에는 약국이 많아요.

大医院附近药店很多。

머리가 아파서 약국에서 약을 사 먹었어요.

我因为头疼，所以去药店买药吃了。

우체국 (郵遞局) [우체국] 名 邮局

关 편지 书信　우표 邮票　소포 包裹

例 우체국에서 편지를 보냈어요.

我在邮局寄信了。

요즘에는 우체국에서 예금도 할 수 있어요.

最近，人们在邮局里也可以办理存款业务。

운동장 (運動場) [운동장] 名 运动场，操场

 우리 아버지는 토요일 아침마다 운동장에서 축구를 하십니다.

我父亲每周六早上都在操场上踢足球。

요즘은 집 근처에 있는 초등학교 운동장에 가서 운동을 합니다.

最近，我去家附近小学的操场运动。

> **tip**
>
> 有如下以"-장"形式表示场所的单词：
> 운동장 运动场，축구장 足球场，야구장 棒球场，농구장 篮球场，배구장
> 排球场

은행 (銀行) [은행] 名 银行　　关 통장 存折　저축 存款　송금 汇款　현금자동인출기 自动取款机

 돈이 없어서 은행에 가서 돈을 찾았어요.　　　　常见用法 은행원　银行职员

我因为没有钱，所以去银行取钱了。

은행에 가서 중국 돈을 한국 돈으로 바꾸려고 해요.

我想去银行把人民币换成韩币。

조용하다 [조용하다] 形 ①（没有声音）安静 ②（话、行动、性格、氛围）平静，文静

①（没有声音）安静　　　　　　　　　　　　反 시끄럽다（声音）嘈杂，喧哗

 도서관에서는 조용히 해야 합니다.　　　　活用结构 名이/가 조용하다

在图书馆里应该保持安静。　　　　　　　　常见用法 주위가 조용하다　周围安静

　　　　　　　　　　　　　　　　　　　　　　　　　教실이 조용하다　教室里安静

②（话、行动、性格、氛围）平静，文静　　　反 시끄럽다（话、性格等）吵闹

 어머니는 조용한 목소리로 이야기하셨다.　　活用结构 名이/가 조용하다

妈妈用平静的声音说话。　　　　　　　　　常见用法 조용한 말　平静的话

　　　　　　　　　　　　　　　　　　　　　　　　　조용한 목소리　平静的声音

　　　　　　　　　　　　　　　　　　　　　　　　　성격이 조용하다　性格文静

　　　　　　　　　　　　　　　　　　　　　　　　　분위기가 조용하다　氛围平静

주유소 (注油所) [주유소] 名 加油站

例▶ 주유소마다 기름값이 달라요.

每座加油站的油价都不同。

우리 집 근처에 있는 주유소에서는 기름을 넣으면 휴지를 줍니다.

如果人们在我家附近的加油站加油，就可以获赠手纸。

집 [집] 名 家, 房子

例▶ 이사 간 집이 어디예요?

你搬家到哪里了？

집이 넓고 밝아서 참 좋아요.

房子既宽敞又明亮，给人感觉非常好。

常见用法 예쁜 집 漂亮的房子
집 한 채 一栋房子
집이 넓다 房子宽敞
집을 짓다 建造房子

카페 [카페] 名 咖啡馆   近 커피숍 咖啡厅

例▶ 카페에서 친구를 만나기로 했어요.

我决定在咖啡馆里见朋友。

요즘 카페에서 공부하는 사람이 많아요.

最近，很多人在咖啡馆里学习。

편의점 (便宜店) [펴늬점/펴니점] 名 便利店

例▶ 편의점은 24(이십사)시간 문을 열어요.

便利店二十四小时营业。

요즘 밤에 편의점에서 아르바이트를 해요.

我最近晚上在便利店里打工。

학교 (學校) [학꾜] 名 学校

例 우리 학교에는 여러 나라에서 온 학생들이 있습니다.

我们学校里有来自许多国家的学生。

요즘 친구들을 많이 사귀어서 학교생활이 재미있어요.

我因为最近结交了很多朋友，所以在学校里过得很
有意思。

常见用法 초등학교　小学

중학교　初中

고등학교　高中

대학교　大学

학교를 졸업하다　从学校毕业

학원 (學院) [하권] 名 补习班，培训班

例 저는 요즘 운전 학원에 다니고 있어요.

我最近在驾校学习。

제 여자친구는 피아노 학원 선생님입니다.

我女朋友是钢琴培训班的老师。

活用结构 名 학원

常见用法 영어 학원　英语补习班

미술 학원　美术培训班

태권도 학원　跆拳道培训班

학원에 다니다　上补习班

회사 (會社) [회사] 名 公司

例 우리 아버지는 컴퓨터 회사에 다니십니다.

我爸爸在电脑公司上班。

회사 일 때문에 오늘 부산으로 출장으로 가요.

我因为工作需要，今天要去釜山出差。

常见用法 회사원　公司职员

무역회사　贸易公司

회사를 그만두다　从公司辞职

회사에 다니다　在公司上班

회사에 출근하다　去公司上班

PC방 [피씨방] 名 网吧

例 PC방에는 게임을 하는 사람이 많아요.

在网吧里，很多人在玩游戏。

컴퓨터가 없어서 PC방에서 숙제를 했습니다.

我因为没有电脑，所以在网吧里做作业了。

연습 문제 (练习题)

[1 ~ 15] 다음 단어를 한국어로 바꿔 쓰십시오. 请写出下列汉语意思对应的韩国语单词。

1. 旁边	( )	2. 下面	( )	3. 附近	( )
4. 面包店	( )	5. 医院	( )	6. 百货商店	( )
7. 博物馆	( )	8. 游泳馆	( )	9. 大使馆	( )
10. 挂，吊	( )	11. 放，搁	( )	12. 明亮	( )
13. 安静	( )	14. 放下	( )	15. 吵闹	( )

[16 ~ 20] 그림을 보고 (   )에 알맞은 것을 고르십시오. 请看图选择正确的答案。

16. 가: 책이 어디에 있어요?

　　나: 침대 (   )에 있어요.

　　① 밖　　② 안　　③ 옆　　④ 위

17. 가: 여기가 어디예요?

　　나: (   )이에요/예요.

　　① 학교　　② 은행　　③ 서점　　④ 문방구

18. 가: 집 옆에 무엇이 있어요?

　　나: 우리 집 옆에는 (   )이/가 있어요.

　　① 공원　　② 은행　　③ 우체국　　④ 병원

19. 가: 이 모자를 어떻게 할까요?

　　나: (　　　)어/아/여 놓으세요.

　　① 넣다　　② 개다　　③ 열다　　④ 걸다

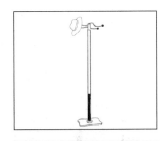

20. 가: 아무것도 안 보이는군요.

　　나: 네, 너무 (　　　)어요/아요/여요.

　　① 어둡다　　② 복잡하다　　③ 시끄럽다　　④ 재미없다

[21~30] 다음 문장을 읽고 알맞은 어휘를 골라 쓰십시오. 어휘는 한 번만 쓰십시오.
请阅读下列句子，然后选择合适的单词填空，每个单词只能使用一次。

안	밖	위	밑	앞	뒤	근처	밝다	있다
없다	놓다	넣다	걸다	어둡다	시끄럽다			

21. 학생증을 책상 위에 (　　　　)으세요/세요.

22. 우리 집 (　　　　)에 지하철역이 없어서 좀 불편해요.

23. 미선 씨 지우개가 책상 (　　　　)으로/로 떨어졌어요.

24. 오후에 시간이 (　　　　)으면/면 같이 쇼핑하러 갈까요?

25. 그것은 밖에 놓지 말고 냉장고 안에 (　　　　)으세요/세요.

26. 이 옷걸이에 코트를 (　　　　)어/아/여 놓았는데 어디로 갔지?

27. 제 (　　　　)에 키가 큰 사람이 앉아 있어서 영화가 잘 안 보여요.

28. 어제 밤에 (　　　　)은/ㄴ 소리 때문에 잠을 잘 잘 수 없었어요.

29. 영희 씨가 기분이 나쁜가 봐요. 얼굴이 (　　　　)어요/아요/여요.

30. 이 방은 햇빛이 잘 들어와서 다른 방보다 훨씬 (　　　　)군요/는군요.

[31~35] (　　　) 안에 알맞은 것을 고르십시오. 请选择合适的答案。

31. 영화가 재미있나 봐요. (　　　)에 사람이 많아요.

　　① 극장　　　② 은행　　　③ 시장　　　④ 병원

32. 일이 많아서 주말에도 (　　)에 갑니다.

　　① 바다　　　　② 가게　　　　③ 시골　　　　④ 회사

33. 편지를 부치러 (　　)에 갔다 왔어요.

　　① 은행　　　　② 편의점　　　③ 백화점　　　④ 우체국

34. 안경을 서랍 안에 (　　)어/아/여 놓았어요.

　　① 끄다　　　　② 넣다　　　　③ 닫다　　　　④ 걸다

35. 방이 너무 (　　)어서/아서/여서 불을 켰어요.

　　① 덥다　　　　② 밝다　　　　③ 어둡다　　　④ 따뜻하다

[36 ~ 40] 밑줄 친 부분과 반대되는 뜻을 가진 것을 고르십시오. 请选择与画线部分意义相反的单词。

36. 가: 미국 친구가 <u>있어요</u>?

　　나: 아니요, (　　)어요/아요/여요.

　　① 많다　　　　② 싸다　　　　③ 없다　　　　④ 적다

37. 가: 가방이 의자 <u>위</u>에 있어요?

　　나: 아니요, 의자 (　　)에 있어요.

　　① 밖　　　　　② 안　　　　　③ 옆　　　　　④ 아래

38. 가: 집 안에만 있으니까 답답하지 않아요?

　　나: 그럼, 잠시 (　　)에 나갔다 올까요?

　　① 밖　　　　　② 옆　　　　　③ 근처　　　　④ 아래

39. 가: 교실이 <u>조용해요</u>?

　　나: 아니요, 아주 (　　)어요/아요/여요.

　　① 넓다　　　　② 밝다　　　　③ 깨끗하다　　④ 시끄럽다

40. 가: 방이 <u>어두워요</u>?

　　나: 아니요, (　　)어요/아요/여요.

　　① 밝다　　　　② 더럽다　　　③ 비싸다　　　④ 편하다

[41 ~ 45] 밑줄 친 부분과 의미가 가장 가까운 것을 고르십시오. 请选择与画线部分意义最相近的单词。

41. 가: 미선 씨 집이 여기서 <u>가까워요</u>?

나: 네, 이 (　　)이에요/예요.

① 안　　　　　② 밖　　　　　③ 근처　　　　　④ 위치

42. 가: 상자 속에 뭐가 있어요?

나: (　　)에 뭐가 있는지 알고 싶으면 직접 열어 보세요.

① 밑　　　　　② 안　　　　　③ 밖　　　　　④ 위

43. 가: 어? 볼펜이 <u>아래로</u> 떨어진 것 같아.

나: 기다려 봐. 내가 책상 (　　)에서 찾아볼게.

① 밑　　　　　② 위　　　　　③ 밖　　　　　④ 옆

44. 가: 학생들이 <u>아무 말 없이</u> 앉아 있네요.

나: 곧 시험을 보니까 (　　)게 기다리고 있는 거예요.

① 시끄럽다　　② 조용하다　　③ 재미있다　　④ 편안하다

45. 가: 보석은 어디에 넣어 놓았어요?

나: 옷장 속 깊이 넣어 (　　)었어요/았어요/였어요.

① 있다　　　　② 두다　　　　③ 신다　　　　④ 주다

[46 ~ 50] 밑줄 친 단어의 쓰임이 잘못된 것을 고르십시오. 请选择画线部分单词使用错误的一项。

46. ① 제 공책은 집에 <u>있어요</u>. (　　)

② 밥그릇을 식탁 위에 <u>있어요</u>.

③ 교실에 시계와 달력이 <u>있어요</u>.

④ 저는 한국 친구가 한 명 <u>있어요</u>.

47. ① 안은 깨끗한데 <u>밖은</u> 더럽네요. (　　)

② 비가 오니까 <u>밖으로</u> 들어가세요.

③ 좀 답답하네요. 잠깐 <u>밖에</u> 나갑시다.

④ <u>밖에</u> 누가 왔나 봐요. 무슨 소리가 들려요.

48. ① 이 색깔은 너무 <u>어두운</u> 것 같아요. (　　)

② 불빛이 <u>어두워서</u> 읽을 수가 없어요.

③ 얼굴이 <u>어두워요</u>. 안 좋은 일이 있나 봐요.

④ 공기가 아주 <u>어두우니까</u> 기분이 상쾌하네요.

49. ① 벽에 달력을 <u>놓았어요</u>. (　　)

② 교실에 사람이 <u>없어요</u>.

③ 침대 위에 옷이 <u>있어요</u>.

④ 지갑 안에 카드를 <u>넣었어요</u>.

50. ① 여기에는 외국인들이 참 <u>많아요</u>. (　　)

② 색깔이 좀 어두운데, <u>밝은</u> 색은 없어요?

③ 사람들이 모두 큰소리로 말하니까 <u>조용하군요</u>.

④ 오늘은 시간이 별로 <u>없는데요</u>. 내일 만나는 게 어때요?

第二课 물건(东西)

1 의류(衣服)

멋지다 [먿찌다] 形 带劲，帅气，漂亮

例 그거 정말 멋진 생각이다.

那真是很带劲的想法。

양복을 입으니까 정말 멋지구나!

你穿上西装，真的很帅气啊!

活用结构 멋진 名

名이/가 멋지다

常见用法 멋진 자동차　很带劲的汽车

옷이 멋지다　衣服很帅气

바지 [바지] 名 裤子　　　　　　　　　　　　　　　　　　　　关 치마 裙子

例 바지가 길어서 조금 줄여야겠어요.

因为裤子长了，所以得把它稍微改短一点儿。

날씨가 추우니까 치마보다 바지를 입는 것이 좋겠어요.

因为天气很冷，所以穿裤子会比穿裙子更好。

常见用法 반바지　短裤

청바지　牛仔裤

바지를 입다　穿裤子

벌 [벌] 名 套，件

例 백화점에서 세일을 해서 옷을 세 벌 샀어요.

因为百货商店在打折，所以我买了三套衣服。

곧 겨울이 될 테니까 겨울 코트를 한 벌 더 준비해야

겠다.

马上就到冬天了，我得再准备一件冬天的大衣。

常见用法 옷 한 벌　一套衣服

블라우스 [블라우스] 图 女式衬衫

例 어머니 생일 선물로 블라우스를 한 벌 샀어요.

我给妈妈买了一件衬衫作为生日礼物。

지금 입은 까만 치마에는 이 블라우스가 어울리겠다.

这件衬衫和你现在穿的黑裙子会很搭。

常见用法 블라우스 한 벌　一件女式
衬衫

속옷 [소곧] 图 内衣

近 내의 内衣

例 한국에서는 첫 월급을 받으면 부모님께 속옷을 선물
한다.

在韩国，人们拿到第一个月的工资后会送父母内
衣作为礼物。

하얀색 옷을 입을 때에는 속옷도 하얀색을 입는
것이 좋아요.

穿白色衣服的时候，里面最好也穿白色的内衣。

常见用法 속옷 한 벌　一套内衣

스웨터 [스웨터] 图 毛衣

例 스웨터를 입으니까 춥지 않고 따뜻해요.

我因为穿着毛衣，所以不冷，感觉很暖和。

여자친구가 선물해 준 스웨터를 입었다.

我穿了女朋友送给我的毛衣。

常见用法 스웨터 한 벌　一件毛衣

양복 (洋服) [양복] 图 西装

例 결혼식에는 양복을 입고 가야 해요.

应该穿着西装参加婚礼。

이 양복에 어떤 넥타이가 어울릴까?

这件西装配什么样的领带合适呢?

常见用法 양복 한 벌　一套西装
양복을 맞추다　定做西装

여성복 (女性服) [여성복] 名 女装

例▶ 올해에는 밝은 색깔의 여성복이 유행할 거예요.

今年亮色女装会很流行。

여성복 매장은 백화점 2(이)층과 3(삼)층에 있어요.

女装卖场位于百货商店的二楼和三楼。

有如下以"-복"形式表示衣服的单词：
남성복 男装，여성복 女装，아동복 童装，수영복 泳装，등산복 登山服

옷 [옫] 名 衣服

例▶ 너에게는 밝은 색의 옷이 잘 어울린다.

你穿亮色衣服非常合适。

요즘 살이 많이 빠져서 입던 옷들이 모두 커요.

因为我最近瘦了很多，所以我以前的衣服穿着都肥了。

常见用法 옷장　衣橱
옷 한 벌　一套衣服
옷이 작다　衣服小
옷이 맞다　衣服合适
옷을 입다　穿衣服

원피스 [원피스] 名 连衣裙

例▶ 하얀색 원피스를 입은 아이가 제 딸이에요.

穿着白色连衣裙的孩子是我女儿。

지금 제가 입고 있는 원피스는 어머니가 직접 만들어

주신 거예요.

我现在穿的这件连衣裙是妈妈亲手给我做的。

常见用法 원피스 한 벌　一件连衣裙

입다 [입따] 动 穿（衣服）

关 끼다¹ 戴（戒指）　신다 穿（鞋、袜子）　쓰다 戴（眼镜）
反 벗다 脱（衣服）

例▶ 오늘 모임이 있는데 뭘 입고 나갈까?

我今天有个聚会，穿什么衣服去好呢？

活用结构 名을/를 입다

한국의 중·고등학생들은 교복을 입어요.

韩国的初中生、高中生穿校服。

잠옷 [자몯] 名 睡衣

例 이제 잘 시간이니까 잠옷으로 갈아입어라.

现在到睡觉时间了，你换上睡衣吧。

언니가 생일 선물로 예쁜 잠옷을 선물해 주었어요.

姐姐送我一件漂亮的睡衣作为生日礼物。

常见用法 잠옷 한 벌　一套睡衣

찢어지다 [찌저지다] 动 被撕裂，被撕破

关 찢다 撕破，撕

例 물건이 무거워서 물건을 담은 비닐봉지가 찢어졌
어요.

因为东西很重，所以装着东西的塑料袋被撕破了。

요즘 젊은 사람들 사이에서 찢어진 청바지가 유행
이다.

最近在年轻人中流行穿"破洞牛仔裤"。

活用结构 찢어진 名
名이/가 찢어지다
常见用法 찢어진 옷　被撕破的衣服
종이가 찢어지다　纸被撕破

치마 [치마] 名 裙子

关 바지 裤子

例 그 치마는 너무 짧은 것 같아.

那条裙子好像太短了。

저는 바지보다 치마가 더 잘 어울려서 치마를 자주
입어요.

我穿裙子比穿裤子更合适，因此经常穿裙子。

常见用法 치마 한 벌　一条裙子

코트 [코트] 名 外套，大衣

例 반코트를 입어서 다리가 추워요.

常见用法 반코트　短大衣

我因为穿着短大衣，所以觉得腿冷。

여름에는 겨울 코트를 싸게 살 수 있어요.

夏天的时候，人们可以用便宜的价钱买到冬天的

大衣。

겨울 코트　冬天的大衣
코트 한 벌　一件大衣

티셔츠 [티셔츠] 名 T恤　　　　　　　　　　　　　　　　关 와이셔츠 衬衫

例 그는 청바지에 하얀색 티셔츠를 입고 나갔다.

他穿着牛仔裤和白色T恤出去了。

내일 운동회에 우리 반은 파란색 티셔츠를 입기로

했어요.

我们班决定所有人穿着蓝色T恤参加明天的运动会。

常见用法 티셔츠 한 벌　一件T恤

한복 (韓服) [한복] 名 韩服

例 한복은 한국의 전통 옷입니다.

韩服是韩国的传统服装。

한국 사람들은 설날이나 추석 같은 명절에 한복을 입는다.

韩国人在春节、中秋节等节日时穿韩服。

常见用法 한복 한 벌　一套韩服

---

② 잡화, 보석, 액세서리 (杂货，宝石，饰品)

가방 [가방] 名 包

例 학교에 가려고 가방에 책과 공책을 넣었다.

我要去学校，就把书和笔记本放进包里了。

할머니 가방이 무거워 보여서 버스 정류장까지 들어

드렸어요.

因为奶奶的包看起来很重，所以我帮她把包提到

公共汽车站了。

常见用法 책가방　书包
서류 가방　公文包
여행 가방　旅行包
가방을 들다　提着包
가방을 메다　背着包

가지다 [가지다] 动 拿，带，拥有

例 교과서를 안 가지고 왔어요.

我没有带教材过来。

10(십)년 만에 내 집을 가지게 되었어요.

我用了十年的时间才拥有自己的房子。

活用结构 名을/를 가지고 가다

名을/를 가지고 다니다

구두 [구두] 名 皮鞋

例 새 구두 때문에 발이 아파요.

我因为穿了新皮鞋，所以感觉脚疼。

구두를 벗고 방 안에 들어오세요.

请脱了皮鞋后进房间。

常见用法 구두 한 짝　一只皮鞋

구두 한 컬레　一双皮鞋

구두를 신다　穿皮鞋

귀걸이 [귀거리] 名 耳环　　　　　　　　　　　　　近 귀고리 耳环

例 요즘 유행하는 귀걸이가 뭐예요?

最近流行什么样的耳环?

남자친구에게서 선물 받은 귀걸이 한 짝을 잃어버렸다.

我弄丢了男朋友作为礼物送给我的一只耳环。

常见用法 귀걸이 한 쌍　一对耳环

귀걸이 한 짝　一只耳环

귀걸이를 하다　戴耳环

끼다¹ [끼다] 动 戴　　　　　　　　　　　反 빼다 去掉，除去　벗다 脱掉，摘掉

例 날씨가 추우니까 장갑을 끼세요.

天气很冷，请戴上手套吧。

저기 안경을 낀 분이 우리 어머니이십니다.

那边戴眼镜的那位是我妈妈。

活用结构 (名에) 名을/를 끼다

常见用法 안경을 끼다　戴眼镜

손에 장갑을 끼다　手上戴

手套

손가락에 반지를 끼다

手指上戴戒指

눈에 콘텍트렌즈를 끼다

眼睛里戴隐形眼镜

넥타이 [넥타이] 名 领带

例▶ 양복 색깔과 넥타이 색깔이 잘 어울려요.
西装和领带的颜色很搭。
아버지한테서 넥타이를 매는 방법을 배웠어요.
我向爸爸学习打领带的方法了。

常见用法 넥타이 한 개　一条领带
넥타이를 매다　打领带
넥타이를 풀다　解开领带
넥타이를 하다　打领带

들다 [들다] 动 ①拿, 提 ②举, 抬

①拿, 提

例▶ 꽃을 들고 사진을 찍는 게 좋겠어요.
拿着花照相会很不错。

活用结构 名을/를 (名에) 들다
常见用法 가방을 들다　提着包
꽃을 손에 들다　手里拿着花

②举, 抬

例▶ 질문이 있으면 손을 들고 질문하세요.
如果有问题，请举手提问。

活用结构 名을/를 (名으로/로) 들다
常见用法 손을 머리 위로 들다　把手举
过头

로션 [로션] 名 润肤露

例▶ 세수한 후에 로션을 바릅니다.
我洗脸后涂抹润肤露。
겨울에는 손에 로션을 자주 바르는 것이 좋아요.
冬天经常在手上涂抹润肤露比较好。

常见用法 로션을 바르다　涂抹润肤露

매다 [매다] 动 系, 打, 绑 　　　　　　　　　　　反 풀다 解开

例▶ 나는 뛰기 전에 운동화 끈을 다시 맸다.
我在跑步之前重新系了一下运动鞋的鞋带。
오빠는 거울을 보면서 넥타이를 맵니다.
哥哥照着镜子打领带。

活用结构 (名에) 名을/를 매다
常见用法 넥타이를 매다　打领带
스카프를 매다　系围巾
신발 끈을 매다　系鞋带

메다 [메다] 動 背, 扛, 挑

例 ► 아이는 책가방을 메고 학교에 갔다.

孩子背着书包去学校了。

배낭 하나만 메고 여행을 하려고 해요.

我打算只背着一个背包去旅行。

活用结构 (名에) 名을/를 메다

常见用法 어깨에 가방을 메다 肩上背着包

모자 (帽子) [모자] 名 帽子

例 ► 교실에서는 모자를 쓰고 있으면 안 됩니다.

不可以在教室里戴帽子。

이 사진에서 하얀 모자를 쓴 분이 우리 할아버지입니다.

在这张照片上戴着白色帽子的那位是我爷爷。

常见用法 모자를 쓰다 戴帽子

목걸이 [목꺼리] 名 项链

例 ► 진주 목걸이가 아주 잘 어울리는군요!

珍珠项链非常适合你啊!

지금 하고 계신 목걸이가 참 예쁜데 어디에서 사셨

어요?

您现在戴着的这条项链非常漂亮, 您是从哪里买的?

常见用法 목걸이를 하다 戴项链

목도리 [목또리] 名 围巾

例 ► 목도리가 참 예쁘네요. 어디에서 사셨어요?

您的围巾非常漂亮, 您是从哪里买的?

날씨가 추워져서 오늘은 코트도 입고 목도리도 했다.

因为天气变冷了, 所以我今天穿着大衣, 还围着围巾。

常见用法 목도리를 하다 围围巾

목도리를 두르다 围围巾

반지 (斑指) [반지] 名 戒指

例 한국에서는 아기의 첫 번째 생일에 금반지를 선물합니다.

在韩国，孩子过第一个生日时，人们一般送金戒指作为礼物。

손을 씻으려고 반지를 뺐는데 어디에 두었는지 기억이 나지 않는다.

我为了洗手摘掉了戒指，但是记不起来把戒指放在哪里了。

常见用法 결혼반지　结婚戒指
반지를 끼다　戴戒指
반지를 빼다　摘戒指

보석 (寶石) [보석] 名 宝石

例 여자들은 보통 보석을 좋아하지요?

女子一般都喜欢宝石吧？

결혼반지에 많이 쓰이는 보석은 다이아몬드예요.

经常用于制作结婚戒指的宝石是钻石。

선글라스 [선글라스] 名 太阳镜，墨镜

例 실내에서는 선글라스를 벗어라.

在室内把太阳镜摘下来吧。

그 사람은 항상 검은색 선글라스를 쓰고 있어요.

那个人总是戴着黑色的太阳镜。

常见用法 선글라스를 끼다　戴太阳镜
선글라스를 쓰다　戴太阳镜

손수건 (-手巾) [손쑤건] 名 手帕，手绢

例 땀이 나서 손수건으로 닦았어요.

我出汗了，因此用手绢擦了一下。

손수건을 꺼내서 우는 아이의 눈물을 닦아 주었다.

我掏出手绢给在哭的孩子擦眼泪了。

常见用法 손수건 한 장　一块手绢
손수건으로 닦다　用手绢擦

스카프 [스카프] 名 围巾

例 이 물방울무늬 스카프는 얼마예요?

这条水滴图案的围巾多少钱?

그 원피스에 하늘색 스카프를 하면 더 예쁠 것 같아.

这条裙子配上天蓝色围巾好像会更漂亮。

常见用法 스카프를 하다　围围巾
스카프를 매다　围围巾
스카프를 두르다　围围巾

스타킹 [스타킹] 名 长筒袜

例 저는 치마를 입을 때 보통 스타킹을 신습니다.

我穿裙子的时候一般穿长筒袜。

요즘에는 여러 가지 색깔과 디자인의 스타킹을 볼

수 있어요.

最近人们可以见到各种颜色和样式的长筒袜。

常见用法 스타킹 한 켤레　一双长筒袜
스타킹을 신다　穿长筒袜

슬리퍼 [슬리퍼] 名 拖鞋

例 바닥이 차가우니까 슬리퍼를 신어라.

地板很凉，你穿上拖鞋吧。

신발을 벗고 슬리퍼로 갈아 신고 들어오세요.

请(脱掉鞋)换上拖鞋后再进来。

常见用法 슬리퍼 한 켤레　一双拖鞋
슬리퍼를 신다　穿拖鞋

시계 (時計) [시계/시게] 名 表, 钟

例 시계를 보니까 벌써 점심시간이 되었다.

我一看表，发现已经到午饭时间了。

요즘은 휴대전화가 있어서 시계를 안 차고 다니는

사람이 많아요.

最近，很多人因为有了手机而不戴表。

常见用法 벽시계　挂钟
손목시계　手表
시계가 느리다　表慢
시계를 보다　看表

신다 [신따] 動 穿（鞋、袜子）   反 벗다 脱掉（鞋、袜子）

例▶ 내일 등산할 테니까 등산화를 신고 오세요.

明天要去爬山，所以请穿登山鞋过来。

윗사람의 집에 갈 때에는 꼭 양말을 신어야 해요.

去长辈家的时候一定要穿袜子。

活用结构 名을/를 신다

常见用法 양말을 신다　穿袜子
　　　　　　신발을 신다　穿鞋

신발 [신발] 名 鞋

例▶ 집에 오면 신발을 벗어서 신발장에 넣어라.

回家后把鞋脱掉放鞋柜里吧。

이 신발이 좀 큰데 한 치수 작은 것으로 주세요.

这双鞋有点儿大，请给我一双小一号的。

常见用法 신발장　鞋柜
　　　　　　신발 한 짝　一只鞋
　　　　　　신발 한 켤레　一双鞋
　　　　　　신발을 신다　穿鞋

쓰다¹ [쓰다] 動 ①戴（帽子）②戴（眼镜）③打（雨伞）

①戴（帽子）   反 벗다 摘掉（帽子） ✎

例▶ 교실에서는 모자를 쓰고 있으면 안 됩니다.

不可以在教室里戴着帽子。

活用结构 (名에) 名을/를 쓰다

常见用法 모자를 쓰다　戴帽子

②戴（眼镜）   反 벗다 摘掉（眼镜） ✎

例▶ 우리 반에는 안경을 쓴 학생이 많아요.

我们班戴眼镜的学生很多。

活用结构 名을/를 쓰다

常见用法 안경을 쓰다　戴眼镜

③打（雨伞）   ✎

例▶ 두 사람은 우산을 같이 쓰고 갔다.

两个人一起打着雨伞走了。

常见用法 우산을 쓰다　打雨伞

안경 (眼鏡) [안경] 图眼镜

例 안경을 닦으니까 아주 잘 보여요.

我因为擦了眼镜，所以看得很清楚。

저는 눈이 너무 나빠서 안경을 벗으면 아무것도
보이지 않아요.

我因为视力很差，所以摘掉眼镜后什么也看不见。

常见用法 안경을 닦다　擦眼镜
안경을 끼다　戴眼镜
안경을 쓰다　戴眼镜
안경을 벗다　摘掉眼镜

액세서리 [액쎄서리] 图饰品

例 옷에 액세서리를 달았어요.

衣服上配有饰品。

액세서리 가게에서 친구에게 줄 선물을 골랐다.

我在饰品店里挑选了给朋友的礼物。

常见用法 액세서리를 하다　佩戴饰品
액세서리를 달다　佩戴饰品

양말 (洋襪) [양말] 图袜子

例 저는 집에 오면 양말부터 벗어요.

我回家后先脱袜子。

날씨가 너무 추워서 양말을 두 켤레 신었습니다.

因为天气太冷，所以我穿了两双袜子。

常见用法 양말 한 짝　一只袜子
양말 한 켤레　一双袜子
양말을 신다　穿袜子

우산 (雨傘) [우산] 图雨伞　　　　　　　　(关) 양산 阳伞

例 지하철에 우산을 놓고 내렸어요.

我把雨伞落在地铁上了。

비가 오니까 저와 같이 우산을 쓰고 갑시다.

下雨了，我们一起打着伞走吧。

常见用法 우산을 쓰다　打雨伞
우산을 펴다　撑开雨伞
우산을 접다　合上雨伞

운동화 (運動靴) [운동화] 图 运动鞋

例 저는 운동화를 좋아해서 여섯 켤레나 가지고 있어요.

我因为喜欢运动鞋，所以有六双运动鞋。

운동화를 신으면 발이 편해서 운동을 하지 않을

때도 많이 신어요.

我因为穿着运动鞋的时候觉得脚很舒服，所以不

运动的时候也经常穿运动鞋。

常见用法 운동화 한 짝　一只运动鞋
　　　　 운동화 한 켤레　一双运动鞋
　　　　 운동화를 신다　穿运动鞋

잃다 [일타] 动 丢失，丢掉，丧失，失去

例 친구가 사업에 실패하여 많은 돈을 잃었다.

朋友因为事业失败而损失了很多钱。

경제가 좋지 않아 직장을 잃은 사람이 많다.

很多人因为经济形势不好而丢掉了工作。

活用结构 名을/를 잃다
常见用法 잃어버리다　丢失
　　　　 지갑을 잃다　丢失钱包

장갑 (掌匣) [장갑] 图 手套

例 악수를 하려고 장갑을 벗었어요.

我为了握手而摘掉了手套。

스케이트를 탈 때에는 꼭 장갑을 껴야 한다.

滑冰的时候一定要戴手套。

常见用法 털장갑　毛线手套
　　　　 장갑 한 짝　一只手套
　　　　 장갑 한 켤레　一副手套
　　　　 장갑을 끼다　戴手套

지갑 (紙匣) [지갑] 图 钱包

例 거스름돈을 받아서 지갑에 넣었어요.

我拿到找回的零钱后放进钱包里了。

여행을 가면 지갑을 잃어버리지 않게 조심하세요.

如果去旅行，请小心不要丢了钱包。

차다¹ [차다] 勔 佩带（刀），戴

例 아내는 금으로 만든 팔찌를 찼다.

妻子戴着金镯子。

오늘 시계를 차는 것을 깜빡 잊어버렸어요.

我今天忘记戴表了。

活用结构 (名에) 名을/를 차다

常见用法 팔에 팔찌를 차다　胳膊上戴
着镯子
손목에 시계를 차다　手腕上
戴着表

켤레 [켤레] 名 双，副

例 오늘 양말 열 켤레를 빨았다.

我今天洗了十双袜子。

현관에 신발이 여러 켤레 있는 걸 보니까 손님들이

오신 모양이에요.

门厅里有许多双鞋，看来是来客人了。

常见用法 신발 한 켤레　一双鞋
양말 두 켤레　两双袜子
장갑 세 켤레　三副手套

핸드백 [핸드백] 名 手提包

例 요즘 유행하는 핸드백이 어떤 거예요?

最近流行什么样的手提包?

지갑하고 휴대폰을 핸드백에 넣었어요.

我把钱包和手机放进手提包里了。

향수 （香水） [향수] 名 香水

例 외출하기 전에 향수를 뿌렸어요.

我外出之前喷了香水。

여자친구 생일 선물로 향수를 샀다.

我给女朋友买了香水作为生日礼物。

常见用法 향수를 뿌리다　喷香水

화장품 (化粧品) [화장품] 图 化妆品

例 이 화장품을 발라 보세요. 아주 좋아요.

请试用一下这种化妆品吧。它的效果非常好。

이 근처에 싸고 좋은 화장품 가게가 있어요.

这附近有物美价廉的化妆品店。

常见用法 화장품 가게　化妆品店

화장품을 바르다　涂抹化妆品

---

3 문구류 (文具)

가위 [가위] 图 剪刀

例 엄마는 아이의 머리를 가위로 잘랐다.

妈妈用剪刀给孩子剪头发了。

가위나 칼은 아이에게 위험한 물건이니까 잘 넣어
두세요.

剪刀或刀对孩子来说是很危险的东西，因此请把
它们放好。

常见用法 가위로 자르다　用剪刀剪

공책 (空册) [공책] 图 笔记本 　　　　近 노트 笔记本

例 문방구에 가서 공책을 열 권 사 와라.

你去文具店买来十本笔记本吧。

수업 내용을 공책에 써 놓으면 집에서 공부할 때
다시 볼 수 있어서 좋아요.

如果把讲课内容记到笔记本上，那么在家学习的时
候就可以重新再看一遍，这种学习方法很不错。

常见用法 공책 한 권　一本笔记本

볼펜 [볼펜] 名 圆珠笔

例 시험을 볼 때 까만색 볼펜으로 쓰십시오.

考试的时候请使用黑色圆珠笔。

볼펜을 안 가지고 왔는데 좀 빌려 주세요.

我没有带来圆珠笔，请借我圆珠笔用一下吧。

常见用法 볼펜 한 자루　一支圆珠笔

봉투 (封套) [봉투] 名 信封，袋子

近 봉지 纸袋，袋子

例 서류를 종이봉투에 넣어서 보냈다.

我把文件放进纸袋里寄出去了。

한국 사람들은 쓰레기를 버릴 때 가게에서 파는
쓰레기봉투를 사서 거기에 넣어서 버려요.

韩国人扔垃圾的时候，先从商店里买垃圾袋，再
把垃圾放进垃圾袋里，然后扔掉。

常见用法 편지 봉투　信封
쓰레기봉투　垃圾袋
봉투 한 장　一个信封
봉투에 넣다　放进信封里

수첩 (手帖) [수첩] 名 记事本，手册

例 수첩에 해야 할 일을 적어 놓으면 잊어버리지 않아서 좋아요.

在记事本上记好要做的事情就不会忘记了，这种方法很不错。

나는 수첩에 단어를 적어 놓고 시간이 날 때마다 보고 외웠다.

我把单词写到记事本上，一有时间就看看背诵一下。

연필 (鉛筆) [연필] 名 铅笔

关 지우개 橡皮

例 저는 보통 연필로 숙제를 해요.

我一般用铅笔写作业。

연필로 쓰면 틀렸을 때 지우개로 지울 수 있어서
연필로 쓰는 것을 좋아해요.

用铅笔写的话，出现错误时可以用橡皮修改，因
此我喜欢用铅笔写。

자루 [자루] 图 支

例▶ 볼펜이 있으면 한 자루만 빌려 주세요.

如果有圆珠笔，就请借给我一支吧。

아이들에게 연필 세 자루씩 선물해 주었다.

我送给孩子们每人三支铅笔作为礼物。

常见用法 연필 한 자루　一支铅笔

볼펜 열두 자루　十二支圆珠笔

지우개 [지우개] 图 橡皮，擦子

例▶ 칠판을 지우개로 깨끗하게 지웠다.

我用黑板擦把黑板擦干净了。

틀린 글씨를 지우개로 지우고 다시 쓰세요.

请用橡皮把错字擦掉后重新写。

常见用法 지우개 한 개　一块橡皮

지우개로 지우다　用橡皮擦掉

책상 (冊床) [책쌍] 图 书桌，桌子　　　　　　　　　　　　　　关 의자 椅子

例▶ 책상 위에 책이 쌓여 있다.

桌子上堆着书。

공부하려고 책상에만 앉으면 잠이 와요.

我一坐在桌子前（打算学习）就犯困。

常见用法 책상 한 개　一张桌子

필통 (筆筒) [필통] 图 文具盒

例▶ 필통 안에 볼펜이 몇 자루 있어요?

文具盒里有几支圆珠笔?

그 학생은 필통에서 연필을 꺼내서 적기 시작했다.

那个学生从文具盒里拿出铅笔后开始写了起来。

常见用法 필통 한 개　一个文具盒

필통에 넣다　放进文具盒里

4 가전제품, 전자제품 (家用电器, 电子产品)

가전제품 (家電製品) **[가전제품]** 名 家用电器

例▶ 좋은 가전제품이 많이 나와서 집안일이 편해졌다.

好的家用电器的大量问世，让家务活变得更轻松了。

요즘 주부들에게 가장 인기 있는 가전제품은 무선 청소기입니다.

最近，最受家庭主妇欢迎的家用电器是无线吸尘器。

고장 (故障) **[고장]** 名 故障

例▶ 휴대전화가 고장이 나서 서비스센터에 맡겼다.   常见用法 고장이 나다   出故障

因为手机出故障了，所以我把手机送到了服务中心。

컴퓨터가 고장인가 봐요. 화면에 아무것도 나오지

않아요.

电脑好像出故障了，屏幕上什么都不显示。

고치다 [고치다] 动 ①修理，修补，修缮 ② 改正，纠正

---

①**修理，修补，修缮**   关 수리하다 修理, 维修   수선하다 修缮, 修补

例▶ 고장이 난 자동차를 고쳤어요.   活用结构 名을/를 고치다

我修理出故障的汽车了。

②**改正，纠正**

例▶ 나쁜 버릇은 고치기가 힘들어요.   活用结构 名을/를 고치다

改掉坏习惯很困难。

냉장고 (冷藏庫) **[냉장고]** 名 冰箱

例▶ 우유가 상하지 않게 냉장고에 넣어라.   常见用法 냉장고 한 대   一台冰箱

把牛奶放冰箱里，以免变质。   냉장고에 넣다   放进冰箱里

냉장고에 시원한 맥주가 있으니까 꺼내서 드세요.

冰箱里有冰镇啤酒，请拿出来喝吧。

노트북 [노트북] 名 笔记本电脑　　　　　　　　　　　　关 컴퓨터 电脑，计算机

例 노트북은 점점 작아지고 기능도 다양해져서 사용하기가 편리해졌어요.

笔记本电脑体积越来越小，功能也越来越多，因此使用起来越来越方便了。

요즘에는 비행기 안에서 노트북으로 일을 하는 사람을 많이 볼 수 있다.

最近，我们在飞机上可以看到很多使用笔记本电脑工作的人。

대 (臺) [대] 名 台，辆，架

例 우리 집에는 컴퓨터가 네 대 있어요.

我家有四台电脑。

주차장에 자동차가 한 대밖에 없어요.

停车场里只有一辆汽车。

常见用法 자전거 한 대　一辆自行车
컴퓨터 스무 대　二十台电脑

사용하다 (使用-) [사용하다] 动 使用　　　近 쓰다³ 用，使用　이용하다 使用，应用

例 어른에게 존댓말을 사용해야 합니다.

对长辈应该使用敬语。

서양 사람들은 젓가락을 잘 사용하지 못해요.

西方人不太会用筷子。

活用结构 名을/를 사용하다

선풍기 (扇風機) [선풍기] 名 电扇

例 방에 에어컨은 없고 선풍기만 있어요.

房间里没有空调，只有电扇。

날씨가 너무 더워서 선풍기를 틀어도 시원하지 않아요.

因为天气太热了，所以即使开着电扇也不凉快。

常见用法 선풍기 한 대　一台电扇
선풍기를 틀다　打开电扇

세탁기 (洗濯機) [세탁끼] 名 洗衣机

例 건조 기능이 있는 세탁기는 아주 편리하다고 해요.
听说有烘干功能的洗衣机使用起来很方便。
세탁기를 돌릴 때 빨래의 색깔에 따라 따로따로 돌려야 한다.
用洗衣机洗衣服的时候，应该按照衣服的颜色分别进行洗涤。

常见用法 세탁기 한 대　一台洗衣机
세탁기를 돌리다　启动洗衣机

에어컨 [에어컨] 名 空调

例 날씨가 더운데 에어컨을 켤까요?
天气很热，打开空调好吗?
에어컨을 켰으니까 금방 시원해질 거예요. 조금만 기다리세요.
打开空调了，马上就会变凉快的，请稍等一会儿。

常见用法 에어컨 한 대　一台空调
에어컨을 켜다　打开空调

청소기 (清掃器) [청소기] 名 吸尘器

例 밤에 청소기를 돌리면 시끄러우니까 낮에 청소하세요.
晚上使用吸尘器很吵，因此请白天打扫。
청소와 걸레질을 한 번에 하는 청소기가 나왔다고 한다.
听说可以同时扫地和拖地的吸尘器问世了。

常见用法 진공청소기　真空吸尘器
청소기 한 대　一台吸尘器
청소기를 돌리다　启动吸尘器

컴퓨터 [컴퓨터] 名 电脑，计算机

例 수업이 끝나고 집에 오면 바로 컴퓨터부터 켭니다.
我下课回到家后会马上先打开电脑。
나는 날마다 유학을 간 딸과 컴퓨터로 얼굴을 보면서 전화한다.
我每天都用电脑跟在留学的女儿进行视频通话。

常见用法 컴퓨터 한 대　一台电脑
컴퓨터를 켜다　打开电脑

텔레비전 [텔레비전] 名 电视，电视机

例 아침을 먹은 후에 텔레비전을 봤다.
我吃完早饭后看电视了。

어제 밤에 텔레비전을 보다가 잠이 들었어요.
我昨天晚上看电视，看着看着就睡着了。

常见用法
텔레비전 한 대 一台电视机
텔레비전 프로그램 电视节目
텔레비전을 보다 看电视
텔레비전을 켜다 打开电视
텔레비전을 끄다 关上电视

5 주방용품, 욕실용품 (厨房用品，浴室用品)

그릇 [그름] 名 器皿，碗，盘

例 짜장면 세 그릇 배달해 주세요.
请给外送三碗炸酱面。

한국 사람들은 밥그릇을 들고 먹지 않습니다.
韩国人不端起碗来吃饭。

常见用法
밥그릇 饭碗
반찬 그릇 菜盘
그릇 한 개 一个碗
음식 한 그릇 一碗食物
그릇을 씻다 洗碗

냄비 [냄비] 名 锅

例 냄비가 뜨거우니까 조심하세요.
锅很烫，请小心。

먼저 큰 냄비에 물을 붓고 끓이세요.
请先把水倒进大锅里煮沸。

비누 [비누] 名 肥皂

例 아이는 비누로 얼굴을 씻었다.
孩子用肥皂洗脸了。

언니는 빨래 비누로 와이셔츠를 빨았다.
姐姐用洗衣皂洗衬衫了。

常见用法
세수 비누 洗脸皂
빨래 비누 洗衣皂

샴푸 [샴푸] 名 洗发水

例▶ 너 무슨 샴푸를 쓰니? 향기가 참 좋다.

你用什么洗发水？味道闻起来真香。

샴푸가 눈에 들어가면 아프니까 조심해라.

洗发水溅入眼中会造成眼部疼痛，你小心点儿。

수건 (手巾) [수건] 名 毛巾，手帕

例▶ 땀이 나서 수건으로 닦았다.

我出汗了，于是用毛巾擦了一下。

세수를 한 후에 이 수건으로 얼굴을 닦으세요.

洗脸后请用这条毛巾擦一下脸。

常见用法 수건 한 장　一条毛巾
수건으로 닦다　用毛巾擦

수저 [수저] 名 勺子和筷子，勺子

关 숟가락 勺子　젓가락 筷子

例▶ 수저를 양손에 들고 먹으면 안 된다.

吃东西时不可以一手拿着筷子一手拿着勺子。

윗사람이 수저를 먼저 들 때까지 식사를 시작하지

말고 기다려야 합니다.

在长辈拿起勺子和筷子之前不可以先吃饭，应该

等一会儿。

常见用法 수저를 놓다　放下勺子
수저를 들다　拿起勺子

접시 [접씨] 名 盘子

例▶ 접시에 과일을 예쁘게 담았어요.

我把水果漂亮地盛放在盘子里了。

설거지를 하다가 접시를 깨뜨렸어요.

我洗刷碗筷的时候把盘子打破了。

常见用法 한 접시　一盘子
접시 한 개　一个盘子
접시에 담다　盛放在盘子里

칫솔 (齒-) [칟쏠] 名 牙刷　　　　　　　　　　　　　　　　关 치약 牙膏

例▶ 여행갈 때 칫솔과 치약을 꼭 가져가세요.

去旅行的时候，请一定带上牙刷和牙膏。

이를 튼튼하게 하려면 칫솔을 잘 사용하는 것이
중요합니다.

想要保持牙齿坚固，重要的是应该正确使用牙刷。

常见用法 칫솔 한 개　一支牙刷
칫솔로 이를 닦다　用牙刷刷牙

칼 [칼] 名 刀

例▶ 칼로 과일을 깎았어요.

我用刀削水果了。

당근을 썰다가 칼에 베었어요.

我切胡萝卜的时候被割伤了。

常见用法 칼 한 자루　一把刀
칼로 썰다　用刀切
칼로 자르다　用刀割

컵 [컵] 名 杯子，杯　　　　　　　　　　　　　　　　　关 잔 杯

例▶ 아주머니, 컵 하나 갖다 주세요.

阿姨，请给我拿一个杯子。

우유를 한 컵 마셨는데 배가 불러요.

我喝了一杯牛奶，觉得肚子饱了。

常见用法 물 한 컵　一杯水
컵 한 개　一个杯子
우유 한 컵　一杯牛奶
컵에 따르다　倒到杯子里

6　가구 (家具)

가구 (家具) [가구] 名 家具

例▶ 가구가 너무 많으면 집이 좁아 보여요.

如果家具太多，家里就会显得局促。

아이 방에 놓을 가구를 사려고 왔어요.

我过来想买放在孩子房间里的家具。

소파 [소파] 图 沙发

例▶ 동생은 소파에 누워서 텔레비전을 보고 있다.

弟弟正躺在沙发上看电视。

편하고 디자인도 예쁜 소파를 하나 사고 싶어요.

我想买一套坐着舒服、设计也漂亮的沙发。

식탁 (食卓) [식탁] 图 饭桌　　　　　　近 밥상 饭桌　테이블 桌子, 餐桌

例▶ 어머니께서 식탁에 저녁을 차려 놓으셨어요.

妈妈在饭桌上准备好晚饭了。

밥을 먹기 전에 행주로 식탁을 깨끗하게 닦았다.

我吃饭之前用抹布把饭桌擦干净了。

의자 (椅子) [의자] 图 椅子

例▶ 의자에 똑바로 앉아라.　　　　　　　　　常见用法 의자 한 개　一把椅子

你在椅子上要坐直了。　　　　　　　　　　　　　　　의자에 앉다　坐在椅子上

책상은 높은데 의자가 낮아서 불편해요.

因为书桌高而椅子矮，所以我觉得不舒服。

책장 (册欌) [책짱] 图 书柜, 书橱　　　　　　　　　近 책꽂이 书架

例▶ 책장에서 읽고 싶은 책을 골라 보세요.　　　常见用法 책장에 책을 꽂다　把书放到

请从书柜里挑选你想看的书吧。　　　　　　　　　　书柜里

다 읽은 책은 책상에 쌓아 놓지 말고 책장에 꽂아라.

不要把看完的书堆在书桌上，把它们放到书柜里吧。

침대 (寢臺) [침대] 名 床

例▶ 너무 피곤해서 침대에 누웠다.

我因为太疲劳了，所以就躺床上了。

옛날 한국 사람들은 침대에서 자지 않고 바닥에 이불
을 깔고 잤습니다.

以前韩国人不在床上睡觉，而在地板上铺上被子
后睡觉。

常见用法 침대에 눕다　躺在床上

---

7 물건의 성질 (东西的功能)

그렇다 [그러타] 形 那样，那么

关 이렇다 这样，这么　저렇다 那样，那么

例▶ 그렇게 자주 결석을 하면 안 돼요.

不可以那样经常缺席。

영수는 맡은 일을 성실하게 해요. 저는 그런 사람과
일하고 싶어요.

英洙踏踏实实地做自己负责的工作。我想和那样
的人一起工作。

活用结构 그런 名
　　　　 그렇게 动
常见用法 그런 사람　那样的人
　　　　 그렇게 하다　那样做

다르다 [다르다] 形 不同，不一样

反 같다 相同，一样

例▶ 쌍둥이도 성격이 달라요.

双胞胎的性格也不一样。

나라마다 문화와 사고방식이 다릅니다.

各个国家的文化不同，各国人的思维方式也不同。

活用结构 名이/가 다르다

두껍다 [두껍따] 形 厚   反 얇다 薄

例 ▸ 영어 사전이 두꺼워서 무거워요.

英语词典很厚，因此很重。

강의 얼음이 두껍게 얼어서 사람들이 강 위에서 낚시

를 하고 있어요.

河面上结了很厚的冰，因此人们正在河面上钓鱼。

活用结构 두꺼운 名

名이/가 두껍다

常见用法 두꺼운 옷　厚衣服

책이 두껍다　书厚

무겁다 [무겁따] 形 重, 沉   反 가볍다 轻   关 무게 重量

例 ▸ 이 책상은 무거워서 들 수 없어요.

这张桌子很重，因此我无法把它搬起来。

할머니께서 무거운 짐을 들고 가시는 것을 보고 도와

드렸다.

我看到奶奶提着很重的行李在走，就过去帮忙了。

活用结构 무거운 名

名이/가 무겁다

常见用法 무거운 짐　很重的行李

가방이 무겁다　包很重

물건 (物件) [물건] 名 东西

例 ▸ 저는 물건을 자주 잃어버려요.

我经常丢东西。

남대문 시장에 가면 물건을 싸게 살 수 있어요.

去南大门市场可以买到便宜的东西。

비슷하다 [비스타다] 形 相似, 差不多   关 같다 相同, 一样

例 ▸ 우리 고향 날씨는 한국과 비슷해요.

我家乡的天气跟韩国的差不多。

부부가 성격이 비슷하면 잘 싸우지 않을 것 같아요.

夫妻性格相似的话，好像不会经常吵架。

活用结构 名이/가 名과/와 비슷하다

常见用法 키가 형과 비슷하다　跟哥哥

身高差不多

어떻다 [어떠타] 形 怎么样，什么样

例▶ 건강은 좀 어떠세요?

您的身体怎么样?

요즘 어떻게 지내니?

最近过得怎么样?

活用结构 어떤 名
常见用法 어떤 사람　什么样的人
　　　　 어떻게 하다　怎么做
　　　　 어떻게 지내다　怎么度过

좋다 [조타] 形 ①好 ②高兴，喜欢

①好

反 나쁘다 不好

例▶ 오늘 본 영화는 내용이 정말 좋았다.

我今天看的电影内容非常好。

活用结构 名이/가 좋다
常见用法 질이 좋다　质量好
　　　　 성격이 좋다　性格好
　　　　 태도가 좋다　态度好
　　　　 건강이 좋다　健康状况好

②高兴，喜欢

反 싫다 不喜欢，不愿意　나쁘다 不愉快

例▶ 저는 지금 하고 있는 일이 정말 좋습니다.

我真的很喜欢现在从事的工作。

活用结构 名이/가 좋다
常见用法 요리가 좋다　喜欢这道菜
　　　　 기분이 좋다　心情愉快

크다 [크다] 形 大

反 작다 小

例▶ 잘 안 보이니까 글씨를 크게 써 주세요.

我看不太清楚，请把字写大一些。

어제 산 옷이 커요. 작은 옷으로 바꿔야겠어요.

我昨天买的衣服大了。我得去换件小点儿的。

活用结构 名이/가 크다
常见用法 큰 인형　大玩具
　　　　 눈이 크다　眼睛大

[1 ~ 15] 다음 단어를 한국어로 바꿔 쓰십시오. 请写出下列汉语意思对应的韩国语单词。

1. 衣服　　（　　）　　2. 刀　　　　　　　（　　）　　3. 杯子，杯　　　　（　　）

4. 笔记本　（　　）　　5. 内衣　　　　　　（　　）　　6. 铅笔　　　　　　（　　）

7. 椅子　　（　　）　　8. 书桌，桌子　　　（　　）　　9. 床　　　　　　　（　　）

10. 牙刷　（　　）　　11. 空调　　　　　　（　　）　　12. 电脑，计算机　（　　）

13. 大　　（　　）　　14. 不同，不一样　（　　）　　15. 重，沉　　　　（　　）

[16 ~ 20] 그림을 보고 (　　)에 알맞은 것을 고르십시오. 请看图选择正确的答案。

16. 가: 이 음식은 어떻게 하지요?

　　나: (　　)에 넣으세요.

　　① 옷장　　② 냉장고　　③ 노트북　　④ 텔레비전

17. 가: 뭘 신을 거예요?

　　나: (　　)을/를 신을 거예요.

　　① 구두　　② 양말　　③ 슬리퍼　　④ 운동화

18. 가: 무엇으로 쓸까요?

　　나: (　　)으로/로 쓰세요.

　　① 볼펜　　② 연필　　③ 칫솔　　④ 지우개

19. 가: 오늘 결혼식이 있는데 뭘 입고 가야 할까요?

　　나: 한국에서는 남자들은 보통 (　　)을/를 입어요.

　　① 양복　　② 코트　　③ 스웨터　　④ 블라우스

20. 가: 뭘 하고 있어요?

　　나: 사진이 (　　　)어서/아서/여서 테이프로 붙이고 있어요.

　　① 찍다　　② 자르다　　③ 찢어지다　　④ 잃어버리다

[21 ~ 30] 다음 문장을 읽고 알맞은 어휘를 골라 쓰십시오. 어휘는 한 번만 쓰십시오. 请
阅读下列句子，然后选择合适的单词填空，每个单词只能使用一次。

| 컵 | 가위 | 냄비 | 물건 | 봉투 | 들다 | 매다 | 메다 | 잃다 |
| 차다 | 가지다 | 고치다 | 그렇다 | 멋지다 | 어떻다 | | | |

21. (　　　　)으로/로 잡지의 사진을 잘랐다.

22. 라면을 먹으려고 (　　　　)에 물을 끓였어요.

23. 아버지는 파란색 넥타이를 (　　　　)고 출근했다.

24. 책이 무거운데 교실까지 (　　　　)어/아/여 주세요.

25. 시장은 백화점보다 (　　　　)도 많고 값도 싸서 자주 가요.

26. 휴대전화를 (　　　　)고 오지 않아서 하루 종일 불편했어요.

27. 아이는 교과서와 필통을 넣은 가방을 (　　　　)고 학교에 갔다.

28. 편지 (　　　　)에 받는 사람의 주소와 이름을 정확하게 쓰세요.

29. 고장이 난 노트북을 (　　　　)으려고/려고 서비스센터에 갔어요.

30. 경기장에서 열심히 뛰는 선수들이 정말 (　　　　)어요/아요/여요.

[31 ~ 35] (　　) 안에 알맞은 것을 고르십시오. 请选择合适的答案。

31. 날씨가 추우니까 (　　　)을/를 하고 나가세요.

　　① 모자　　　② 반지　　　③ 목도리　　　④ 스타킹

32. 먼저 손을 씻고 (　　　)으로/로 깨끗하게 닦아라.

　　① 비누　　　② 샴푸　　　③ 수건　　　④ 향수

33. 동생은 잠을 자려고 (　　　)으로/로 갈아입었다.

　　① 잠옷　　　② 치마　　　③ 여성복　　　④ 원피스

34. 이사를 가게 되어서 침대, 소파, 식탁 등 (　　　)을/를 새로 사려고 해요.

　　① 가구　　　② 보석　　　③ 화장품　　　④ 가전제품

35. 오늘은 시계를 (　　)지 않고 학교에 갔어요.

　　① 끼다　　　② 쓰다　　　③ 잃다　　　④ 차다

[36~40] 밑줄 친 부분과 반대되는 뜻을 가진 것을 고르십시오. 请选择与画线部分意义相反的单词。

36. 가: 가방이 <u>무거워요</u>?

　　나: 아니요, 무겁지 않아요. (　　)어요/아요/여요.

　　① 가볍다　　② 고치다　　③ 그렇다　　④ 멋지다

37. 가: 한국의 문화는 중국의 문화와 <u>달라요</u>?

　　나: 다른 것도 있고 (　　)은/ㄴ 것도 있어요.

　　① 같다　　　② 들다　　　③ 매다　　　④ 좋다

38. 가: 이 옷은 좀 <u>얇은데요</u>.

　　나: 그래요? 그럼 (　　)은/ㄴ 옷을 드릴게요.

　　① 가지다　　② 두껍다　　③ 멋지다　　④ 무겁다

39. 가: 신발이 좀 <u>크지</u> 않아요?

　　나: 아니요, (　　)어요/아요/여요.

　　① 신다　　　② 메다　　　③ 작다　　　④ 차다

40. 가: 질이 <u>좋아요</u>?

　　나: 아니요, 질이 (　　)어요/아요/여요.

　　① 나쁘다　　② 다르다　　③ 어떻다　　④ 고장나다

[41~45] 밑줄 친 부분과 의미가 가장 가까운 것을 고르십시오. 请选择与画线部分意义最相近的单词。

41. 가: 이 케이크를 어떤 <u>그릇에</u> 담을까?

　　나: 이 (　　)에 담자.

　　① 수저　　　② 물건　　　③ 접시　　　④ 냉장고

42. 가: <u>신발을</u> 사야 하는데 어떤 것이 좋을까?

　　나: 저 (　　)은/는 어때? 한번 신어 봐.

　　① 구두　　　② 시계　　　③ 우산　　　④ 장갑

43. 가: 이 넥타이를 한 번 <u>해</u> 보세요.

　　나: 네, 한 번 (　　)어/아/여 볼게요.

① 끼다   ② 들다   ③ 매다   ④ 입다

44. 가: 이 청소기를 <u>써</u> 본 적이 있어요?

　　나: 아니요, 한 번도 (　　　)은/ㄴ 적이 없어요.

　　① 가지다   ② 고장나다   ③ 사용하다   ④ 찢어지다

45. 가: 빨간색 치마와 노란색 치마 중에서 어느 것이 <u>마음에 들어요</u>?

　　나: 저는 노란색 치마가 더 (　　　)어요/아요/여요.

　　① 밝다   ② 좋다   ③ 가볍다   ④ 예쁘다

[46~50] 밑줄 친 단어의 쓰임이 잘못된 것을 고르십시오. 请选择画线部分单词使用错误的一项。

46. ① 장갑을 <u>신으면</u> 더 따뜻할 거예요. (　　　)

　　② 오늘 네가 <u>신은</u> 스타킹이 정말 예쁘다.

　　③ 양복을 입을 때에는 보통 구두를 <u>신어요</u>.

　　④ 오늘 등산을 가려고 하니까 운동화를 <u>신어라</u>.

47. ① 공부를 열심히 <u>하세요</u>. (　　　)

　　② 이 많은 요리를 혼자 다 <u>했어요</u>?

　　③ 오늘은 귀걸이하고 목걸이를 <u>하고</u> 나갔다.

　　④ 날씨가 춥지 않은데 왜 장갑을 <u>하고</u> 왔어요?

48. ① 음식 맛이 좀 <u>쓴데요</u>. (　　　)

　　② 어머니께 편지를 <u>썼다</u>.

　　③ 바람이 차서 목도리를 <u>썼다</u>.

　　④ 이 세탁기는 어떻게 <u>쓰는</u> 거예요?

49. ① 이 양말 세 <u>켤레에</u> 얼마예요? (　　　)

　　② 책상 위에 필통 세 <u>자루가</u> 있어요.

　　③ 동대문 시장에서 원피스를 두 <u>벌</u> 샀어요.

　　④ 어머니는 냉장고를 한 <u>대</u> 더 사고 싶어하십니다.

50. ① 시계를 <u>차고</u> 왔어요? (　　　)

　　② 가방을 <u>메고</u> 학교에 갔다.

　　③ 이 신발을 한번 <u>껴</u> 보세요.

　　④ 혼자 이 가방을 <u>들</u> 수 있겠어요?

第三课 **시간 1**（时间 1）

1 수（数量）

만 (萬) [만] 数 万

例 나는 지난달에 교통비로 5(오)만 원을 썼다.

我上个月花费了5万韩元交通费。

축구를 보러 경기장에 온 사람이 만 명쯤 된다.

大约1万人来了赛场看足球比赛。

常见用法 만 원 1万韩元

사람 만 명 1万人

tip

表示 "几万" 的数词如下表所示:

만	이만	……	십만	백만	천만
10,000	20,000	……	100,000	1,000,000	10,000,000

많다 [만타] 形 多 反 적다 少

例 이번 연휴에는 여행을 가려고 하는 사람들이 많다. 活用结构 名이/가 많다

很多人想利用这次长假去旅行。

한국에서 여러 가지 많은 경험을 할 수 있어서 참

좋았다.

在韩国可以获得丰富的经验，这一点很好。

몇 [멷] 数 ① (数量不多) 几, 多少 ② (用于疑问句中) 几, 多少

① (数量不多) 几, 多少

例▶ 한국어 공부를 시작한 지 몇 달 되었습니다.　　　活用结构 몇 名

我学习韩国语已经几个月了。

② (用于疑问句中) 几, 多少

例▶ 오늘이 몇 월 며칠이에요?　　　活用结构 몇 名

今天是几月几号?

백 (百) [백] 数 百

例▶ 지난 시험에서 백 점을 받았다.　　　常见用法 백 원　100韩元

我上次考试得了100分。　　　장미 백 송이　100朵玫瑰

이번 동창회에는 동창들이 백 명쯤 왔다.

大约100个同学参加了这次同学会。

tip ★★

表示 "几百" 的数词如下表所示:

백	이백	삼백	……	구백	천
100	200	300	……	900	1000

수 (數) [수] 名 数量, 数目, 数

例▶ 매년 태어나는 아이의 수가 점점 적어지고 있다.　　　常见用法 수가 적다　数量少

每年出生的孩子的数量正在逐渐减少。

경기장에 온 사람이 너무 많아 얼마나 왔는지 그

수를 알 수 없다.

因为来赛场的人太多了, 所以无法知道具体的数量。

스물 [스물] 数 二十（固有词）　　　　　　　　　　　　　　近 이십 二十（汉字词）

例 스무 살에 결혼을 하셨다고요?　　　　　　　　活用结构 스무 名

听说您二十岁就结婚了？

한 반의 학생이 모두 열 명이고 두 반이 함께 가기로

했으니까 선생님과 학생 모두 스물두 명이다.

一个班有十个学生，并且两个班一起去，因此老

师和学生一共二十二个人。

tip

　　"99"以下的数字都可以用固有数词表示，而"100"只能用汉字数词
"백"表示。如下表所示：

열[1]	스물	서른	마흔	쉰	예순	일흔	여든	아흔	백
10	20	30	40	50	60	70	80	90	100

십（十）[십] 数 十（汉字词）　　　　　　　　　　　近 열[1] 十（固有词）

例 십 주 동안 한 시간도 빠지지 않고 출석했다.　　常见用法 십 원　10韩元

我这十周全勤，连一个小时都没缺席。　　　　　　　　　십 쪽　十页

십 년이 지나도 너는 하나도 달라지지 않았구나.　　　십 층　十层

十年过去了，你还是一点儿都没变。

tip

　　表示"10""20"等的汉字数词如下表所示：

십	이십	삼십	……	백	천	만
10	20	30	……	100	1000	10,000

억 (億) [억] 数 亿

例 몇 년쯤 돈을 벌면 일억 원을 모을 수 있을까?

大约赚几年钱才能攒够1亿韩元呢？

이렇게 큰 집을 사려면 몇 억은 필요할 거예요.

买这么大的房子需要几亿韩元。

常见用法 일억 원　1亿韩元

　　读"10""100""1000"等的时候一般不加"일"，直接读成"십""백""천"等。但是"100,000,000"一定要读成"일억"。例如：

10,000	만
111,110	십일만 천백십
111,111,111	일억 천백십일만 천백십일

일¹ (一) [일] 数 一（汉字词）

近 하나 一（固有词）

例 요즘 일 원짜리 동전은 찾아보기 어렵다.

最近，人们很难找到1韩元面值的硬币。

일 년쯤 한국어를 배우면 한국말을 얼마나 잘 할 수 있을까요?

学习韩国语一年左右的话，韩国语能说到什么程度呢？

常见用法 일 번　一次, 1号
　　　　　일 원　1韩元

천 (千) [천] 数 千

例 천 원이면 아이스크림을 하나 사 먹을 수 있겠다.

我应该可以用1000韩元买一个冰激凌吃。

우리 대학교에 다니는 외국인 학생 수가 삼천 명쯤 된다고 한다.

听说就读我们学校的外国学生大约有3000人。

常见用法 천 원　1000韩元
　　　　　책 천 권　1000册书

表示"几千""几万"的数词如下表所示:

천	이천	삼천	……	만	십만
1000	2000	3000	……	10,000	100,000

하나 [하나] 数 一（固有词）　　　　　　　　近 일[1] 一（汉字词）

例▶ 요리할 준비를 다 끝낸 줄 알았는데, 중요한 재료
하나가 빠져 있었다.

我原以为完成了做菜的准备工作，没想到却漏掉
了一种重要的材料。

학생 한 명이 질문을 하니까 다른 학생들도 여러
가지 질문들을 하기 시작했다.

一个学生提问题了，其他的学生们也开始提各种
各样的问题。

活用结构 한 名
常见用法 한 사람　一个人
　　　　한 마리　一只

　　韩国语中的数词包括固有词和汉字词两种。固有词中的"하나""둘"
"셋""넷""스물"后面和表示单位的名词连用时，注意要写成"한"
"두""세""네""스무"。

数	汉字词	固有词	与"살（岁）"连用
1	일[1]	하나	한 살
2	이	둘	두 살
3	삼	셋	세 살
4	사	넷	네 살
5	오	다섯	다섯 살
6	육	여섯	여섯 살
7	칠	일곱	일곱 살
8	팔[1]	여덟	여덟 살
9	구	아홉	아홉 살

续表

数	汉字词	固有词	与"살（岁）"连用
10	십	열[1]	열 살
……	……	……	……
20	이십	스물	스무 살
21	이십일	스물하나	스무한 살
22	이십이	스물둘	스무두 살
23	이십삼	스물셋	스무세 살
24	이십사	스물넷	스무네 살
……	……	……	……
30	삼십	서른	서른 살

2 시각（时刻）

낮 [낟] 名 ①白天 ②从上午后半段到晚上之前的时间

①白天

反 밤 晚上

例▶ 봄이 되니까 낮이 점점 길어진다.

春天来了，白天渐渐变长了。

常见用法 낮이 짧다　白天短

②从上午后半段到晚上之前的时间

近 오후 下午

例▶ 아침에 내리던 비가 낮이 되니까 그쳤다.

雨从早上开始下，到了下午才停。

常见用法 낮잠　午觉

낮 두 시　下午两点

늦다 [늗따] 形 晚，迟

反 이르다 早，提前

例▶ 이렇게 늦은 시간에 무슨 일로 전화하셨어요?

您这么晚给我打电话有什么事吗?

일찍 도착할 거라고 생각했는데 늦게 도착했다.

我本来以为会提前到，没想到却迟到了。

活用结构 名이/가 늦다

常见用法 늦은 시간　晚些时候

늦게 오다　晚来

늦게까지 일하다　工作到很晚

반 (半) [반] 图 一半, 半

例▶ 일을 반밖에 못했는데, 벌써 퇴근할 시간이 됐어요.

我才完成一半的工作，就已经到下班时间了。

벌써 1(한)시 반이다. 밤이 늦었으니까 이제 자야겠다.

已经一点半了，夜深了，我现在该睡觉了。

常见用法 한 시 반 一点半

반으로 나누다 中分, 对半分

분¹ (分) [분] 图 分, 分钟

关 시 点, 时 초 秒

例▶ 지금 3(세)시 15(십오)분이다.

现在是三点十五分。

시험 시간은 60(육십)분이에요. 시험 잘 보세요.

考试时间是六十分钟。请好好考试。

常见用法 한 시 오십오 분 一点
五十五分

새벽 [새벽] 图 凌晨, 黎明

关 아침 早晨, 早上 오전 上午

例▶ 새벽에 우유를 배달하는 아르바이트를 하고 있어요.

我在做凌晨送牛奶的兼职。

회사가 멀기 때문에 새벽에 일어나서 첫차를 타고

출근해야 한다.

因为公司离得远，所以我必须凌晨起床坐第一班

车去上班。

常见用法 이른 새벽 一大早, 大清早

시 (時) [시] 图 点, 时

关 분¹ 分钟 초 秒 시간 小时, 时间

例▶ 벌써 아홉 시야. 빨리 일어나!

已经九点了，你快点儿起床!

일곱 시가 조금 지났으니 아버지께서 곧 퇴근해서

집에 오시겠다.

已经七点多了，爸爸马上就下班回家了。

常见用法 열 시 십분 十点十分

아침 [아침] 名 ①早晨，早上 ②早饭

①早晨，早上
<small>近</small> 오전 上午 🖊

例 아침에 일어나서 운동을 한 후 샤워를 하면 참
시원하다.

早上起床做运动，之后洗澡的话，感觉非常舒服。

어제 늦게 자서 그런지 오늘 아침에는 일어나기가
힘들었어.

我可能因为昨天睡晚了，所以今天早上起床很困难。

常见用法 아침 운동　晨练
아침 아홉 시　早上九点
아침이 밝다　天亮

②早饭
<small>关</small> 점심 午饭　저녁 晚饭 🖊

例 아침으로 간단하게 빵과 우유를 먹어요.

我早饭吃得很简单，就吃点儿面包，喝点儿牛奶。

아침을 꼭 먹어야 건강을 지킬 수 있어요.

只有吃早饭，才能保持身体健康。

常见用法 아침을 먹다　吃早饭

언제 [언제] 副 什么时候

例 언제 시간이 되니? 시간이 될 때 우리 꼭 만나자.

你什么时候有时间？有时间的时候我们一定要碰个面。

제가 언제 전화를 드릴까요? 편한 시간을 말씀해 주세요.

我什么时候给您打电话呢? 请告诉我您方便的时间。

오전 (午前) [오전] 名 ①凌晨和上午 ②上午

①凌晨和上午
<small>反</small> 오후 下午，午后 🖊

例 일이 다 끝났을 때가 오전 한 시였다.

完成全部工作的时间是凌晨一点。

常见用法 오전 네 시　凌晨四点

②上午   近 아침 早上, 早晨 🖊

例► 오늘 저녁에는 시간이 안 되니까 내일 오전에 만납   常见用法 오전 열한 시   上午十一点
     시다.

     我今天晚上没有时间，咱们明天上午见面吧。

tip ★★★

① "오전"和"오후"有两种意思。例如：
   02:10   오전 두 시 십 분   凌晨两点十分
   23:50   오후 열한 시 오십 분   晚上十一点五十分
② 一般说来，"새벽"表示"一大早"，"오전"表示"从吃早饭时到正午
   之前的时间"，"오후"表示"从正午到吃晚饭之前的时间"。例如：
   • 오전 9(아홉)시에 수업이 시작된다.   我上午九点开始上课。
   • 오후 4(네)시에 친구를 만나기로 했다.   我决定下午四点见朋友。

일찍 [일찍] 副 提前，一早，早   反 늦게 晚, 迟

例► 오늘은 일찍 일어나서 오랜만에 아침 운동을 했다.   活用结构 일찍 动
     我今天一早就起床了，之后做了很久未做的晨练。   常见用法 일찍 출발하다   提前出发
     수업이 일찍 끝나서 친구들하고 차를 한잔하고 집에   일찍 일어나다   一早起床
     왔다.
     我提前下课了，就和朋友们一起喝了茶，然后回
     家了。

저녁 [저녁] 名 ①晚上 ②晚饭

①晚上   关 밤 夜晚, 晚上 🖊

例► 저녁이 되니까 날씨가 선선해졌어요.   常见用法 저녁 일곱 시   晚上七点
     到了晚上，天气变得凉快了。

②晚饭   关 아침 早饭 점심 午饭 🖊

例► 다이어트를 위해서 저녁을 먹지 않기로 했다.   常见用法 저녁을 먹다   吃晚饭
     我为了减肥决定不吃晚饭了。

지나다 [지나다] 动 经过，过去

例▶ 네 시가 조금 지났다.

现在是四点多一点儿。

지난 시간에 배운 것을 복습해 봅시다.

我们复习一下上一节课学过的内容吧。

活用结构 名이/가 지나다
常见用法 지난해　去年
　　　　 지난 수업　上一节课
　　　　 시간이 지나다　时间过去

쯤 [쯤] 缀 前后，左右

例▶ 이번 일은 한 달쯤 걸릴 것 같다.

做这次的工作好像要花费一个月左右的时间。

오늘 수업은 다섯 시 십 분쯤에 끝났어요.

我今天五点十分左右下了课。

活用结构 名쯤
常见用法 반 년쯤　半年左右
　　　　 세 시쯤　三点左右
　　　　 열 명쯤　十名左右

초 (秒) [초] 名 秒

关 시 点，时　분¹ 分，分钟

例▶ 일분일초가 급하다. 빨리 병원으로 가자.

一分一秒都不能耽搁，时间紧迫。我们快点儿去
医院吧。

지금 4(네)시 22(이십이)분 35(삼십오)초를
지나고 있습니다.

现在是四点二十二分三十五秒。

常见用法 육십 초　六十秒

tip ★ ★ ★

　　在韩国语中，表示时刻的时候，"시"前面使用固有数词，"분"和
"초"前面使用汉字数词。例如：
　　3:20:56　　세 시 이십 분 오십육 초
　　6:10:05　　여섯 시 십 분 오 초

3 날짜（日期）

날 [날] 名 天，日子　　　　　　　　　　　　　关 일 日，天　날짜 日子，日期

例 우리는 첫눈이 오는 날에 만나기로 약속했다.

我们约好下第一场雪那天见面。

언니는 어느 날 갑자기 아무 말 없이 여행을 떠났다.

姐姐有一天什么话也没说突然就去旅行了。

活用结构 名 날

动는/은/을 날

常见用法 어느 날　有一天

날짜 [날짜] 名 日子，日期　　　　　　　　　　　　关 날 天，日子

例 결혼식 날짜는 언제로 정했어요?

婚礼的日期定在什么时候?

시험 날짜와 시험 시간을 다시 한 번 확인해라.

你再确认一下考试日期和考试时间吧。

常见用法 결혼 날짜　结婚日期

출국 날짜　出国日期

날짜가 지나다　过期

내일（来日）[내일] 名 明天　　　　　　　　　　　　关 어제 昨天　오늘 今天

例 내일 운동회가 있는데 비가 오면 어떻게 하지요?

明天要开运动会, 下雨的话怎么办?

오늘은 너무 피곤하니까 우리 내일 만나서 얘기하자.

我今天太累了, 我们明天见面再说吧。

년（年）[년] 名 年　　　　　　　　　　　　　　　　近 해 年

例 4(사)년 동안의 대학 공부가 끝나고, 이제 졸업할 날만 남았다.

我完成了四年的大学学业, 现在只等着毕业了。

2000(이천)년이라고 한 것이 어제 같은데 벌써 십 년이 지났어요.

好像昨天还是2000年, 转眼间已经过去十年了

（眨眼间现在已经是2010年）。

常见用法 일 년　一年

이천십 년　2010年

어제 [어제] 名 昨天　　　　　　　　　　　　　　关 오늘 今天　내일 明天

例▶ 어제 영수 씨에게 계속 전화했는데 받지 않았어요.

我昨天一直给英洙打电话，但是他没有接。

어제 너무 피곤해서 화장도 지우지 못하고 자 버렸다.

我昨天因为太累了，所以连妆都没卸就睡觉了。

연휴 (連休) [연휴] 名 长假（休息两天以上）　　　　关 휴일 休息日

例▶ 이번 연휴에는 오랜만에 해외로 여행가자.

我们利用这次长假去国外旅行吧，很久没去了。

설날 연휴가 되면 사람들은 가족들을 만나기 위해 고향으로 간다.

人们在春节长假的时候回家乡与家人团聚。

오늘 [오늘] 名 今天　　　　关 그저께 前天　어제 昨天　내일 明天　모레 后天

例▶ 오늘 해야 할 일은 오늘 안에 다 끝내야 한다.

今日事今日毕。

누나가 피곤한가 봐요. 집에 와서 계속 잠만 자요.

姐姐好像很累，回家后一直在睡觉。

올해 [올해] 名 今年　　　近 금년 今年　关 재작년 前年　작년 去年　내년 明年　내후년 后年

例▶ 올해 날씨가 좋지 않아서 채소값이 많이 올랐다.

因为今年天气不好，所以蔬菜的价格上涨了很多。

5(오)년 동안 사귄 여자친구와 올해 결혼하기로 했다.

我今年决定跟交往了五年的女朋友结婚。

요일 (曜日) [요일] 名 星期，周

例 오늘이 무슨 요일이에요?

今天是周几?

월요일부터 금요일까지 날마다 네 시간씩 한국

말 수업이 있어요.

我从周一到周五每天都有四个小时的韩国语课。

常见用法
일요일　周日
월요일　周一
화요일　周二
수요일　周三
목요일　周四
금요일　周五
토요일　周六

월 (月) [월] 名 月　　关 개월 ……个月　달 ……个月

例 생일이 몇 월 며칠이에요?

你生日是几月几日?

오늘 날짜는 2010(이천십)년 5(오)월 20(이

십)일이에요.

今天是2010年5月20日。

常见用法
1(일)월　一月　　7(칠)월　七月
2(이)월　二月　　8(팔)월　八月
3(삼)월　三月　　9(구)월　九月
4(사)월　四月　　10(시)월　十月
5(오)월　五月　　11(십일)월　十一月
6(유)월　六月　　12(십이)월　十二月

일² (日) [일] 名 日，天

例 이번 달 7(칠)일이 남편 생일이다.

这个月7日是丈夫的生日。

중간시험은 다음 주 월요일부터 금요일까지

5(오)일 동안 본다고 한다.

听说期中考试从下周一到下周五一共考五天。

常见用法
1(일)일　1日
2(이)일　2日
3(삼)일　3日
4(사)일　4日
5(오)일　5日
……
30(삼십)일　30日

작년 (昨年) [장년] 名 去年　　关 내년 明年　올해 今年

例 작년 3(삼)월에 대학에 입학했다.

我去年三月上的大学。

올해 여름은 작년 여름보다 더 길고 더 더울 거라고 한다.

听说今年夏天会比去年夏天更长、更热。

주 (週) [주] 名 ① 周，星期 ② 周，星期（用作量词）

① 周，星期
近 주일 周，星期

例▸ 지난주에 새 학기가 시작되었다.

上一周新学期开始了。

常见用法
지난주　上一周
이번 주　这一周
다음 주　下一周

② 周，星期（用作量词）
近 주일 周，星期

例▸ 한 주만 더 지나면 방학이 끝나요.

再过一周假期就结束了。

常见用法
한 주　一周
일 주　一周
십 주　十周

주말 (週末) [주말] 名 周末
关 평일 平日，平时

例▸ 이번 주말에 날씨가 좋으면 놀러 가자.

这周末天气好的话，我们一起去玩儿吧。

주말에 시간이 있으면 보통 때 만나지 못했던 친구를

만난다.

我周末有时间的话，就会见平常无法见的朋友。

常见用法 주말을 보내다　过周末

평일 (平日) [평일] 名 平日，平时
关 주말 周末

例▸ 평일에는 출근하고 주말에는 쉰다.

我平日上班，周末休息。

식당 근처에 회사가 많으면 평일에 손님들이 많다.

饭馆附近公司多的话，平时饭馆里客人就会很多。

휴일 (休日) [휴일] 名 休息日

例▸ 우리 아버지는 휴일마다 늦잠을 주무신다.

我爸爸一到休息日就睡懒觉。

常见用法 공휴일　公休日

휴일이 되면 가족과 함께 가까운 곳으로 소풍을 가야겠다.

到了休息日，我得和家人一起去近的地方郊游。

연습 문제 (练习题)

[1 ~ 15] 다음 단어를 한국어로 바꿔 쓰십시오. 请写出下列汉语意思对应的韩国语单词。

1. 晚上，夜晚 （　　） 2. 百 （　　） 3. 分，分钟 （　　）

4. 日子，日期 （　　） 5. 明年 （　　） 6. 十月 （　　）

7. 昨天 （　　） 8. 什么时候 （　　） 9. 连休 （　　）

10. 上午 （　　） 11. 七（固有词） （　　） 12. 1亿 （　　）

13. 一（固有词）（　　） 14. 周五 （　　） 15. 周三 （　　）

[16 ~ 20] 그림을 보고 (　　)에 알맞은 것을 고르십시오. 请看图选择正确的答案。

16. 가: 장미꽃이 몇 송이 있어요?

나: (　　) 송이 있어요.

① 네　　② 다섯　　③ 여섯　　④ 일곱

17. 가: 지금 몇 시예요?

나: (　　)시 (　　)분이에요.

① 이, 삼십　　② 둘, 반　　③ 두, 반　　④ 두, 삼십

18. 가: 아침을 몇 시에 먹어요?

나: (　　) 아홉 시에 먹어요.

① 낮　　② 점심　　③ 오전　　④ 새벽

19. 가: 오늘이 몇 월 며칠이에요?

　　나: (　　　)월 (　　　) 일이에요

　　① 열, 열　　② 일, 열　　③ 십, 십　　④ 시, 십

20. 가: 언제 한국에 왔어요?

　　나: (　　　) 왔어요.

　　① 그저께　　② 어제　　③ 내일　　④ 모레

스케줄 표	
월요일	
화요일	한국 도착
수요일	약속
목요일	학교 수업
금요일	
토요일	
일요일	

[21 ~ 30] 다음 문장을 읽고 알맞은 어휘를 골라 쓰십시오. 어휘는 한 번만 쓰십시오. 请阅读下列句子，然后选择合适的单词填空，每个单词只能使用一次。

낮	밤	어제	오늘	내일	올해	내년	주말	오전	오후
아침	저녁	늦다	많다	지나다					

21. (　　　　　)에 일어나면 먼저 운동부터 합니다.

22. (　　　　　)마다 잠이 잘 오지 않아요. 어떻게 하지요?

23. (　　　　　)이/가 며칠 남지 않았어요. 새해 계획은 세우셨어요?

24. 우와! 책이 진짜 (　　　　)네요! 정말 이 책들을 다 읽으셨어요?

25. 아직도 공부하니? 시간이 많이 (　　　　)었다/았다/였다. 빨리 자라.

26. 점심을 먹기 전까지 (　　　　)에는 보통 도서관에서 공부를 합니다.

27. 벌써 한 시가 (　　　　)었네요/았네요/였네요. 이제 수업을 끝냅시다.

28. 벌써 날이 어두워졌어요. 가을이 되니까 (　　　　)이/가 점점 짧아지네요.

29. 이번 (　　　　)에 뭘 하실 거예요? 시간이 있으시면 저하고 같이 영화를 보러 갑시다.

30. 밤이 늦었어요. 지금 이 시간에는 택시를 잡기도 어려우니까 그냥 여기에서 주무시고

　　(　　　　) 가세요.

[31~35] ( ) 안에 알맞은 것을 고르십시오. 请选择合适的答案。

31. 이번 시간에는 ( ) 시간에 공부한 것을 다시 복습하겠습니다.

　　① 그　　　　　② 몇　　　　　③ 지난　　　　　④ 다음

32. 저는 서른 살( ) 결혼할 생각입니다.

　　① 쯤　　　　　② 세　　　　　③ 부터　　　　　④ 나이

33. 오늘이 무슨 ( )인데 어머니가 음식을 이렇게 많이 하셨어요?

　　① 일　　　　　② 날　　　　　③ 날씨　　　　　④ 날짜

34. ( ) 12월에 유학을 와서 한국말을 공부한 지 벌써 여섯 달이 되었습니다.

　　① 작년　　　　② 올해　　　　③ 내년　　　　④ 지난달

35. 이번 추석 ( )은/는 5일이에요. 그래서 친구들하고 여행을 갈 계획이에요.

　　① 날　　　　　② 방학　　　　③ 날짜　　　　④ 연휴

[36~40] 밑줄 친 부분과 반대되는 뜻을 가진 것을 고르십시오. 请选择与画线部分意义相反的单词。

36. 가: 공원에서 산책하는 사람이 <u>많아요</u>?

　　나: 아니요, ( )어요/아요/여요.

　　① 작다　　　　② 적다　　　　③ 길다　　　　④ 짧다

37. 가: 어제 <u>일찍</u> 집에 들어왔어요?

　　나: 아니요, ( ) 왔어요.

　　① 늦게　　　　② 짧게　　　　③ 느리게　　　　④ 천천히

38. 가: 오늘은 <u>오전에</u> 수업이 있어요?

　　나: 아니요, ( )에 있어요.

　　① 새벽　　　　② 아침　　　　③ 점심　　　　④ 오후

39. 가: 비행기가 <u>밤에</u> 도착했어요?

　　나: 아니요, ( )에 도착했어요.

　　① 낮　　　　　② 저녁　　　　③ 오후　　　　④ 평일

40. 가: <u>평일에는</u> 바쁘시죠?

　　나: 아니요, ( )에 더 바빠요.

　　① 주말　　　　② 방학　　　　③ 일요일　　　　④ 공휴일

[41 ~ 45] 밑줄 친 부분과 의미가 가장 가까운 것을 고르십시오. 请选择与画线部分意义最相近的单词。

41. 가: 보통 아침 몇 시에 식사하세요?

　　나: 저는 보통 (　　) 8시에 아침을 먹어요.

　　① 낮　　　　② 오전　　　③ 오후　　　④ 저녁

42. 가: 돈이 조금밖에 없는데, 이걸로 엄마 선물을 살 수 있을까?

　　나: 그럼, (　　)은/ㄴ 돈으로도 살 수 있는 선물이 있을 거야.

　　① 작다　　　② 적다　　　③ 짧다　　　④ 싸다

43. 가: 이십 명쯤 집에 초대하려고 해요.

　　나: (　　) 명이면 음식을 많이 준비해야겠어요.

　　① 열　　　　② 십이　　　③ 열두　　　④ 스무

44. 가: 지금 세 시 삼십 분이에요?

　　나: 네, 세 시 (　　)이에요.

　　① 반　　　　② 번　　　　③ 분　　　　④ 방

45. 가: 지난해에 한국에 오셨다고 했지요?

　　나: 네, (　　) 5월에 왔어요.

　　① 작년　　　② 올해　　　③ 내년　　　④ 후년

[46 ~ 50] 밑줄 친 단어의 쓰임이 잘못된 것을 고르십시오. 请选择画线部分单词使用错误的一项。

46. ① 지금 몇 시예요? (　　)

　　② 오늘이 몇 요일이에요?

　　③ 오늘이 몇 월 며칠이에요?

　　④ 학생 몇 명이 아직 안 왔어요.

47. ① 지난 일은 다 잊어버리세요. (　　)

　　② 시간이 벌써 이렇게 지났네요.

　　③ 지난 시간에는 여기부터 하겠습니다.

　　④ 힘들었던 시간이 다 지나면 좋은 날이 올 거예요.

48. ① 오늘이 무슨 날이에요? (　　)

　　② 한국에 처음 온 날 뭘 했어요?

　　③ 이번 달 1날은 어머니 생신이다.

④ 이번 주 토요일은 우리 오빠가 결혼하는 날이다.

49. ① 사람이 한 명도 없어요. (　　　)

② 육 월 육 일은 일요일이에요.

③ 삼 일 동안 쉬지 않고 일만 했어요.

④ 열 달 동안 열심히 한국말을 공부했습니다.

50. ① 낮 열 시에 아침을 먹어서 배가 좀 고파요. (　　　)

② 휴일에는 놀러 가는 차들이 많아서 길이 복잡해요.

③ 아침에는 날씨가 좋았는데 오후가 되니까 날씨가 흐려졌다.

④ 이렇게 밤늦게까지 일했는데, 내일 새벽에 일어날 수 있겠어요?

第四课 시간 2（时间 2）

1 순서（顺序）

나중 [나중] 名 ①（做某一件事情的顺序）后 ②（某一段时间过后）以后

---

①（做某一件事情的顺序）后

反 먼저 先，首先

例 중요한 일을 먼저 하고 그렇지 않은 것은 나중에 하자.

我们先做重要的事情，后做不重要的事情吧。

②（某一段时间过后）以后

例 요즘은 좀 바쁘니까 나중에 시간이 되면 한번 보자.

我最近有点儿忙，咱们以后有时间再见吧。

다음 [다음] 名 ①下一次 ②（某事结束后）以后，之后

---

①下一次

关 지난 名 上一个　이번 名 这个

例 이번 시간에는 10(십)쪽까지 공부했으니까 다음 시간에는 11(십일)쪽부터 하겠습니다.

我们这节课学到第十页，下一节课从第十一页开始学习。

活用结构 다음 名
常见用法 다음 시간　下一节课
다음 문제　下一个问题

②（某事结束后）以后，之后

例 물건 정리를 다 한 다음에 방 청소를 하자.

把东西都收拾好了之后，咱们打扫一下房间吧。

活用结构 动은/ㄴ 다음

마지막 [마지막] 名 最后，最终   反 처음 开始，第一次   关 중간 中间

例▶ 오늘이 선생님과의 마지막 수업이라고 생각하니까
너무 슬프다.

一想到今天这节课是自己和老师一起上的最后一
节课，我就很伤心。

배워야 할 내용을 모두 공부했으니까 시험을 보기
전에 마지막으로 한번 복습해 보자.

应该学习的内容都学过了，考试之前咱们再最后
复习一遍吧。

活用结构 마지막 名
常见用法 마지막으로 最后

먼저 [먼저] 副 先，首先   反 나중 后，以后

例▶ 먼저 제 것부터 계산해 주시면 안 될까요?

可不可以先给我结账呢?

한국에 도착한 후에 제일 먼저 부모님께 전화부터 했다.

我到韩国之后先给父母打了电话。

째 [째] 缀 第，连续

例▶ 오늘로 한국 생활 반 년째이다.

到今天为止，我在韩国已经连续生活半年了。

제 옆에 있는 아이는 제 둘째 동생이에요.

在我旁边的小孩儿是我的二弟。

常见用法 첫째   第一
둘째   第二
셋째   第三
......
열째   第十

사흘째   连续三天
두 잔째   连续两杯

처음 [처음] 名 开始，第一次   近 시작 开始   反 끝 结束，结尾   마지막 最后，最终

例▶ 문제를 처음부터 끝까지 잘 읽어야 해요.

常见用法 처음부터 从头开始

应该从头到尾好好阅读问题。

처음에는 일이 재미있었는데 지금은 재미없어졌어요.

我刚开始的时候觉得工作很有意思，但是现在已

经觉得没意思了。

첫 [첟] [冠形词] 首次，第一次

例▶ 첫 문제부터 너무 어려우면 학생들이 힘들어해요.

如果从第一道题开始就很难，那么学生们会感到

很吃力。

오늘은 첫 수업이니까 서로 인사하고 소개하는

시간을 갖겠습니다.

今天是第一节课，大家相互问候一下，并且做一

下自我介绍吧。

活用结构 첫 名

常见用法 첫사랑　初恋

첫 시간　第一节课

---

2 시간의 길이 (时间的长短)

개월 (個月) [개월] 名 ……个月

近 월 月　달 ……个月

例▶ 한국에 온 지 6(육)개월이 지났다.

我来韩国已经六个多月了。

3(삼)개월 동안 고향 음식을 한번도 먹지 못해서

너무 먹고 싶다.

我三个月来一次也没吃过家乡菜，因此很想吃。

活用结构 数 개월

常见用法 일 개월　一个月

걸리다 [걸리다] 动 花费 (时间)

例▶ 집에서 학교까지 몇 시간 걸려요?

你从家到学校花费几个小时的时间?

活用结构 名이/가 걸리다

常见用法 시간이 걸리다　花费时间

버스로 한 시간 걸려서 학교에 도착했다.

我坐公共汽车花费一个小时到了学校。

길다 [길다] 形 ① (时间) 长 ② (物体) 长 ③ (话、文章) 长

① (时间) 长

反 짧다 (时间) 短

例 긴 시간동안 제 이야기를 들어주셔서 감사합니다.

谢谢您听我说这么长时间的话。

活用结构 名이/가 길다
常见用法 시간이 길다　时间长

② (物体) 长

反 짧다 (物体) 短

例 긴 머리를 짧게 잘랐다.

我把长发剪短了。

活用结构 名이/가 길다
常见用法 긴 머리　长发
다리가 길다　腿长

③ (话、文章) 长

反 짧다 (话、文章) 短

例 어떻게 된 일인지 다 말하려면 얘기가 복잡하고 길어.

如果要讲清楚是怎么回事，说起来很复杂，说来
也话长。

活用结构 名이/가 길다
常见用法 긴 말씀　长篇大论
이야기가 길다　话长

달 [달] 名 ①……个月 ②月亮

①……个月

近 월 月　개월 ……个月

例 한 달 동안 한국 여기저기를 돌아다니며 구경했다.

我利用一个月的时间游览了韩国的各个地方。

活用结构 数 달
常见用法 열두 달　十二个月

②月亮

关 별 星星　해 太阳　밤 晚上，夜晚

例 달이 밝고 둥글다.

月亮又亮又圆。

常见用法 달밤　月夜
달빛　月光
보름달　满月

동안 [동안] 名 期间，时间

例▶ 엄마가 설거지를 하는 동안 나는 방 청소를 했다.

妈妈刷碗的时候，我打扫房间了。

며칠 동안 밖에 나가지도 않고 집에서 공부만 했다.

我这几天没有出去，只是待在家里学习了。

活用结构 名 동안
动 는 동안

常见用法 방학 동안　放假期间
이틀 동안　两天的时间
잠시 동안　一会儿的时间
공부하는 동안　学习期间

며칠 [며칠] 名 ① 几号 ②几天

①几号

例▶ 오늘이 몇 월 며칠이에요?

今天是几月几号？

常见用法 몇 월 며칠　几月几号

②几天

例▶ 일 때문에 바빴으니까 며칠 여행을 다녀오는 게 어때?

你之前工作一直很忙，因此去旅行几天怎么样？

보내다 [보내다] 动 ① 度，过，打发 ②送，寄

①度，过，打发

近 지내다 过日子，过活

例▶ 어제는 친구와 이야기하며 즐거운 시간을 보냈어요.

我昨天跟朋友聊着天度过了愉快的时光。

活用结构 名을/를 보내다

常见用法 시간을 보내다　度过时光

②送，寄

近 부치다 邮寄

例▶ 열심히 일해서 번 돈을 고향에 계신 부모님께 보내드렸다.

我努力工作，把赚的钱寄给家乡的父母了。

活用结构 名에게 名을/를 보내다

보름 [보름] 名 ①十五天，半个月 ②阴历十五

①十五天，半个月

近 십오 일 十五天

例 보름 동안 여행을 다녀왔다.

我去旅行了十五天。

②阴历十五

例 어제 추석이었는데 보름달을 보면서 소원을 빌었니?

昨天是中秋节，你对着满月许愿了吗?

常见用法 보름날　阴历十五

보름달　满月

정월 보름　正月十五

사흘 [사흘] 名 三天

例 비가 사흘 동안 계속 내렸다.

雨连续下了三天。

이번 연휴는 사흘이라서 가족들과 함께 설악산에 갔다 오려고 해요.

我想利用这次的三天小长假和家人一起去一趟雪岳山。

tip ★★★

有如下表示"几天"的名词：
하루 一天, 이틀 两天, 사흘 三天, 나흘 四天, 닷새 五天, 엿새 六天,
이레 七天, 여드레 八天, 아흐레 九天, 열흘 十天, 보름 十五天, 한 달 一
个月

시간 [시간] 名 ①小时，时间 ②时间，时候

①小时，时间

例 시간이 지나면 다 괜찮아질 거야.

随着时间的流逝，一切都会变好的。

活用结构 数 시간

常见用法 스물네 시간　二十四小时

시간이 빠르다　时间过得快

시간이 흐르다　时间流逝

시간이 지나다　时间过去

시간을 보내다　度过时光

②时间，时候

例▶ 아침 먹을 시간이 다 됐는데, 왜 아직도 안 일어나니?

已经到吃早饭的时间了，你怎么还不起床啊?

活用结构 名 시간

动을/ㄹ 시간이 되다

常见用法 수업 시간　上课时间

약속 시간　约会时间

오래 [오래] 副 好久，长久，长期

例▶ 고향 친구들을 오랫동안 만나지 못해서 너무 보고 싶다.

我好长时间没见家乡的朋友们了，因此很想他们。

남자친구와 오래 사귀었지만 아직 결혼할 생각은 없다.

我跟男朋友交往好长时间了，但仍然没有要结婚的想法。

常见用法 오랫동안　好长时间

오랜 시간　好长时间

오래 걸리다　花费好长时间

오랜만에 만나다　好久不见

주일 (週日) [주일] 名 周，星期

近 주 周，星期

例▶ 올해가 몇 주일이 안 남았다.

今年没剩下几个星期了。

3(삼)주일만 더 공부하면 이번 학기가 끝나요.

再上三周的课，就过完这个学期了。

活用结构 数 주일

常见用法 일주일　一周

해 [해] 名 ①年 ② 太阳

①年

近 년 年

例▶ 12(십이)월이 되면 한 해 동안 있었던 일들을 정리한다.

一到十二月，我就会整理一年内发生的事情。

活用结构 数 해

常见用法 한 해　一年

지난해　去年

②太阳 　　　　　　　　　　　　　　　　　　　　　　　关 낮 白天 ✏

例 ▶ 낮 12(열두)시가 되니까 해가 머리 바로 위에 있다. 　**常见用法** 햇빛　阳光

中午十二点的时候，太阳在头的正上方。

tip ✦✦✦

在表示时间的韩国语单位名词中，有的必须和固有数词连用，有的必须和汉字数词连用。如下所示：

① 汉字数词+년，固有数词+해

一年	二年	三年	四年	五年	……	二十年
일 년	이 년	삼 년	사 년	오 년	……	이십 년
한 해	두 해	세 해	네 해	다섯 해	……	스무 해

② 汉字数词+개월，固有数词+달

一个月	二个月	三个月	四个月	五个月	……	二十个月
일 개월	이 개월	삼 개월	사 개월	오 개월	……	이십 개월
한 달	두 달	세 달	네 달	다섯 달	……	스무 달

③ 汉字数词+일

一天	二天	三天	四天	五天	六天	七天	八天	九天	十天	十五天	一个月
일 일	이 일	삼 일	사 일	오 일	육 일	칠 일	팔 일	구 일	십 일	십오 일	삼십 일
하루	이틀	사흘	나흘	닷새	엿새	이레	여드레	아흐레	열흘	보름	한 달

※ 根据句子的意思，"汉字数词+일"既可以表示"时间的长短"，又可以表示"日期"。例如：

- 한 달은 삼십 일이다. (时间的长短)
  一个月有三十天。
- 오늘은 삼월 삼십 일이다. (日期)
  今天是3月30号。

가끔 [가끔] 副 偶尔，有时　　　　　　　　　关 자주 经常，常常　항상 经常，总是

例 저는 시간이 나면 가끔 집 근처에 있는 공원을 산책해요.

如果有时间，我偶尔会去家附近的公园散步。

술을 좋아하지 않지만 친구들을 만나면 가끔 술을 마신다.

我虽然不喜欢喝酒，但是见朋友时偶尔会喝酒。

갑자기 [갑짜기] 副 突然，忽然

例 갑자기 일이 생겨서 약속을 지키지 못했다.

我因为突然有事，所以没能遵守约定。

친구의 전화를 받고 갑자기 뛰어 나갔어요.

他接到朋友的电话后突然跑出去了。

계속 (繼續) [계속/게속] 副 继续，连续，不断

例 쉬지 않고 계속 일을 하니까 너무 피곤해요.　　　常见用法 계속되다 继续，不断

我因为一直在工作，所以觉得疲惫不堪。　　　　　　　　　계속하다 继续，不断

며칠 동안 계속된 비로 빨래가 잘 마르지 않아요.

因为连续几天一直在下雨，所以衣服不容易干。

곧 [곧] 副 立刻，马上　　　　　　　　　　　　　　　　近 바로 立刻，马上

例 수업이 끝나면 곧 집에 들어가겠습니다.

我下课后马上就回家。

조금 더 기다리면 곧 어머니가 오실 거야.

再稍等一会儿，妈妈马上就来。

금방 (今方) [금방] 副 ① 刚才，刚刚 ② 立刻，马上

①刚才，刚刚

近 방금 刚，刚才 ✎

例▶ 금방 밥을 먹었는데 뭘 또 먹자고 그러니?

你刚吃过饭，怎么又要吃呢?

②立刻，马上

近 곧 立刻，马上 ✎

例▶ 금방 갈게! 조금만 더 기다려 줘!

我马上就去! 再稍等一会儿。

때 [때] 名 时候，时

例▶ 시간이 있을 때 아무 때나 오세요.

等您有时间的时候，请随时过来。

가족이 보고 싶을 때 부모님께 전화를 한다.

我想家人的时候会给父母打电话。

活用结构 形/动을/ㄹ 때
常见用法 그때 当时，那个时候
방학 때 放假的时候

바로 [바로] 副 ①立刻，马上 ② 正是，就是

①立刻，马上

近 곧 立刻，马上　금방 立刻，马上 ✎

例▶ 이 약은 밥을 먹은 후에 바로 드셔야 합니다.

这药必须饭后立刻服用。

②正是，就是

✎

例▶ 이게 바로 내가 사고 싶었던 옷이야.

这就是我想买的那件衣服。

벌써 [벌써] 副 已经，早，早就

近 이미 已经　反 아직 还，尚

例▶ 벌써 이 일을 다 끝냈어요?

你已经做完这项工作了吗?

네가 벌써 대학생이 되었구나.

你已经成为大学生了啊!

빠르다 [빠르다] 形 快   反 느리다 慢

例▶ 내 친구의 한국말은 너무 빨라서 알아듣기가 어려워요.

因为我朋友说韩国语太快, 所以我听不太懂他的话。

시간이 참 빠르다! 한국에 온 게 엊그제 같은데, 벌써 1(일)년이 지났다.

时间过得真快啊! 我好像几天前才来的韩国, 可眨眼间一年的时间已经过去了。

活用结构 名이/가 빠르다

常见用法 말이 빠르다 说话快
걸음이 빠르다 步伐快
시간이 빠르다 时间过得快

서두르다 [서두르다] 动 赶紧, 赶忙

例▶ 준비를 서둘러라. 기차 시간에 늦겠다.

赶紧准备吧, 快赶不上火车了。

서둘러서 가면 영화가 시작되기 전에 도착할 수 있을 거야.

赶紧走的话, 应该能在电影开始之前到达。

活用结构 名을/를 서두르다
서둘러서 动

아직 [아직] 副 ① (某事情完成或某状态形成还需要时间) 还, 尚 ② (某事情或某状态持续下去) 至今, 直到现在

① (某事情完成或某状态形成还需要时间) 还, 尚   反 벌써 已经, 早, 早就 이미 已经

例▶ 죄송합니다. 아직 다 끝내지 못했습니다.

对不起, 我还没有做完。

活用结构 아직 안 动
아직 못 动

② (某事情或某状态持续下去) 至今, 直到现在   反 벌써 已经, 早, 早就 이미 已经

例▶ 아직 시험을 보고 있으니까 좀 조용히 해 주세요!

现在考试还没有结束, 因此请安静一点儿!

活用结构 아직 动

常见用法 아직도 至今, 直到现在

어서 [어서] 副 快   近 빨리 赶紧，赶快   얼른 赶紧，赶快

例 어서 오세요!

快请进!

시간이 다 됐습니다. 어서 시험지를 내세요.

时间到了，请赶快交卷。

언제나 [언제나] 副 无论什么时候，总是，总   近 항상 经常，总是

例 좋아하는 친구를 만나는 일은 언제나 즐겁다.

见喜欢的朋友总是令人很愉快。

나는 자기 전에 언제나 일기를 쓰는 습관이 있다.

我一直有睡前写日记的习惯。

옛날 [옌날] 名 以前，从前

例 아주 먼 옛날 착하고 예쁜 공주가 살았어요.   常见用法 먼 옛날 很久以前，遥远的过去

很久很久以前有一位善良而美丽的公主。

옛날에는 컴퓨터가 없어서 숙제를 직접 써서 냈다.

以前因为没有电脑，所以人们都是手写作业交上去。

요즘 [요즘] 名 最近，近来

例 어머니께서 무슨 걱정이 있나 봐요. 요즘 잘 주무시지   常见用法 요즘 세상 现在的世道

못해요.   요즘에 最近，近来

妈妈好像有什么烦心的事情，最近都没休息好。

요즘 날씨가 추워져서 감기에 걸리는 사람들이 많아

지고 있어요.

最近天气变冷了，因此患感冒的人越来越多。

이따가 [이따가] 副 一会儿   _关 나중에 以后

例▶ 내가 이따가 바로 전화할게.

我一会儿马上打电话。

지금 하고 있는 일을 먼저 끝내야 하니까 이따가 얘기하자.

我得先完成现在做的事情，咱们一会儿再谈吧。

이제 [이제] 副 现在   _关 지금 现在

例▶ 이제 하던 일을 정리하고 퇴근합시다.

现在咱们整理一下做过的事情就下班吧。

제 얘기는 다 끝났으니까, 이제부터는 여러분의 이야기를 듣겠습니다.

我的话都说完了，从现在开始由大家来发言。

자주 [자주] 副 经常，常常   _关 가끔 偶尔，有时 항상 经常，总是

例▶ 저는 도서관에 자주 갑니다.

我经常去图书馆。

부모님께 자주 연락을 드립니다.

我经常跟父母联系。

잠깐 [잠깐] 副 稍微，一会儿   _近 잠시 暂时

例▶ 잠깐만 기다려 주세요. 금방 오겠습니다.   **常见用法** 잠깐만 稍微，一会儿

请稍等，我马上就来。

쉬지 않고 오래 일을 했으니까 이제 잠깐 쉽시다.

咱们工作很长时间了，现在休息一会儿吧。

지금 (只속) [지금] 副 现在   关 이제 现在

例 지금 바로 출발하면 늦지 않을 거야.

如果现在马上出发，就不会迟到。

지금 말씀하시는 분이 우리 반 선생님입니다.

现在在讲话的那位是我们班的老师。

천천히 [천천히] 副 慢慢地   近 느리게 缓慢地, 迟缓地   反 빨리 赶紧, 赶快

例 말이 너무 빨라요. 좀 천천히 말씀해 주세요.

您说话太快了。请慢慢地说。

경치가 아름다우니까 천천히 걸으면서 구경하자.

风景很漂亮，咱们走慢一些，欣赏一下美景吧。

틈틈이 [틈트미] 副 一有空, 得空

例 관심 있는 책들을 틈틈이 사 모으는 게 내 취미예요.

一有空就买自己感兴趣的书收藏是我的爱好。

학교 수업과 아르바이트로 바쁘지만 틈틈이 공부를 하려고 노력해요.

我因为既要上课又要打工而很忙，但是一有空就想努力学习。

항상 [항상] 副 经常, 总是   近 언제나 无论什么时候, 总是, 总

例 항상 웃는 내 친구의 얼굴이 아름답다.

我朋友总是面带笑容，她的笑脸很美。

저는 힘든 일이 있을 때마다 항상 엄마와 이야기해요.

每次遇到困难的事情时，我总是和妈妈说。

연습 문제 (练习题)

[1~15] 다음 단어를 한국어로 바꿔 쓰십시오. 请写出下列汉语意思对应的韩国语单词。

1. 时候 　(　) 　2. 十五天 　(　) 　3. 几天 　(　)

4. 好久 　(　) 　5. 星期 　(　) 　6. 正是 　(　)

7. 以前 　(　) 　8. 最近 　(　) 　9. 经常 　(　)

10. 十天 　(　) 　11. 短 　(　) 　12. 有时 　(　)

13. 一有空 　(　) 　14. 突然 　(　) 　15. 赶紧 　(　)

[16~20] 그림을 보고 (　　)에 알맞은 것을 고르십시오. 请看图选择正确的答案。

16. 가: 여행은 며칠 동안 하실 거예요?

나: (　　) 동안 여행할 생각이에요.

① 사흘　② 나흘　③ 보름　④ 일주일

17. 가: 뭘 부치려고 해요?

나: 미국에 있는 친구에게 (　　)을/를 부치려고 해요.

① 선물　② 소포　③ 우표　④ 편지

18. 가: 이번 시간이 한국어지요?

나: 아니요, 이번 시간은 역사 시간이에요. 한국어는 (　　)

시간이에요.

① 다음　② 지난　③ 첫째　④ 마지막

월요일 시간표	
1교시	영어
2교시	역사
3교시	한국어
4교시	수학

19. 가: 집에서 회사까지 얼마나 걸려요?

나: (　　)이요/요.

① 한 시 삼십 분　② 한 시간 반

③ 일곱 시 십 분　④ 여덟 시간 사십 분

20. 가: 얼마 동안 한국에서 한국어를 공부한대요?

　　나: 한 (　　　) 동안 공부한대요.

　　① 달　　② 월　　③ 해　　④ 개월

```
* 한국에서 한국어를 공부합니다. *

날짜: 7월1일～7월31일

신청 날짜: 6월 11일까지

신청 장소: 한국어과 사무실
```

[21～30] 다음 문장을 읽고 알맞은 어휘를 골라 쓰십시오. 어휘는 한 번만 쓰십시오.
请阅读下列句子，然后选择合适的单词填空，每个单词只能使用一次。

첫	때	해	개월	요즘	시간	아직	옛날	틈틈이
계속	바로	먼저	갑자기	천천히	동안			

21. 한국에 얼마 (　　　　) 계실 거예요?

22. 네가 (　　　　) 샤워해. 나는 나중에 할게.

23. 여기가 엄마가 말한 (　　　　) 그 식당이에요?

24. 숙제가 많아서 (　　　　) 다 끝내지 못했다.

25. 영희는 선생님께 모르는 문제들을 (　　　) 질문했다.

26. 밥을 (　　　　) 먹어야 살도 찌지 않고 건강에도 좋대요.

27. 공부를 하다가 선생님께 말도 하지 않고 (　　　　) 나가 버렸어요.

28. 친구를 처음 만났을 (　　　　) 친구의 첫인상이 참 인상적이었어요.

29. 한국에서는 (　　　　) 월급을 받으면 보통 부모님께 내의를 선물한다.

30. 옛날에는 공중전화를 많이 썼는데 (　　　　)에는 사람들이 핸드폰을 가지고 다니니까
　　공중전화를 잘 쓰지 않아요.

[31～35] (　　) 안에 알맞은 것을 고르십시오. 请选择合适的答案。

31. 늦었어요. 빨리 (　　)어야/아야/여야 해요.

　　① 걸리다　　　② 빠르다　　　③ 지나다　　　④ 서두르다

32. 지난 시간에 공부한 것을 다 복습했으니까 (　　) 32쪽부터 공부해 봅시다.

　　① 가끔　　　② 계속　　　③ 이제　　　④ 갑자기

33. 저는 수업이 끝나면 (　　) 친구들과 점심을 먹습니다.

　　① 언제　　　② 요즘　　　③ 이제　　　④ 항상

34. 시간이 있을 때마다 (   ) 한국말을 공부해요.

① 어서   ② 마지막   ③ 이따가   ④ 틈틈이

35. 지금 좀 바쁜데 (   ) 다시 연락해 주시겠어요?

① 먼저   ② 나중에   ③ 언제나   ④ 처음에

[36~40] 밑줄 친 부분과 반대되는 뜻을 가진 것을 고르십시오. 请选择与画线部分意义相反的单词。

36. 가: 첫째 시간에 영어를 공부해요?

　　나: 아니요, 오늘은 (   ) 시간에 영어를 공부해요.

① 다음   ② 먼저   ③ 지난   ④ 마지막

37. 가: 여자친구는 머리가 길어요?

　　나: 아니요. (   )어요/아요/여요.

① 작다   ② 적다   ③ 짧다   ④ 가볍다

38. 가: 선생님 말이 좀 빨라요?

　　나: 아니요, 조금 (   )어요/아요/여요.

① 늦다   ② 느리다   ③ 이르다   ④ 서두르다

39. 가: 시간이 없으니까 빨리 합시다.

　　나: 서두르지 말고 좀 (   ) 하면 안 돼요?

① 곧   ② 금방   ③ 아직   ④ 천천히

40. 가: 오래 기다렸어요?

　　나: 아니요, (   ) 기다렸어요.

① 못   ② 가끔   ③ 벌써   ④ 잠깐

[41~45] 밑줄 친 부분과 의미가 가장 가까운 것으로 고르십시오. 请选择与画线部分意义最相近的单词。

41. 가: 오늘 정말 반가웠어. 나중에 시간 있을 때 한 번 만나자.

　　나: 그래, 내가 (   )에 연락할게.

① 다음   ② 옛날   ③ 처음   ④ 마지막

42. 가: 지금 몇 시예요?

　　나: (   ) 한 시예요.

① 꼭   ② 요즘   ③ 이제   ④ 일찍

43. 가: 정말 <u>금방</u> 오실 거지요?

　　나: 그래, 걱정하지 마. (　　) 갈게.

　　① 곧　　　　　② 늦게　　　　③ 먼저　　　　④ 천천히

44. 가: 아침에 일어나면 <u>항상</u> 운동을 하세요?

　　나: 네, 저는 (　　) 아침 운동을 해요.

　　① 계속　　　　② 물론　　　　③ 언제나　　　　④ 열심히

45. 가: 한국어를 공부한 지 <u>반 년</u>쯤 됐지요?

　　나: 네, 벌써 (　　)이/가 됐어요.

　　① 보름　　　　② 두 주　　　　③ 육 개월　　　　④ 여섯 해

[46~50] 밑줄 친 단어의 쓰임이 잘못된 것을 고르십시오. 请选择画线部分单词使用错误的一项。

46. ① 영수는 <u>금방</u> 나갔어요. (　　)

　　② <u>금방</u> 뭐라고 하셨어요?

　　③ 여기가 <u>금방</u> 경복궁이에요.

　　④ <u>금방</u> 나갈 테니까 조금만 기다려 주세요.

47. ① <u>이따가</u> 연락하자. 지금은 조금 바쁘다. (　　)

　　② 지금 손님이 와 있으니까 <u>이따가</u> 갈게.

　　③ <u>이따가</u> 만났는데 친구는 꽤 뚱뚱해졌다.

　　④ 죄송하지만 <u>이따가</u> 다시 와 주시겠어요?

48. ① 추우니까 <u>어서</u> 이쪽으로 들어오세요. (　　)

　　② <u>갑자기</u> 집에 일이 생겨서 학교에 가지 못했다.

　　③ 저는 시간이 있으면 <u>계속</u> 중국 음식을 만들어 먹습니다.

　　④ 사장님께서 곧 오실 거예요. 여기서 <u>잠깐</u> 기다려 주세요.

49. ① 이 하숙집에서 삼 <u>달</u> 동안 살았습니다. (　　)

　　② 12월이 되면 지난 한 <u>해</u>를 정리합니다.

　　③ 약속 장소에서 친구를 한 <u>시간</u> 동안 기다렸어요.

　　④ 한국에서 한국어를 공부한 지 이 <u>년</u> 되었습니다.

50. ① 주말을 재미있게 <u>보냈어요</u>? (　　)

　　② 여름이 되니까 밤이 <u>길어졌어요</u>.

　　③ 집에서 학교까지 걸어서 10분 <u>걸려요</u>.

　　④ 시간이 참 <u>빨라요</u>. 벌써 고향에 돌아갈 때가 되었어요.

第五课 사람 1 (人 1)

1 가족, 친척 (家人，亲戚)

가족 (家族) [가족] 名 家庭，家人　　　　　　　　　　关 친척 亲戚

例▶ 주말에 가족과 함께 여행을 가기로 했다.

我决定周末和家人一起去旅行。

가족이 모두 모였을 때 가족사진을 한 번 찍었으면

좋겠어요.

家人都聚在一起的时候，拍张全家福就好了。

常见用法 가족사진　全家福

가족 모임　家庭聚会

고모 (姑母) [고모] 名 姑母，姑姑　　　　　　　　关 이모 姨母，姨

例▶ 고모는 우리 아빠를 '오빠'라고 부른다.

姑姑称呼我爸爸为 "오빠（女子对哥哥的称呼）"。

아빠도 어렸을 때 장난감 때문에 고모와 많이 싸웠

대요.

听说爸爸小时候也经常因为玩具跟姑姑吵架。

常见用法 고모부　姑父

누나 [누나] 名 姐姐（男称）　　　　　　　　近 언니 姐姐（女称）

例▶ 누나가 나보다 한 살밖에 많지 않아서 어렸을 때 친구처럼 지냈어요.

姐姐只比我大一岁，因此我们小时候像朋友一样相处。

엄마가 계시지 않을 때는 누나가 나와 동생을 위해서 식사를 준비했다.

妈妈不在的时候，姐姐为我和弟弟做饭了。

동생 [동생] 名 弟弟，妹妹

例 오늘이 동생이 태어난 지 꼭 백일이 되는 날이다.

今天刚好是弟弟出生100天的日子。

내가 놀러 나갈 때 동생이 따라 나오면 너무 귀찮아요.

我出去玩儿的时候，如果弟弟跟着出来了，我会觉得很烦。

常见用法 남동생 弟弟

여동생 妹妹

딸 [딸] 名 女儿

关 아들 儿子　자녀 子女

例 저는 딸만 세 명 있어요.

我只有三个女儿。

어제 제 딸이 자기 남자친구를 소개해 주었어요.

昨天我女儿向我介绍她的男朋友了。

常见用法 아들딸 儿女

사촌 (四寸) [사촌] 名 堂兄弟，堂姐妹

关 형제 兄弟

例 나는 사촌들과 친형제처럼 친하게 지내요.

我和堂兄弟像亲兄弟一样，相处得很好。

설날에는 사촌들이 모두 모이니까 참 즐거워요.

春节的时候，堂兄弟姐妹们都可以聚在一起，因此我觉得非常高兴。

常见用法 사촌 형제 堂兄弟

사촌 오빠 堂兄（女称）

삼촌 (三寸) [삼촌] 名 叔叔

近 숙부 叔父，叔叔　关 숙모 叔母，婶婶

例 삼촌은 결혼하기 전까지 우리와 함께 살았다.

叔叔结婚之前和我们一起生活。

저는 어렸을 때 삼촌처럼 잘생기고 멋진 사람과 결혼하고 싶었어요.

我小时候想和像叔叔一样又帅又酷的人结婚。

常见用法 외삼촌 舅舅

아내 [아내] 名 妻子，老婆　　　　　　　　　　　近 부인 夫人　집사람 老婆　关 남편 丈夫

例▶ 오랜만에 아내와 함께 둘이서만 여행을 다녀왔어요.

我和妻子两个人去旅行了。我很长时间没单独和妻子去旅行了。

평일에는 회사 일로 바빠서 아내와 함께 지내는 시간이 많지 않다.

我平常因为公司的工作很忙，所以和妻子一起度过的时间不多。

어머니 [어머니] 名 母亲，妈妈　　　　　　　　　　　　　　关 아버지 父亲，爸爸

例▶ 어머니, 아버지! 학교 다녀오겠습니다!　　　常见用法 시어머니　婆婆

妈妈爸爸，我去学校了。

내 생일이 되면 어머니는 아침에 미역국을 끓여 놓

으신다.

我生日的时候，妈妈早上会给我煮海带汤。

조카 [조카] 名 侄子，侄女

例▶ 오빠는 일이 있을 때 엄마에게 조카를 맡겼다.

哥哥有事情的时候，就会把侄子托付给妈妈。

여섯 살짜리 조카의 생일 선물을 사려고 하는데 뭐가 좋을까요?

我想给六岁的侄子买生日礼物，买什么好呢?

친척 (親戚) [친척] 名 亲戚　　　　　　　　　　　　　　　关 가족 家庭，家人

例▶ 명절이 되면 가까운 친척들이 모두 할아버지 댁에 모여요.

过节的时候，亲戚们都会聚集到爷爷家。

미국으로 간 후에 오랫동안 한국에 계시는 친척 분들과 연락을 하지 못했어요.

我去美国后很长时间没能跟韩国的亲戚们联系。

큰아버지 [크나버지] 名 伯父，大伯　　关 삼촌 叔叔　큰집 老大家　큰어머니 伯母
作은아버지 叔父，叔叔

例▶ 설날과 추석에는 큰아버지 댁에 갑니다.

春节和中秋节的时候，我会去伯父家。

큰아버지는 우리 아버지보다 세 살 많다.

伯父比我爸爸大三岁。

형 (兄) [형] 名 哥哥 (男称)　　近 오빠 哥哥 (女称)　关 형제 兄弟

例▶ 형과 동생이 아주 사이좋게 지낸다.

哥哥和弟弟相处得非常融洽。

저는 모르는 것이 있으면 언제나 형에게 물어봐요.

我有不懂的地方会随时问哥哥。

2 관계 (关系)

결혼 (結婚) [결혼] 名 结婚　　关 약혼 订婚　이혼 离婚　신혼여행 蜜月旅行

例▶ 결혼하면 부모님과 같이 살 거예요? 따로 살 거예요?　常见用法 결혼식　婚礼

你结婚后会和父母一起生活还是单独生活?　　　　결혼하다　结婚

남편은 결혼 전에 나를 이 세상에서 가장 행복한 여

자로 만들어 주겠다고 약속했다.

丈夫结婚前承诺过会让我成为这世界上最幸福的

女人。

너 [너] 代 你　　近 당신 您　关 나 我

例▶ 어제 너하고 같이 점심을 먹은 사람이 누구야?　常见用法 네 你，你的

昨天和你一起吃午饭的人是谁啊?

미선아, 너 오늘 집에 좀 일찍 와라. 저녁에 손님이

오시니까 네가 나를 좀 도와주었으면 좋겠다.

美善，你今天早点儿回家吧。晚上有客人来，希

望你能帮我一下。

누구 [누구] 代 ① (用于疑问句中) 谁 ② (指某个模糊的对象) 谁

① (用于疑问句中) 谁

例▶ 어제 누구하고 같이 점심을 먹었어요?

你昨天和谁一起吃午饭了？

② (指某个模糊的对象) 谁

近 아무 谁，任何人

例▶ 이 일은 누구든지 할 수 있다.

这件事情无论谁都能做。

常见用法 누구나　任何人

누구든지　无论谁

룸메이트 [룸메이트] 名 室友

关 친구 朋友　기숙사 宿舍

例▶ 나는 일찍 자는데 내 룸메이트는 늦게 잔다.

我睡觉很早，可我的室友睡觉很晚。

룸메이트는 방을 같이 쓰니까 친해지기도 쉽지만 사이가 나빠지기도 쉽다.

虽然和室友因为住在同一个房间里而很容易变得亲近，但是因此和他的关系也很容易

变得不好。

부모 (父母) [부모] 名 父母

例▶ 좋은 부모가 되려면 어떻게 해야 할까?

要想成为好父母应该怎么做呢？

외롭고 힘들 때 부모님 생각이 많이 나요.

我感到孤独、疲惫的时候会经常想起父母。

常见用法 시부모　公婆

부모님　父母 (敬语)

부부 (夫婦) [부부] 图 夫妻，夫妇

例▶ 결혼을 해서 이제 부부가 되었다.　　　　　　　常见用法 부부 사이　夫妻之间

我们结婚了，现在成了夫妻。

가족 관계 중에서 부부 관계가 가장 중요하다고 합

니다.

我认为家庭关系中夫妻关系最重要。

서로 [서로] 副 互相，相互之间

例▶ 결혼은 서로 사랑하는 사람들이 하는 거야.　　　常见用法 서로서로　互相

两个相爱的人才能结婚。

이제 같이 살게 되었으니까 우리 서로 사이좋게 지

내자.

从现在开始要一起生活了，我们好好相处吧。

소개 (紹介) [소개] 图 ①介绍（人）②介绍（事实、内容）

①介绍（人）

例▶ 아르바이트를 할 사람이 필요하세요? 제가 한 명　常见用法 소개하다　介绍

소개해 드릴까요?　　　　　　　　　　　　　　　　소개로 만나다　通过介绍认识

您需要打工的人吗? 我给您介绍一个怎么样?　　　　자기소개　自我介绍

　　　　　　　　　　　　　　　　　　　　　　　　친구 소개　介绍朋友

②介绍（事实、内容）

例▶ 오늘은 제가 다니는 학교를 여러분에게 소개해 드리　常见用法 책 소개　图书简介

겠습니다.

今天我向大家介绍一下我就读的学校。

아무 [아무] 代 谁，任何人，什么，任何   近 누구 谁

 집에 아무도 없어서 무서웠어요.

因为家里没有人，所以我感觉很害怕。

아무 데도 가지 말고 내가 올 때까지 여기에서 기다려!

你哪里都不要去，要一直在这里等我回来！

活用结构 아무 名
常见用法 아무것   任何东西
　　　　아무 데   任何地方
　　　　아무 때   任何时候
　　　　아무도 없다   没有任何人
　　　　아무나 하다   任何人做

tip

　　"아무"一般和具有否定意义的谓语连用。例如：

- 집에 아무도 없어요.
　家里没有人。
- 아이가 화가 났나 봐요. 아무 말도 하지 않는군요.
　孩子好像生气了，什么话也不说。
- 우리 강아지가 아무것도 먹지 않아서 걱정이에요.
　我们家的小狗不吃任何东西，因此我很担心。

　　"아무"与"나""라도"等助词连用时，后面要使用具有肯定意义的谓语。例如：

- 아무 데나 괜찮아요.
　任何地方都没关系。
- 아무라도 저하고 함께 갑시다.
　谁（都可以）和我一起去吧。
- 아무 때나 오세요. 언제나 환영이에요.
　您什么时候来都行。我随时欢迎您的到来。

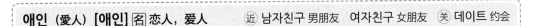

애인 (愛人) [애인] 名 恋人，爱人   近 남자친구 男朋友   여자친구 女朋友   关 데이트 约会

 사랑하는 애인이 생겨서 요즘 행복해요.

我因为有了心爱的恋人，所以最近感觉很幸福。

애인과 함께 데이트를 하려고 하는데 어디가 좋을까요?

我想和爱人约会，去哪里好呢?

우리 [우리] 代 ①我们 ②我们的

①我们

近 저희 我们（谦称）

例▶ 우리 이번 주말에 부산으로 놀러 가자.

我们这个周末一起去釜山玩儿吧。

②我们的

例▶ 오늘 우리 학교에서 운동회를 해요.

今天我们学校开运动会。

常见用法 우리나라　我们国家
우리 남편　我丈夫
우리 엄마　我妈妈

저 [저] 代 我（谦称）

近 나 我

例▶ 저는 한국에서 온 김영수라고 합니다.

我是来自韩国的金英洙。

이번 주말에 저하고 같이 도서관에서 공부합시다.

您这周末和我一起去图书馆学习吧。

常见用法 제　我，我的，自己

---

tip

"저"是贬低话者自己、尊敬听者的敬语。当对方是朋友或晚辈、下级的时候使用"나"，当对方是长辈或上级的时候使用"저"。例如：
- 내가 갔다 올게.
  我去去就来。（听者是朋友或晚辈、下级的情况）
- 제가 갔다 올게요.
  我去去就来。（听者是长辈或上级的情况）

친구 （親舊）[친구] 名 朋友

例▶ 한국에 와서 한국 친구를 많이 사귀었어요.

我来韩国后结交了很多韩国朋友。

이번 생일에는 친구들을 집에 많이 초대하기로 했어요.

我决定今年过生日的时候邀请很多朋友来家里。

常见用法 한국 친구　韩国朋友
친한 친구　亲密的朋友
친구가 많다　朋友多
친구를 만나다　见朋友
친구를 사귀다　交朋友

친하다 (親-) [친하다] 形 亲近，亲密

例▶ 친한 친구들과 함께 얘기를 하면 기분이 좋아진다.

和亲密的朋友们一起聊天能让人的心情变好。

유학하는 동안 외국 친구들 몇 명하고 친하게 지냈다.

在留学期间，我和几名外国朋友相处得很好。

活用结构 名과/와 친하다

常见用法 친한 친구 亲密的朋友

친하게 지내다 相处得很好

형제 (兄弟) [형제] 名 ①兄弟（哥哥和弟弟）②兄弟姐妹

①兄弟（哥哥和弟弟）

关 자매 姐妹

例▶ 우리 삼형제는 초등학교부터 고등학교까지 모두

같은 학교를 졸업했다.

我们三兄弟从小学到高中都毕业于同一所学校。

常见用法 삼형제 三兄弟

형제가 많다 兄弟多

②兄弟姐妹

例▶ 형제가 어떻게 되세요?

您兄弟姐妹几个?

常见用法 형제자매 兄弟姐妹

여자 형제 姐妹

3 이름, 나이, 성별 (姓名，年龄，性别)

계시다 [계시다/게시다] 动 在（敬语）

关 있다 在

例▶ 우리 선생님은 지금 교실에 계세요.

我们老师现在在教室里。

어머니께서 지금 집에 안 계세요. 금방 나가셨어요.

妈妈现在不在家。她刚刚出去了。

活用结构 名에 계시다

나이 [나이] 名 年龄，年纪，岁数

关 살 岁 연세 年龄（敬语）

例▶ 언니가 나보다 나이가 5(다섯)살 많아요.

姐姐比我大五岁。

설날이 되면 아이들은 나이를 한 살 더 먹었다고 좋

아한다.

春节的时候，孩子们因为又长了一岁而高兴。

常见用法 나이가 많다　年纪大

나이가 들다　上岁数

나이를 먹다　年龄大

남자 (男子) [남자] 名 男子，男人

近 남성 男性 反 여자 女子，女人

例▶ 남자친구를 사귄 지 3(삼)개월 되었어요.

我和男朋友已经交往三个月了。

우리 기숙사는 남자는 1(일)층과 2(이)층을 쓰고

여자는 3(삼)층과 4(사)층을 쓴다.

在我们的宿舍楼里，男生住在一楼和二楼，女生

住在三楼和四楼。

常见用法 남자친구　男朋友

남자 화장실　男厕所

노인 (老人) [노인] 名 老人

近 늙은이 老人 反 청년 青年

例▶ 요즘은 몇 살부터 노인이라고 말합니까?

最近多少岁以上的人被称为老人?

이 텔레비전 프로그램은 노인들을 위해서 만든 프로그램이에요.

这一档电视节目是为老人们专门制作的节目。

댁 (宅) [댁] 名 府上，家（敬语）

关 집 家

例▶ 선생님 댁은 학교에서 멀지 않아요.

老师家离学校不远。

오늘 남자친구의 부모님 댁에 가서 인사하기로 했어요.

我决定今天去男朋友家拜访他的父母。

드리다 [드리다] 动 呈递, 奉上 (敬语)   关 주다 给

例▶ 마지막 수업 때 선생님께 선물을 드렸어요.

最后一节课的时候, 我送老师礼物了。

눈이 잘 안 보이는 어머니를 위해서 책을 읽어 드렸다.

我为视力不好的妈妈读书了。

活用结构 动어/아/여 드리다

名께 名을/를 드리다

常见用法 갖다 드리다   给……拿

만들어 드리다   给……做

드시다 [드시다] 动 吃, 喝 (敬语)   关 먹다 吃 마시다 喝

例▶ 어머니, 이것 좀 드셔 보세요. 아주 맛있어요.

妈妈, 请尝一下这个! 这个很好吃。

할아버지가 드시기 전에 먼저 먹으면 안 된다.

爷爷用餐之前, 不可以先吃。

活用结构 名을/를 드시다

常见用法 진지를 드시다   用餐 (敬语)

말씀 [말씀] 名 话 (敬语)   关 말 话

例▶ 어른이 말씀하실 때에는 조용히 잘 듣고 있어라.

大人说话的时候, 要安静地待着, 仔细聆听。

선생님 말씀을 끝까지 잘 듣고 질문이 있으면 하세요.

仔细听完老师的话后, 如果有问题, 请提问。

常见用法 말씀하시다   说话 (敬语)

뵙다 [뵙따] 动 拜见 (长辈、上级) (和辅音开头的词尾连用)   近 뵈다 看望 (长辈)

例▶ 안녕하세요? 처음 뵙겠습니다.

您好, 初次见面。

직접 찾아가서 뵙고 말씀 드리겠습니다.

我会亲自去拜见您, 然后向您禀告。

부르다¹ [부르다] 动 叫，喊

例▶ 저는 친구들하고 노래방에 가서 노래 부르는 걸

아주 좋아해요.

我非常喜欢和朋友们去KTV唱歌。

친구가 지나가는 걸 보고 이름을 불렀지만 듣지

못하고 가 버렸다.

我看到朋友从眼前经过，就喊了他的名字。但

是，朋友没有听见，直接走了。

活用结构 名을/를 부르다

常见用法 노래를 부르다 　唱歌

　　　　 이름을 부르다 　喊名字

분² [분] 名 ①位（"사람"的敬语）②位（数量单位，敬语）

①位（"사람"的敬语）
关 사람 人 ✎

例▶ 어느 분이 중국에서 오셨어요?

哪一位来自中国？

②位（数量单位，敬语）
关 명 名 사람 人 ✎

例▶ 오늘 손님 몇 분이 집에 오신다고 해요.

听说今天有几位客人要来家里。

活用结构 数 분

살¹ [살] 名 岁
近 세 岁

例▶ 너 나이가 몇 살이니?

你几岁了?

저는 30(서른) 살에 결혼했어요.

我三十岁结的婚。

活用结构 数 살

생신（生辰）[생신] 名 生日（敬语）
关 생일 生日

例▶ 아버지 생신 때 뭘 선물해 드릴까?

爸爸生日的时候送他什么礼物好呢?

어머니 생신날에 우리 일찍 일어나서 직접 음식을 만들어 보자.

妈妈生日那天，我们早起自己动手做吃的吧。

아가씨 [아가씨] 名 小姐，姑娘（对未婚女子的称呼）

例▶ 어머, 정말 예쁜 아가씨네요. 여자친구예요?

哇，那个姑娘好漂亮啊！是你女朋友吗？

빵집에서 아르바이트를 하는 아가씨가 친구의 동생이었다.

在面包店里打工的那个姑娘是朋友的妹妹。

아기 [아기] 名 小孩儿，婴儿   近 아이 小孩儿，孩子

例▶ 우리 아기는 밤에 울지 않고 잘 자요.

我家小孩儿夜里不哭，睡得很好。

아기가 정말 많이 컸네요. 잘 먹고 잘 놀아요?

小孩儿真长大了啊！他能吃能玩儿吗？

常见用法 아기가 울다 小孩儿哭
아기가 태어나다 小孩儿出生
아기를 낳다 生小孩儿

아이 [아이] 名 ①小孩儿 ②孩子（贬低自己子女的说法）

①小孩儿   近 아기 小孩儿，婴儿 어린이 小孩儿 反 어른 大人 ✎

例▶ 공원에서 아이들이 즐겁게 놀고 있다.

小孩儿们正在公园里愉快地玩耍。

常见用法 어린 아이 小孩儿
노는 아이 在玩耍的小孩儿
아이를 돌보다 照看小孩儿

②孩子（贬低自己子女的说法）   近 자식 子女 ✎

例▶ 우리 아이는 올해 대학을 졸업하고 취직했어요.

我家孩子今年大学毕业后找到工作了。

常见用法 우리 아이 我家孩子

아주머니 [아주머니] 名 阿姨，大婶   关 아저씨 叔叔，大叔

例▶ 아주머니, 여기 물 좀 더 주세요.

常见用法 주인아주머니 作为主人的
阿姨

阿姨，请再来点儿水。

오늘 저녁에 하숙집 아주머니가 무슨 음식을 해

주실까?

今天晚上房东阿姨会给我做什么吃的呢?

옆집 아주머니　隔壁家的阿姨

어른 [어른] 名 大人，成人

反 아이 小孩儿，孩子

例 나이가 어린데도 생각은 어른 같아요.

他虽然年龄小，但是在思想上像个大人。

저도 이제 어른이 되었어요. 제 일은 제가 알아서 하

겠습니다.

我现在也是大人了。我的事情自己会看着办。

常见用法 어른이 되다　长大成人

유명하다 (有名-) [유명하다] 形 有名，著名

例 여기는 경치가 아름답기로 유명하다.

这里以风景秀丽而闻名。

제 딸은 유명한 연예인이 되고 싶어해요.

我女儿想成为著名的艺人。

活用结构 名으로/로 유명하다

形/动기로 유명하다

常见用法 유명한 곳　有名的地方

유명한 사람　有名的人

이름 [이름] 名 名字

近 성명 姓名　关 성함 尊姓大名 (敬语)

例 여기에 이름, 전화번호, 주소를 좀 써 주세요.

请在这里写上姓名、电话号码及地址。

이름을 발음하기 어려운데요. 한국 이름을 하나 만

들면 어떨까요?

你名字的发音很难。你起一个韩国名字怎么样?

常见用法 이름을 짓다　起名字

이름을 부르다　喊名字

잡수시다 [잡수시다] 勔 用餐，吃（敬语）   近 드시다 吃，喝（敬语） 关 먹다 吃

例▶ 속이 안 좋아도 뭘 좀 잡수셔야지요.   活用结构 名을/를 잡수시다

您即使胃不舒服，也应该吃点儿东西。

할아버지께서 저녁을 잡수시지 않았대요. 빨리 준

비하세요.

听说爷爷没吃晚饭。请快点儿准备晚饭吧。

주무시다 [주무시다] 勔 睡觉（敬语）   关 자다 睡觉

例▶ 할머니께서 주무시니까 조용히 하세요.

奶奶睡觉了，请安静一点儿。

아버지는 점심을 드신 후 2(두)시쯤 항상 낮잠을 주무신다.

爸爸吃完午饭后，总是在两点左右的时候睡午觉。

4 외모, 성격 (外貌，性格)

귀엽다 [귀엽따] 形 可爱   近 예쁘다 美丽，可爱

例▶ 너 참 귀엽게 생겼구나. 몇 살이니?   活用结构 名이/가 귀엽다

你长得真可爱啊！几岁了？   常见用法 귀여운 아이 可爱的小孩儿

엄마, 귀여운 강아지를 한 마리 사 주세요.   귀여운 얼굴 可爱的脸

妈妈，请给我买一只可爱的小狗吧。   강아지가 귀엽다 小狗可爱

귀엽게 웃다 笑得很可爱

다정하다 (多情-) [다정하다] 形 热情，亲切，亲密

例▶ 아버지는 다정한 눈빛으로 아이를 보았다.   活用结构 名이/가 다정하다

爸爸用亲切的目光看着孩子。   常见用法 다정한 사람 热情的人

성격이 다정하다 性格热情

부부가 저녁을 먹은 후에 다정하게 손을 잡고 산책   다정하게 말하다　亲切地说
하는 모습이 아름답다.

夫妻俩吃完晚饭后亲密地拉着手散步的样子很美。

똑똑하다 [똑또카다] 形 聪明

例▶ 부모는 모두 자기 아이들이 똑똑하기를 바란다.

父母都希望自己的孩子聪明。

머리가 똑똑한 아이가 모두 공부를 잘하는 것은 아
니에요.

并不是所有头脑聪明的孩子都学习好。

活用结构 名이/가 똑똑하다
常见用法 머리가 똑똑하다　头脑聪明

마음 [마음] 名 ①心，心地 ②心思，心意

①心，心地

例▶ 예쁜 여자보다 마음이 착한 여자가 더 좋다.

与外表漂亮的女子相比，我更喜欢心地善良的女子。

常见用法 마음씨　心地
마음이 좋다　心地好
마음이 넓다　心胸开阔

②心思，心意

例▶ 새로 이사한 집이 넓고 밝아서 마음에 들어요.

新家既宽敞又明亮，因此我很满意。

常见用法 마음에 들다　满意，喜欢

멋있다 [머딛따/머싣따] 形 漂亮，帅

例▶ 오늘 이렇게 멋있는 옷을 입고 어디에 가세요?

你今天穿着这么漂亮的衣服要去哪里？

우리 반에서 영수가 제일 멋있어요. 착하고 친절해요.

我们班英洙最帅。他不仅心地善良，而且待人很
亲切。

活用结构 名이/가 멋있다
常见用法 멋있는 사람　很帅的人
옷이 멋있다　衣服很漂亮
멋있게 입다　穿得很帅

부지런하다 [부지런하다] 形 勤奋，勤劳　　　　　反 게으르다 懒，懒惰

例▶ 부지런하게 일해야 오늘 끝낼 수 있어요. 서두르세요!

只有勤奋地工作，今天才能做完。请快点儿吧!

매일 아침 일찍 일어나서 운동도 하고 방 청소도

하는 걸 보니까 영수 씨는 참 부지런한 것 같아요.

英洙每天一早就起床，之后既做运动又打扫房

间，他好像很勤劳。

活用结构 名이/가 부지런하다

常见用法 부지런한 사람　勤劳的人

부지런하게 일하다　勤奋地

工作

성격 (性格) [성격] 名 性格

例▶ 영희는 성격이 밝아서 친구들이 많다.

英姬因为性格开朗，所以有很多朋友。

이번에 새로 들어온 직원은 일을 참 잘 하더군요.

성격은 어떤 것 같아요?

这次来的新职员工作做得非常好。他的性格看起

来怎么样?

常见用法 성격이 밝다　性格开朗

성격이 좋다　性格好

성격이 급하다　性格急躁

예쁘다 [예쁘다] 形 漂亮，可爱　　　　　近 귀엽다 可爱　아름답다 美丽，漂亮

例▶ 딸아이가 눈이 참 크고 예쁘네요.

女儿的眼睛又大又漂亮。

예쁜 여자친구가 하나 있었으면 정말 좋겠다.

我要是有一个漂亮的女朋友就好了。

活用结构 名이/가 예쁘다

常见用法 예쁜 구두　漂亮的皮鞋

얼굴이 예쁘다　脸长得漂亮

잘생기다 [잘생기다] 形 长得帅，长得好看，漂亮　　　　　反 못생기다 丑，不好看

例▶ 오늘 새로 들어온 남학생이 진짜 잘생겼지?

今天新来的男生真的长得很帅吧?

요즘 텔레비전에 나오는 연예인들은 다 잘생겼어요.

最近出现在电视上的艺人们都长得很好看。

活用结构 名이/가 잘생기다

常见用法 잘생긴 남자　长得帅的男子

착하다 [차카다] 形 善良，乖   反 못되다 品质坏，不怎么样

例 ▶ 내 여자친구는 마음도 착하고 얼굴도 예쁘다.

我女朋友不仅心地善良，而且长得也漂亮。

착한 마음으로 열심히 살면 언젠가 좋은 날이 올 거예요.

如果怀着一颗善良的心努力生活，那么好日子总有一天会降临。

活用结构 名이/가 착하다

常见用法 착한 사람　善良的人
마음이 착하다　心地善良
착하게 살다　做善良的人

친절하다 (親切-) [친절하다] 形 亲切

例 ▶ 여기 종업원들이 모두 친절하군요.

这里的服务员们都很亲切。

학생이 질문을 하니까 선생님이 친절하게 가르쳐 주셨다.

因为学生提出了问题，所以老师亲切地进行了回答。

活用结构 名이/가 친절하다

常见用法 친절한 사람　亲切的人
친절하게 대답하다　亲切地回答

연습 문제 (练习题)

[1~15] 다음 단어를 한국어로 바꿔 쓰십시오. 请写出下列汉语意思对应的韩国语单词。

1. 哥哥（男称）	（　　）	2. 结婚	（　　）	3. 谁	（　　）
4. 性格	（　　）	5. 任何（人）	（　　）	6. 女子	（　　）
7. 朋友	（　　）	8. 兄弟	（　　）	9. 可爱	（　　）
10. 吃，喝（敬语）	（　　）	11. 漂亮，帅	（　　）	12. 亲密，亲近	（　　）
13. 小姐	（　　）	14. 大叔	（　　）	15. 室友	（　　）

[16 ~ 20] 그림을 보고 (   )에 알맞은 것을 고르십시오. 请看图选择正确的答案。

16. 가: 무슨 사진이에요?

    나: (   ) 사진이에요.

    ① 졸업   ② 결혼   ③ 여권   ④ 신혼여행

17. 가: 누구예요?

    나: 제 (   )이에요/예요.

    ① 형   ② 오빠   ③ 누나   ④ 아빠

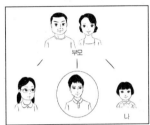

18. 가: (   )이/가 어떻게 되세요?

    나: 김영수입니다.

    ① 이름   ② 나이   ③ 주소   ④ 전화번호

19. 가: 참 잘 어울리네요.

    나: 네, 이제 두 사람이 (   )이/가 되었어요.

    ① 부모   ② 형제   ③ 부부   ④ 친척

20. 가: 할아버지께서 뭘 하세요?

    나: 지금 (   )고 계세요.

    ① 자다   ② 드시다   ③ 주무시다   ④ 말씀하다

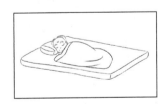

[21 ~ 30] 다음 문장을 읽고 알맞은 어휘를 골라 쓰십시오. 어휘는 한 번만 쓰십시오. 请阅读下列句子，然后选择合适的单词填空，每个单词只能使用一次。

아기	아이	노인	말씀	서로	생신	남자	멋있다
착하다	계시다	부르다	드리다	유명하다	친절하다	잡수시다	

21. 선생님 (   )을/를 잘 들으세요.

22. 두 분 (   ) 인사도 하고 얘기도 해 보세요.

23. 아버지의 (   ) 선물을 사러 백화점에 갑니다.

24. 할아버지, 저녁을 (   )었어요/았어요/였어요?

25. 우리 (   )이/가 오늘 고등학교를 졸업했어요.

26. 제 한국 친구가 아주 예쁘고 (   )습니다/ㅂ니다.

27. 양복을 입은 모습이 아주 (   )어요/아요/여요.

28. (   )이/가 참 귀엽네요. 태어난 지 몇 개월 됐어요?

29. 정희는 부모님의 말씀을 잘 듣는 (   )은/ㄴ 아이예요.

30. 저도 다 컸어요. 그러니까 이제 엄마하고 같이 목욕탕에 안 갈 거예요. 이제부터
    (   ) 목욕탕에 갈 거예요.

[31 ~ 35] (   ) 안에 알맞은 것을 고르십시오. 请选择合适的答案。

31. 엄마의 여동생을 (   )이라고/라고 불러요.

　　① 이모　　② 고모　　③ 숙모　　④ 아줌마

32. 아주머니, 좀 도와 (   )을까요/ㄹ까요?

　　① 보다　　② 주시다　　③ 시키다　　④ 드리다

33. 오늘 우리 처음 만났으니까 서로 자기(   )을/를 해 봅시다.

　　① 말　　② 소개　　③ 운동　　④ 대답

34. 안녕하세요? 처음 (   )겠습니다. 제 이름은 한수연입니다.

　　① 보다　　② 뵙다　　③ 사귀다　　④ 만나다

35. 선생님 (   ) 주소를 좀 가르쳐 주세요.

　　① 댁　　② 전화　　③ 연세　　④ 성함

[36~40] 밑줄 친 부분과 반대되는 뜻을 가진 것을 고르십시오. 请选择与画线部分意义相反的单词。

36. 가: 영준이가 <u>게을러요</u>?

　　나: 아니요, 아주 (　　)어요/아요/여요.

　　① 착하다　　　② 다정하다　　　③ 아름답다　　　④ 부지런하다

37. 가: 영희가 머리가 <u>나빠요</u>?

　　나: 아니요, 아주 (　　)여요/아요/여요.

　　① 착하다　　　② 똑똑하다　　　③ 유명하다　　　④ 친절하다

38. 가: 영수의 여자친구가 <u>못생겼어요</u>?

　　나: 아니요, 아주 (　　)어요/아요/여요.

　　① 멋지다　　　② 예쁘다　　　③ 다정하다　　　④ 친절하다

39. 가: 제 딸은 곧 스무 살이 되지만 아직 <u>어린아이</u> 같아요.

　　나: 제가 보기에는 (　　)이/가 다 된 것 같은데요.

　　① 부모　　　② 어른　　　③ 학생　　　④ 할머니

40. 가: 중국에서 그 가수를 <u>아는</u> 사람이 별로 없어요.

　　나: 그래요? 한국에서는 아주 (　　)은데요/ㄴ데요.

　　① 비싸다　　　② 모르다　　　③ 불편하다　　　④ 유명하다

[41~45] 밑줄 친 부분과 의미가 가장 가까운 것으로 고르십시오. 请选择与画线部分意义最相近的单词。

41. 가: 영수 씨가 오늘도 <u>여자친구를</u> 만나러 갔어요?

　　나: 네, 요즘 날마다 (　　)을/를 만나는 것 같아요.

　　① 가족　　　② 애인　　　③ 학생　　　④ 형제

42. 가: 우리 반에서 누구하고 <u>가깝게 지내요</u>?

　　나: 저는 영수하고 가장 (　　)어요/어요/여요.

　　① 같다　　　② 친하다　　　③ 똑똑하다　　　④ 다정하다

43. 가: 뭘 <u>드릴까요</u>?

　　나: 커피 한 잔 (　　)으세요/세요.

　　① 주다　　　② 드시다　　　③ 보이다　　　④ 시키다

44. 가: 오늘 아침에 뭘 <u>드셨어요</u>?

　　나: 간단하게 김밥을 (　　)었어요/았어요/였어요.

　　① 먹다　　　② 계시다　　　③ 마시다　　　④ 잡수시다

45. 가: 어머니, 어디에 <u>계셨어요</u>?

　　나: 부엌에 (　　)었어/았어/였어.

　　① 놓다　　　② 있다　　　③ 일하다　　　④ 공부하다

[46~50] 밑줄 친 단어의 쓰임이 잘못된 것을 고르십시오. 请选择画线部分单词使用错误的一项。

46. ① 사람은 <u>착하게</u> 살아야 한다. (　　)

　　② 내 친구는 마음이 참 <u>착하다</u>.

　　③ 저 여자는 옷을 <u>착하게</u> 입었다.

　　④ 그 사람은 <u>착한</u> 일을 많이 했다.

47. ① 아버지께 말씀을 <u>드렸어요</u>. (　　)

　　② 아버지, 뭘 사다 <u>드릴까요</u>?

　　③ 아버지께서 용돈을 <u>드렸어요</u>.

　　④ 아버지께 물을 갖다 <u>드렸어요</u>.

48. ① 누가 제 이름을 <u>불렀어요</u>? (　　)

　　② 좀 더 큰소리로 <u>불러</u> 보세요.

　　③ 노래방에 가서 노래를 <u>부릅시다</u>.

　　④ 그 문제는 선생님과 <u>부르는</u> 게 좋겠어요.

49. ① <u>내가</u> 말씀드리겠습니다. (　　)

　　② <u>우리</u> 같이 선생님 댁에 갑시다.

　　③ 선생님, <u>저희가</u> 뭘 잘못했어요?

　　④ 조금 전에 여기 계셨던 <u>분이</u> 누구세요?

50. ① 너 <u>나이가</u> 몇 살이니? (　　)

　　② 저 <u>아이가</u> 참 잘생겼어요.

　　③ 선생님 <u>성격이</u> 참 빠른 것 같아요.

　　④ <u>어른이</u> 말씀하실 때는 조용히 해라.

第六课 사람 2 (人 2)

1 감정, 생각 (感情，想法)

감사 (感謝) [감사] 名 感谢，谢意

关 고맙다 感谢，谢谢

例▶ 짐을 여기까지 들어 주셔서 정말 감사합니다.

非常感谢您帮我把行李提到这里。

선생님께 편지를 써서 감사의 마음을 전했다.

我给老师写信转达了谢意。

常见用法 감사 인사　表示感谢
감사 편지　感谢信
감사하다　感谢
감사를 전하다　转达谢意

걱정 [걱쩡] 名 担心，担忧，忧虑

例▶ 요즘 아이가 아파서 걱정이 많아요.

我最近因为孩子病了，所以非常担心。

이번 시험을 또 못 보면 어떻게 하지요? 정말 걱정이에요.

这次考试再考不好的话怎么办呢? 真是令人担心。

常见用法 걱정이 있다　担心
걱정이 많다　忧虑重重，非常担心
걱정하다　担心

관심 (關心) [관심] 名 关心，关注，注意，感兴趣

例▶ 요즘 학생들은 유명한 연예인들에게 관심이 많다.

最近学生们非常关注著名的艺人。

우리 아이는 공부에 너무 관심이 없어서 걱정이에요.

因为我家孩子对学习非常不感兴趣，所以我很担心。

常见用法 관심이 많다　非常关心
관심이 없다　不感兴趣
관심을 갖다　关心，关注

괜찮다 [괜찬타] 形 ①不错，还可以 ②没关系，不要紧

①不错，还可以

例▶ 지난번 시험은 잘 못 봤는데, 이번에는 성적이 괜찮아요.

我上次考试没考好，这次考试成绩还可以。

活用结构 名이/가 괜찮다

常见用法 집이 괜찮다　房子不错
성적이 괜찮다　成绩还可以
사람이 괜찮다　人不错

②没关系，不要紧

例▶ 시간이 지나면 괜찮아질 거예요. 너무 걱정하지 마세요.

随着时间的流逝会变好的。请不要太担心。

活用结构 形/动아도/아도/여도 괜찮다

常见用法 좁아도 괜찮다　窄也没关系
나가도 괜찮다　出去也没关系
힘들어도 괜찮다　累也没关系

기분 (氣分) [기분] 名 心情，情绪，气氛

例▶ 오늘 기분이 나빠 보여요. 무슨 안 좋은 일이 있어요?
今天你看起来心情不好。发生什么不好的事情了吗?
오늘 친구들한테서 선물을 많이 받아서 진짜 기분이좋다.
我今天收到了朋友们送的很多礼物，因此心情真的很好。

活用结构 形은/ㄴ 기분

常见用法 이상한 기분　奇怪的情绪
기분이 좋다　心情好
기분이 들다　惬意

기쁘다 [기쁘다] 形 高兴，开心　　　　　　　关 즐겁다 愉快，快乐

例▶ 대학교에 합격해서 너무 기뻐요.
我考上大学了，因此非常高兴。
어머니는 선물을 받고 기뻐하셨다.
妈妈收到礼物后感到很高兴。

活用结构 名이/가 기쁘다

놀라다 [놀라다] 动 吃惊，惊慌，惊讶

例 갑자기 밖에서 큰소리가 나서 깜짝 놀랐어요.

我因为外面突然传来的巨大声音而大吃了一惊。

여자친구에게 반지를 선물하니까 여자친구가 깜짝 놀란 얼굴로 나를 보았다.

我送女朋友戒指作为礼物，女朋友一脸惊讶地望着我。

活用结构 名이/가 놀라다

常见用法 가슴이 놀라다　心里一惊
　　　　깜짝 놀라다　大吃一惊

무섭다 [무섭따] 形 可怕，恐惧，厉害

例 늦은 밤 혼자 집으로 걸어갈 때가 제일 무섭다.

深夜独自回家的时候最可怕。

거짓말을 했다고 엄마가 저를 무섭게 야단치셨어요.

因为我说谎，妈妈狠狠地教训了我。

活用结构 名이/가 무섭다

常见用法 무서운 영화　恐怖电影
　　　　개가 무섭다　狗可怕
　　　　무섭게 화내다　大发雷霆

물론 (勿論) [물론] 名 当然，自不必说，不用说

例 부모님은 물론이고 친구들도 모두 내 생일을 축하해 주었다.

父母自不必说，朋友们也都给我庆祝生日了。

파티에 올 거냐고? 물론이지. 내 제일 친한 친구인데 당연히 가야지.

你问我来不来参加聚会？当然来。他是我最亲密的朋友，我当然要去。

活用结构 名은/는 물론이고 名도 形/动

반갑다 [반갑따] 形 高兴，愉快

例 오랜만에 친구들을 만나서 아주 반가웠다.

我见到了很久未见的朋友们，感到非常高兴。

活用结构 名이/가 반갑다

常见用法 반가운 소식　令人高兴的消息

어머니는 내 친구들을 반갑게 맞아 주셨다.

妈妈高兴地接待了我的朋友们。

반가운 손님　贵客

만나서 반갑다　见到你很高兴

반갑게 맞다　高兴地接待

반갑게 인사하다　高兴地打招呼

사랑 [사랑] 名 爱情，恋爱，爱，爱心

例 자기가 하는 일을 사랑해야 한다고 생각합니다.

我认为人应该热爱自己所从事的工作。

미선 씨를 진심으로 사랑합니다. 저와 결혼해 주시겠어요?

我是真心爱你的，美善。嫁给我好吗?

常见用法 사랑하다　爱，恋爱

사랑에 빠지다　坠入爱河

생각 [생각] 名 ①想，思考 ②想念，回想 ③想法，打算 ④感到，认为

①想，思考

例 뭐가 맞는지 잘 생각해 보고 대답해라.

仔细想想什么正确，然后再回答。

常见用法 생각하다　想，思考

②想念，回想

例 엄마가 해 주셨던 맛있는 음식이 생각난다.

我想起了妈妈给我做的好吃的饭菜。

常见用法 친구 생각　想念朋友

생각이 나다　想起

③想法，打算

例 너는 졸업하면 뭘 할 생각이니?

你毕业后打算做什么?

活用结构 动을/ㄹ 생각이다

名을/를 할 생각이 있다

④感到，认为

例 집에 아무도 없을 때 가끔 외롭다는 생각이 든다.

家里没人的时候，我有时会感到孤独。

常见用法 생각이 들다　想法浮上心头，产生想法

슬프다 [슬프다] 形 伤心，悲伤，哀痛

例 ▶ 시험에 떨어져서 너무 슬프다.

我因为考试不及格，所以感觉非常悲伤。

슬픈 영화를 보니까 눈물이 나요.

我因为在看令人悲伤的电影，所以流下了眼泪。

活用结构 名이/가 슬프다
常见用法 슬픈 영화　令人悲伤的电影
　　　　 슬프게 울다　悲伤地哭泣

싫다 [실타] 形 不愿意，不喜欢，讨厌
反 좋다 喜欢

例 ▶ 말이 너무 많은 사람은 시끄러워서 싫다.

因为话多的人很吵，所以我不喜欢这样的人。

하기 싫은 마음으로 일을 하면 일이 잘 되지 않아요.

如果一个人不想做某件事情，那么这件事情就不
会进展得很顺利。

活用结构 名이/가 싫다
常见用法 공부가 싫다　不喜欢学习
　　　　 싫어하다　讨厌，不喜欢

싫증 [실쯩] 名 厌倦，烦心，腻烦

例 ▶ 맛있는 음식도 매일 먹으면 싫증이 나요.

即使是好吃的食物，人如果每天都吃这种食物，
也会感到厌倦。

매일 하는 똑같은 생활에 싫증이 날 때는 새로운
일을 시작해 보세요.

当你对每天相同的生活感到厌倦的时候，请尝试
着做点儿新的事情。

常见用法 싫증이 나다　感到厌倦
　　　　 싫증을 느끼다　感到腻烦

심심하다 [심심하다] 形 无聊，闲得慌
关 지루하다 烦人，无聊

例 ▶ 심심한데 우리 영화나 보러 갈까?

很无聊，我们去看电影怎么样?

토요일인데 약속도 없고 할 일도 없어서 참 심심하다.

（今天）是周六，我既没有约会，也没有要做的事情，因此感觉非常无聊。

아마 [아마] 副 可能，大概

例▶ 오빠는 지금 도서관에서 공부하고 있을 거예요.

哥哥现在可能正在图书馆里学习。

지금 출발하면 아마 오후 1(한)시쯤엔 도착할 수 있을 거예요.

现在出发的话，可能下午一点左右可以到达。

외롭다 [외롭따] 形 孤独，孤单　　　　　　　　　　　近 쓸쓸하다 寂寞，冷清

例▶ 가족과 함께 살지 않고 혼자 살면 외롭지 않아요?

你不和家人一起生活，自己一个人生活不感到孤
独吗？

유학 생활은 가족과 친한 친구가 옆에 없어서 외로울
때가 많다.

留学的时候，我因为家人和好朋友不在身边，所
以经常感到很孤独。

活用结构 名이/가 외롭다
常见用法 외로운 생활　孤独的生活
　　　　　마음이 외롭다　内心孤独

잊다 [읻따] 动 忘记，忘掉

例▶ 어디에 지갑을 두었는지 잊어버렸어요.

我完全忘记把钱包放在哪里了。

오늘이 엄마 생일이라는 것을 깜빡 잊었다.

我忘记今天是妈妈的生日了。

活用结构 名을/를 잊다
常见用法 깜빡 잊다　忘记
　　　　　잊어버리다　忘掉，完全忘记
　　　　　약속을 잊다　忘记约会

재미있다 [재미읻따] 形 有趣，有意思　　　　　　　　　反 재미없다 乏味，没有意思

例▶ 이 영화가 정말 재미있으니까 꼭 보세요.

这部电影真的很有意思，请一定看一下。

내가 어렸을 때 어머니는 재미있는 옛날이야기를 많이
해 주셨다.

我小的时候，妈妈经常给我讲有意思的故事。

活用结构 名이/가 재미있다
常见用法 재미있는 영화　有趣的电影
　　　　　책이 재미있다　书有意思
　　　　　요리가 재미있다　做菜有意思

좋아하다 [조아하다] 動 喜欢，爱   反 싫어하다 讨厌，不喜欢

例 저는 혼자 산책하는 것을 좋아해요.
我喜欢独自散步。
좋아하는 사람이 생겼는데 어떻게 이야기하면 좋을
까요?
我有喜欢的人了，要怎么和对方说呢?

活用结构 名을/를 좋아하다
常见用法 좋아하는 사람 喜欢的人
공부를 좋아하다 喜欢学习
여행을 좋아하다 喜欢旅行

죄송하다 (罪悚−) [죄송하다] 形 对不起，抱歉，过意不去   近 미안하다 对不起，不安

例 약속에 늦어서 정말 죄송합니다.
我约会迟到了，真是对不起。
죄송해서 아무 말도 하지 못했다.
我因为感到抱歉什么话也说不出来了。

活用结构 形/動어서/아서/여서 죄송하다
常见用法 늦어서 죄송하다 对不起，
来晚了

즐겁다 [즐겁따] 形 愉快，快乐

例 즐거운 마음으로 여행을 떠났다.
我怀着愉快的心情去旅行了。
따뜻한 봄날 가족들과 소풍갈 생각으로 마음이 즐
겁다.
我打算在温暖的春天和家人去郊游，因此我的心
情很愉快。

活用结构 名이/가 즐겁다
常见用法 즐거운 여행 愉快的旅行
즐거운 마음 愉快的心情
요리가 즐겁다 做菜令人愉快
즐겁게 지내다 过得愉快

필요 (必要) [피료] 名 必要，必需

例 지금 네게 필요한 것은 잠깐의 휴식이다.
你现在需要的是短暂的休息。
아이는 스스로 하는 게 중요해요. 도와줄 필요가 없
어요.
孩子自己做很重要。没有必要帮他。

活用结构 形/動을/ㄹ 필요가 있다
常见用法 필요하다 需要

행복하다 (幸福-) [행보카다] 形 幸福　　　　　　　　　　　　　　　　反 불행하다 不幸, 不幸福

例▶ 사랑하는 사람 옆에 서 있는 친구의 얼굴이 행복해　　　活用结构 名이/가 행복하다
보였다.　　　　　　　　　　　　　　　　　　　　　常见用法 행복한 삶　幸福的生活
站在爱人旁边的朋友看起来很幸福。　　　　　　　　　　　행복한 사람　幸福的人
돈 많은 부자는 아니지만 가족들과 함께 살 수 있어서
행복해요.
我虽然没有很多钱，但是因为能和家人生活在一
起，所以感觉很幸福。

화 (火) [화] 名 发火, 生气

例▶ 친구가 약속 시간에 늦어서 화가 났다.　　　　　　　常见用法 화가 나다　生气
因为朋友约会来晚了，所以我生气了。　　　　　　　　　화를 내다　发脾气
너한테 미안한 일이 하나 있는데, 화내지 말고 끝까
지 내 말을 들어줘.
我做了一件对不起你的事情，你不要生气，听我
把话说完。

② 직업 (职业)

가수 (歌手) [가수] 名 歌手　　　　　　　　　　　　　　　　关 가요 歌谣, 歌曲

例▶ 노래를 잘해야 가수가 될 수 있어요.
只有歌唱得好，才能成为歌手。
요즘 학생들이 제일 좋아하는 가수가 누구예요?
最近学生们最喜欢的歌手是谁?

간호사 (看護師) [간호사] 名 护士

关 의사 医生 환자 病人，患者

例 간호사 선생님이 주사를 놓으려고 올 때가 제일 무서워요.

护士过来要给打针的时候，我感觉最害怕。

입원했을 때 간호사 선생님이 친절하게 나를 돌봐 주셨다.

我住院的时候，护士亲切地看护我了。

경찰 (警察) [경찰] 名 警察

例 경찰인 아버지가 아주 자랑스럽다.

当警察的爸爸让我很自豪。

우리 아이는 경찰을 보면 무서워한다.

我家孩子见到警察就感到害怕。

常见用法 경찰관　警察
경찰서　警察局

공무원 (公務員) [공무원] 名 公务员

例 요즘 대학생들에게 인기 있는 직업은 공무원이다.

最近受大学生欢迎的职业是公务员。

우리 아들은 지난달부터 공무원 시험을 준비하고 있어요.

我儿子从上个月开始一直在准备公务员考试。

교사 (教師) [교사] 名 教师, 老师（小学、初中、高中）

近 선생님 老师　关 학교 学校

例 저는 나중에 커서 아이를 가르치는 교사가 되고 싶어요.

我以后长大了要成为教孩子的老师。

시골에 있는 초등학교는 학생이 적어서 교사가 한두 명뿐이라고 한다.

听说农村的小学里因为学生少而只有一两名教师。

교수 (教授) [교수] 名 教授（大学）　　　　　　　　　　　　　　关 대학교 大学

例▶ 교수님께서 이번에 너무 어려운 숙제를 내 주셨다.　　常见用法 교수님　教授（敬语）

教授这次给布置了非常难的作业。

이번 주에 졸업 여행을 가는데 교수님도 저희하고

함께 가실 거지요?

我们这周要去毕业旅行，教授您也会和我们一起

去吧？

군인 (軍人) [구닌] 名 军人　　　　　　　　　　　　　　　　关 군대 军队

例▶ 초등학교 때 군인 아저씨들에게 편지를 쓰곤 했다.

我读小学的时候经常给军人叔叔们写信。

아버지가 군인이기 때문에 우리 가족은 자주 이사를 가요.

因为爸爸是军人，所以我们家经常搬家。

기사¹ (技士) [기사] 名 司机　　　　　　　　　　　　　　　关 승객 乘客

例▶ 기사 아저씨, 저 육교 앞에 세워 주세요.　　常见用法 운전기사　司机

司机师傅，请在那边天桥的前面停车。

친절한 운전기사 아저씨가 약속 장소까지 저를 잘

안내해 주었어요.

亲切的司机师傅一直指引我到约会地点。

기사² (技師) [기사] 名 工程师　　　　　　　　　　　　　　近 엔지니어 工程师

例▶ 기사 아저씨, 이 텔레비전이 왜 고장이 났지요?

师傅，这台电视机为什么出故障了？

우리 집만 불이 나갔네? 전기 기사를 불러야겠다.

只有我们家停电了？得去把电工叫过来。

기자 (記者) [기자] 名 记者

例 ▶ 글을 잘 쓰는 사람은 기자가 될 수 있어요.

文章写得好的人可以成为记者。

대학교를 졸업한 후에 신문사에 기자로 취직했습니다.

我大学毕业后去报社当了记者。

농부 (農夫) [농부] 名 农民 _关 농사 农活 농촌 农村

例 ▶ 농사일은 많은데 일할 농부가 적다.

农活很多，但是干农活的农民很少。

영수는 도시에서 살다가 갑자기 농부가 되겠다고 시골로 내려갔다.

英洙在城市里生活了一段时间后突然想当农民，因此就来到了乡下。

되다 [되다] 动 ①成为，当 ②到（时候、数量）③变成 ④达到（状态、状况）（和 "-게" 连用）

①成为，当

例 ▶ 대학교 4(사)년 동안 열심히 공부해서 선생님이 되었다.

我大学四年努力学习，最后成了老师。

活用结构 名이/가 되다

常见用法 의사가 되다 成为医生
교사가 되다 成为教师

②到（时候、数量）

例 ▶ 봄이 되니까 날씨가 따뜻해졌어요.

春天来了，天气变暖和了。

活用结构 名이/가 되다

常见用法 봄이 되다 到了春天
열 명이 되다 到十名了

③变成

例 ▶ 밥이 다 됐다. 어서 와서 먹어라.

饭做好了，快来吃吧。

活用结构 名이/가 되다

常见用法 밥이 되다 饭做好了
일이 되다 事情办完了

④达到（状态、状况）（和 "-게" 连用）

例 장학금을 받고 유학을 가게 되었습니다.

我获得奖学金后去留学了。

活用结构 形/动게 되다
常见用法 잘하게 되다　做得好
유학가게 되다　去留学

모델 [모델] 名 模特儿

例 이번 광고에는 키가 크고 잘 생긴 모델이 필요합니다.

这次需要个子高、长得好看的广告模特儿。

미술 학원에서 모델이 필요하다고 하는데 한 번 해

보시겠어요?

听说美术培训班需要模特儿，您想试一下吗?

常见用法 모델료　模特儿费用
패션모델　服装模特

배우 (俳優) [배우] 名 演员　　　　关 연극 话剧, 演戏　영화 电影　연기하다[1] 表演

例 나는 좋아하는 배우가 나온 영화 DVD를 모두 모

은다.

我收集自己喜欢的演员出演的所有电影的DVD。

배우는 외모보다 연기를 잘 하는 것이 더 중요하다고

생각해요.

我认为演员演技好比外貌好更重要。

常见用法 영화배우　电影演员
신인 배우　新演员

변호사 (辯護士) [변호사] 名 律师　　　　关 검사 检察官　판사 审判员　법원 法院

例 변호사와 의논한 후에 이 일을 처리해야겠다.

我得和律师商量后再处理这件事情。

변호사가 옆에 없으면 아무 말도 하지 않겠습니다.

律师不在旁边的话，我不会说任何话。

비서 (祕書) [비서] 名 秘书

关 회장 会长 사장 社长

例 김 비서, 오늘 일정은 어떻게 되지?

金秘书，今天的日程是怎么安排的？

사장님을 만나고 싶으시면 먼저 비서에게 말해야 합니다.

您如果想见社长，应该先跟秘书说一下。

선수 (選手) [선수] 名 选手，运动员

关 운동 运动 스포츠 运动

例 골프를 참 잘 치시네요. 골프 선수예요?

您高尔夫打得真好啊！您是高尔夫选手吗？

영수는 축구 국가 대표 선수가 되기 위해서 열심히

훈련을 하고 있다.

英洙为了成为国家足球队队员，正在努力训练。

常见用法 운동선수 运动员
대표 선수 国家队选手

소설가 (小說家) [소설가] 名 小说家

关 책 书 작가 作家

例 한국의 유명한 소설가가 쓴 책을 읽고 있어요.

我正在读韩国著名小说家写的书。

이야기를 좋아하고 글 쓰는 것을 좋아하니까 너는 소설가가 되면 좋겠다.

你喜欢讲故事，也喜欢写作，要是成为小说家就好了。

약사 (藥師) [약싸] 名 药剂师

关 약국 药店

例 약사가 되려고 약학대학에 들어갔다.

我为了成为药剂师而进了药学院。

약사 선생님께서 이 약을 하루에 세 번 식사한 후에 먹으라고 했어요.

药剂师说一天三次饭后服用这种药。

연예인 (演藝人) [여녜인] 名 艺人
关 방송국 电视台

例▶ 많은 청소년들이 커서 연예인이 되고 싶어한다.

很多青少年长大后想成为艺人。

요즘은 연예인들에 대한 소식을 알려주는 TV 프로그램이 아침에도 있어요.

最近早上也有播报艺人消息的电视节目。

의사 (醫師) [의사] 名 医生
关 병원 医院

例▶ 의사 선생님, 우리 아이가 왜 이렇게 아픈 거예요?

医生，我孩子为什么这么疼啊？

의사가 되려면 대학에서 6(육)년 동안 열심히 공부해야 한다.

如果想成为医生，就必须在大学里努力学习六年。

주부 (主婦) [주부] 名 主妇

例▶ 어머니는 일을 하지 않아요. 가정주부예요.

妈妈不工作，是家庭主妇。
常见用法 가정주부　家庭主妇

요즘 일을 하려고 하는 주부가 많아지고 있다고 한다.

听说最近想出去工作的主妇越来越多了。

직업 (職業) [지겁] 名 职业，工作
关 직장 工作单位

例▶ 제 아버지의 직업은 교사입니다.

我爸爸的职业是教师。
常见用法 직업을 갖다　找到工作
직업을 구하다　找工作

요즘 대학생들은 어떤 직업을 갖고 싶어해요?

最近大学生们想从事什么样的工作？

126

화가 (畫家) [화가] 名 画家　　　　　　　　　　　　　　　　　　　关 그림 画儿, 图画

例▶ 유명한 화가가 그린 그림은 비싸요.

著名画家的画作很值钱。

그림을 잘 그리는 미선이는 커서 화가가 되고 싶어한다.

擅长画画儿的美善长大后想成为画家。

회사원 (會社員) [회사원] 名 公司职员　　　　　　　　　　　　　　　　关 직원 职员

例▶ 제 오빠는 무역회사에 다니는 회사원입니다.

我哥哥是在贸易公司上班的职员。

출근하는 회사원들로 지하철이 아주 복잡하네요.

因为去上班的公司职员们，地铁上十分拥挤。

❸ 자세, 움직임 (状态，行动)

걷다 [걷따] 动 走，行走，走路　　　　　　　　　　　　　　　　关 뛰다 跑, 跳动

例▶ 집에서 학교까지 걸어서 가면 10(십)분쯤 걸려요.

我从家到学校走路需要十分钟左右。

날씨가 따뜻해지니까 공원을 걷는 사람들이 많아졌다.

因为天气变暖和了，所以去公园走走的人越来越多了。

活用结构 名을/를 걷다

常见用法 걸어서 가다　走着去
길을 걷다　走路

나오다 [나오다] 动 ①出来，走出来 ②出（成绩）③上（菜）

①出来，走出来

例▶ 뭐하니, 빨리 나오지 않고? 지금 출발해야 된다!

你在干什么，还不快出来? 现在必须出发了!

活用结构 名으로/로 나오다

②出（成绩）

例▶ 선생님께서 시험 본 다음날 성적이 나온다고 하셨어요.

老师说考试后的第二天出成绩。

活用结构 名이/가 나오다

常见用法 결과가 나오다　出结果

성적이 나오다　出成绩

③上（菜）

例▶ 주문한 지 30(삼십)분이나 지났는데 아직도 음식이 나오지 않네요.

我们点完菜都过三十分钟了，菜还没有给上。

活用结构 名이/가 나오다

常见用法 음식이 나오다　上菜

눕다 [눕따] 勔 躺，卧　　　　　反 일어나다 起来，起床　　关 엎드리다 趴

例▶ 누워 계시지 왜 일어나셨어요?

您躺着吧，怎么起来了？

오늘은 너무 피곤해서 일찍 침대에 누웠다.

我因为今天太疲劳了，所以一早就躺床上了。

活用结构 名에 눕다

常见用法 침대에 눕다　躺在床上

들어가다 [드러가다] 勔 ①进去 ②加入，参加

①进去

例▶ 밖이 춥구나. 빨리 안으로 들어가자.

外面真冷啊！咱们快点儿到里面去吧。

活用结构 名에 들어가다

名으로/로 들어가다

常见用法 집에 들어가다　回家

안으로 들어가다　到里面去

②加入，参加

例▶ 대학교에 들어간다고 축하하던 때가 엊그제 같은데 네가 벌써 졸업할 때가 되었구나.

祝贺你考上大学好像是前两天的事情，结果眼看你就要毕业了啊！

活用结构 名에 들어가다

常见用法 학교에 들어가다　考入学校

회사에 들어가다　进入公司

뛰다 [뛰다] 动 跑
近 달리다 跑

例▶ 수업에 늦어서 교실까지 뛰었어요.

我因为上课要迟到了，所以一直跑到了教室。

비가 많이 온다. 버스에서 내려서 집까지 뛰어가자!

雨下得很大。咱们下了公共汽车后跑回家吧!

活用结构 名을/를 뛰다
常见用法 뛰어가다　奔跑，跑去
　　　　 운동장을 뛰다　绕操场跑

서다 [서다] 动 ①站，立，站立 ②停下，停止

①站，立，站立
反 앉다 坐 ✎

例▶ 이 영화가 재미있나 봐요. 표를 사려고 줄을 선 사람들이 많아요.

这部电影好像很有意思。排队买票的人很多。

活用结构 名이/가 서다
常见用法 서 있다　站着
　　　　 줄을 서다　站队，排队
　　　　 서서 가다　站着去

②停下，停止
✎

例▶ 어? 차가 왜 갑자기 섰지요? 앞에 사고가 났나요?

啊? 车怎么突然停下了? 前面出事故了吗?

活用结构 名이/가 서다
常见用法 차가 서다　车停下
　　　　 시계가 서다　表停了

안다 [안따] 动 抱，捧
关 업다 背

例▶ 아이가 많이 우네요. 빨리 안아 주세요.

小孩儿哭得很厉害，请快点儿抱一下他吧。

이렇게 무거운 가방은 들고 가는 것보다 안고 가는 게 좋겠어요.

这么重的包抱着走会比提着走更好。

活用结构 名을/를 안다
常见用法 안고 가다　抱着走
　　　　 아이를 안다　抱小孩儿

앉다 [안따] 动 坐
反 서다 站，立，站立　일어나다 起来

例▶ 다리가 아픈데 우리 여기에 좀 앉아서 쉬었다가 갑시다.

活用结构 名에 앉다
　　　　 앉아서 动

129

腿疼，我们在这里坐下休息一会儿再走吧。

저기 나무 아래에 앉아서 책을 읽고 있는 사람이 보이세요?

看到坐在那边树下读书的人了吗?

常见用法	의자에 앉다 坐在椅子上
	바닥에 앉다 坐在地上
	앉아서 듣다 坐着听
	앉아서 공부하다 坐着学习

올라가다 [올라가다] 动 ①上去 ②（从农村或地方）到，去 ③升，晋升

①上去

反 내려가다 下去 ✎

例▶ 친구가 위층에서 기다리고 있으니까 빨리 올라가 보세요.

朋友在楼上等着，请快点儿上去吧。

活用结构	名을/를 올라가다
	名에 올라가다
	名으로/로 올라가다
常见用法	계단을 올라가다 上楼梯
	위로 올라가다 到上面去
	산에 올라가다 到山上去

②（从农村或地方）到，去

反 내려가다 到，去（从农村或地方）✎

例▶ 이번 추석에는 아이들을 내려오라고 하지 말고 우리가 서울로 올라갑시다.

这次中秋节不要让孩子们回来了，咱们去首尔吧。

活用结构	名에 올라가다
	名으로/로 올라가다
常见用法	서울에 올라가다 去首尔

③升，晋升

关 승급하다 升级，提升 진급하다 升级，晋级 ✎

例▶ 우리 반 학생 모두 열심히 공부해서 4(사)급으로 올라가게 됐다.

我们班的学生因为努力学习都升到了四级。

活用结构	名으로/로 올라가다

---

tip ★ ★ ★

下面是表示移动方向的动词：
- ○ 从里往外：나가다/나오다 出去/出来
- ○ 从外往里：들어가다/들어오다 进去/进来
- ○ 从下往上：올라가다/올라오다 上去/上来
- ○ 从上往下：내려가다/내려오다 下去/下来

"-가다"用于话者和听者一起移动或者话者和听者距离变远的时候。

例如：

- 빨리 들어가자. 비가 올 것 같다.

  咱们快点儿进去吧，好像要下雨了。（话者和听者一起移动的时候）

- 빨리 나가 봐라. 친구가 기다리잖니.

  快点儿出去吧，朋友在等着呢。（话者和听者距离变远的时候）

  "-오다"用于话者和听者距离变近的时候。例如：

- 정우야! 아버지 들어오신다. 빨리 내려와서 인사 드려라.

  正宇，爸爸回来了，快点儿下来打招呼。

잡다 [잡따] 勔 ①抓，握 ②叫（出租车）③抓住（机会）

---

①抓，握

例▶ 아이는 엄마 손을 꼭 잡고 걸어갔다.

小孩儿紧紧抓着妈妈的手走了。

活用结构 名을/를 잡다

常见用法 손을 잡다　拉手

②叫（出租车）

例▶ 여기는 택시가 별로 다니지 않아서 택시를 잡기가

어려워요.

这里很少有出租车经过，因此很难打到车。

活用结构 名을/를 잡다

常见用法 택시를 잡다　叫出租车，打车

③抓住（机会）

反 놓치다 错过（机会）

例▶ 장학금을 받고 유학갈 수 있는 기회니까 이런 기회

는 꼭 잡아야 해.

因为这是可以获得奖学金去留学的机会，所以你

一定要抓住这种机会。

活用结构 名을/를 잡다

常见用法 기회를 잡다　抓住机会

연습 문제 (练习题)

[1 ~ 15] 다음 단어를 한국어로 바꿔 쓰십시오. 请写出下列汉语意思对应的韩国语单词。

1. 担心，忧虑 （　　） 　 2. 画家 　　（　　） 　 3. 教授 　　　　（　　）

4. 秘书 　　　（　　） 　 5. 模特儿 　（　　） 　 6. 选手，运动员 （　　）

7. 必需，必要 （　　） 　 8. 幸福 　　（　　） 　 9. 走路，步行 　（　　）

10. 忘记，忘掉 （　　） 　 11. 高兴，愉快 （　　） 　 12. 孤独，孤单 　（　　）

13. 下去 　　（　　） 　 14. 无聊 　　（　　） 　 15. 有趣，有意思 （　　）

[16 ~ 20] 그림을 보고 （　　）에 알맞은 것을 고르십시오. 请看图选择正确的答案。

16. 가: 영화가 어때요?

나: 아주 （　　）어요/아요/여요.

① 기쁘다　　② 슬프다　　③ 아프다　　④ 재미있다

17. 가: 누구예요?

나: （　　） 선생님이에요.

① 의사　　② 약사　　③ 간호사　　④ 변호사

18. 가: 집에서 학교까지 무엇으로 가요?

나: （　　）어서/아서/여서 가요.

① 걷다　　② 서다　　③ 앉다　　④ 타다

19. 가: 엄마, 조금만 기다려 주세요.

나: 빨리 준비하고 （　　）어라/아라/여라.

① 나가다　　② 나오다　　③ 들어가다　　④ 들어오다

20. 가: 기분이 어때요?

　　나: 아주 (　　)어요/아요/여요.

　　① 놀라다　　② 외롭다　　③ 즐겁다　　④ 심심하다

[21 ~ 30] 다음 문장을 읽고 알맞은 어휘를 골라 쓰십시오. 어휘는 한 번만 쓰십시오. 请阅读下列句子，然后选择合适的单词填空，每个单词只能使用一次。

관심	기분	기사	생각	배우	주부	물론	아마	눕다
뛰다	서다	슬프다	사랑하다	감사하다	걱정하다			

21. (　　　　) 이번 시험은 어려울 거예요.

22. 이번 주말에는 뭘 할 (　　　　)이에요/예요?

23. 시험을 잘 보지 못해서 (　　　　)이/가 나빴다.

24. 이 책은 아이들은 (　　　　) 어른들도 좋아합니다.

25. 좀 피곤해서 잠깐 (　　　　)어서/아서/여서 잤어요.

26. 지금까지 잘 가르쳐 주셔서 (　　　　)습니다/ㅂ니다.

27. (　　　　)는 사람이 생기면 꼭 가고 싶은 곳이 있어요.

28. 어머니는 일을 하지 않으세요. 가정(　　　　)이에요/예요.

29. 이번 주말 드라마에 어느 (　　　　)이/가 나온다고 해요?

30. 지각할까 봐 집에서 학교까지 (　　　　)어서/아서/여서 갔어요.

[31 ~ 35] (　　) 안에 알맞은 것을 고르십시오. 请选择合适的答案。

31. 제 남자친구의 (　　)은/는 경찰이에요.

　　① 일　　　　② 직장　　　　③ 직업　　　　④ 공무원

32. 열심히 공부해서 의사가 (　　)었어요/았아요/였어요.

　　① 되다　　　② 보다　　　③ 아니다　　　④ 진찰하다

33. (　　) 아저씨, 육교 아래에서 세워 주세요.

　　① 기사　　　② 기자　　　③ 선수　　　④ 의사

34. 늦어서 정말 (   )습니다/ㅂ니다.

    ① 괜찮다   ② 반갑다   ③ 감사하다   ④ 죄송하다

35. 순두부찌개가 맛있어서 날마다 먹었는데 이제는 (   )이/가 나요.

    ① 걱정   ② 기분   ③ 싫증   ④ 짜증

[36 ~ 40] 밑줄 친 부분과 반대되는 뜻을 가진 것을 고르십시오. 请选择与画线部分意义相反的单词。

36. 가: 선생님이 <u>앉아서</u> 말씀하세요?

    나: 아니요, (   )어서/아서/여서 말씀하세요.

    ① 들다   ② 놓다   ③ 서다   ④ 세우다

37. 가: 한국 음식을 <u>싫어해요</u>?

    나: 아니요, 아주 (   )어요/아요/여요.

    ① 잊다   ② 놀라다   ③ 걱정하다   ④ 좋아하다

38. 가: 이 책이 <u>필요해요</u>?

    나: 아니요, (   )어요/아요/여요.

    ① 없어지다   ② 준비하다   ③ 필요가 없다   ④ 필요가 생기다

39. 가: 노래방은 위층으로 <u>올라가야</u> 해요?

    나: 아니요, 아래층으로 (   )어야/아야 해요.

    ① 나오다   ② 내려가다   ③ 들어가다   ④ 올라오다

40. 가: 불고기가 <u>좋아</u>?

    나: 아니, (   )어/아/여.

    ① 싫다   ② 나쁘다   ③ 나오다   ④ 내리다

[41 ~ 45] 밑줄 친 부분과 의미가 가장 가까운 것으로 고르십시오. 请选择与画线部分意义最相近的单词。

41. 가: 저 위에서 <u>노래 부르는 사람이</u> 누구예요?

    나: 저 유명한 (   )도 모르세요?

    ① 가수   ② 기자   ③ 배우   ④ 연예인

42. 가: <u>선생님이</u> 되고 싶어요?

    나: 네, 제 꿈은 (   )이에요/예요.

    ① 교사   ② 의사   ③ 화가   ④ 간호사

43. 가: 무슨 좋은 일이 있어요? <u>기분이 좋아</u> 보여요.

　　나: 네, 시험 점수가 좋아서 정말 (　　)어요/아요/여요.

　　① 기쁘다　　　② 슬프다　　　③ 심심하다　　④ 재미있다

44. 가: 학교생활이 <u>심심해요</u>?

　　나: 네, 요즘 좀 (　　)어요/아요/여요.

　　① 무섭다　　　② 싫어하다　　③ 재미없다　　④ 죄송하다

45. 가: 이번 기회는 정말 <u>놓치지 마세요</u>.

　　나: 알았어요. 기회를 꼭 (　　)을게요/ㄹ게요.

　　① 놓다　　　　② 안다　　　　③ 입다　　　　④ 잡다

[46～50] 밑줄 친 단어의 쓰임이 잘못된 것을 고르십시오. 请选择画线部分单词使用错误的一项。

46. ① 시험 결과가 <u>나왔어요</u>? (　　)

　　② 올해 대학교에 <u>나왔어요</u>.

　　③ 준비를 다 했어? 빨리 <u>나와</u>.

　　④ 왜 이렇게 음식이 안 <u>나오지</u>?

47. ① 기분이 좀 <u>괜찮아졌어요</u>? (　　)

　　② 이 요리는 맛이 <u>괜찮은데요</u>.

　　③ <u>괜찮은</u> 사람이 있으면 소개해 주세요.

　　④ 친구를 오랜만에 만나니까 정말 <u>괜찮았어요</u>.

48. ① <u>즐거운</u> 영화를 보고 사람들이 울었어요. (　　)

　　② 혼자 생활하니까 가끔 <u>외로울</u> 때가 있어요.

　　③ 제가 약속 시간에 늦어서 친구가 <u>화</u>를 냈어요.

　　④ 오래 기다려도 친구가 오지 않으니까 <u>짜증이 나요</u>.

49. ① 아이 손을 꼭 <u>잡고</u> 가세요. (　　)

　　② 버스에 자리가 없어서 <u>서서</u> 왔어요.

　　③ 침대에 <u>누워서</u> 텔레비전을 보고 있어요.

　　④ 오랜만에 친구를 만나서 두 팔로 꼭 <u>않았다</u>.

50. ① 저는 영화에 관심이 <u>많아요</u>. (　　)

　　② 저는 이 일에 관심이 별로 <u>없어요</u>.

　　③ 이번 대회에 대한 사람들의 관심이 <u>작아요</u>.

　　④ 학생들이 공부에 대해서 관심을 <u>갖지</u> 않아요.

第七课　일상생활 1（日常生活 1）

1 하루 생활（一天的生活）

가다 [가다] 动 去，走　　　　　　　　　　　　　　　　　　　　　　　反 오다 来

例▶ 수업이 끝난 후에 어디에 가세요?

您下课后要去哪里?

이 앞 사거리에서 오른쪽으로 가면 우체국이 있어요.

从前面十字路口处往右走有邮局。

活用结构 名에 가다

名으로/로 가다

계획（計劃）[계획/게획] 名 计划，谋划

例▶ 시험 공부하기 전에 항상 계획을 세워요.

准备考试之前我总是制订计划。

저는 이번 방학에 한국을 여행할 계획이에요.

我计划这个假期去韩国旅游。

常见用法 계획하다　计划

계획을 세우다　制订计划

꾸다 [꾸다] 动 梦，做梦

例▶ 저는 어렸을 때 변호사가 되는 꿈을 꾸었어요.

我小时候梦想成为律师。

어제 무서운 꿈을 꿔서 잠을 잘 자지 못했어요.

我昨天做了可怕的梦，因此没睡好觉。

活用结构 名을/를 꾸다

常见用法 꿈을 꾸다　做梦

놀다 [놀다] 动 玩儿

例▶ 우리 집에 놀러 오세요.

请来我家玩儿吧。

제 동생은 공부는 하지 않고 놀기만 해요.

我弟弟不学习，只知道玩儿。

活用结构 名이/가 놀다

名을/를 가지고 놀다

뉴스 [뉴스] 名 新闻，消息

例▶ 요즘 사람들은 경제 뉴스에 관심이 많다.

最近人们对经济新闻很关心。

아버지는 저녁 식사 후에 텔레비전 뉴스를 보십니다.

爸爸晚饭后看电视新闻。

常见用法 뉴스를 보다　看新闻

뉴스를 듣다　听新闻

듣다 [듣따] 动 ①听，听见 ②听讲，听课

①听，听见

例▶ 저는 학교에 갈 때 스마트폰으로 음악을 듣습니다.

我去学校的时候用智能手机听音乐。

活用结构 名을/를 듣다

常见用法 음악을 듣다　听音乐

소리를 듣다　听声音

②听讲，听课

例▶ 김 선생님 수업은 재미있어서 학생들이 많이 듣습니다.

因为金老师的课很有意思，所以很多学生来听他的课。

活用结构 名을/를 듣다

常见用法 수업을 듣다　听课

마시다 [마시다] 动 喝

关 먹다 吃，喝

例▶ 한국에서는 회식을 할 때 자주 술을 마셔요.

在韩国，人们聚餐的时候经常喝酒。

活用结构 名을/를 마시다

常见用法 물을 마시다　喝水

술을 마시다　喝酒

중국 사람들은 차를 마시는 것을 좋아하지요?

中国人喜欢喝茶吧?

만나다 [만나다] 动 见, 见面　　　　　　　　反 헤어지다 分开, 分手

例▶ 저는 이번 주말에 남자친구를 만날 거예요.　　　活用结构 名을/를 만나다

我这周末要见男朋友。

선생님과 학생들은 학교 앞에서 만나기로 했다.

老师和学生们约好在学校前面见面。

말하다 [말하다] 动 说　　　　　　　　　　近 이야기하다 说话, 谈话

例▶ 힘든 일이 있으면 언제든지 나한테 말해.　　　活用结构 名을/를 말하다

如果你遇到困难的事情, 随时跟我说。

내 생각을 많은 사람들 앞에서 말하는 것은 어려운

일이에요.

在很多人面前说出我的想法是件很困难的事情。

먹다 [먹따] 动 吃, 喝　　　　　　　　　　关 식사하다 吃饭, 用餐

例▶ 오늘 점심에는 뭘 먹을까요?　　　　　活用结构 名을/를 먹다

今天中午吃什么好呢?　　　　　　　　　常见用法 밥을 먹다　吃饭

아침을 먹고 학교에 갔어요.　　　　　　　　　　빵을 먹다　吃面包

我吃完早饭后去学校了。

면도 (面刀) [면도] 名 刮脸, 剃须

例▶ 남편은 아침마다 면도기로 면도를 해요.　　　常见用法 면도기　刮胡刀, 剃须刀

丈夫每天早上用剃须刀刮胡子。　　　　　　　　　면도하다　刮胡子

면도를 할 때에는 피가 나지 않게 조심해야 해요.

刮胡子的时候得当心不要刮出血。

목욕 (沐浴) [모곡] 图图 沐浴，洗澡 　　　　　　　　　　　　　　　　近 샤워 淋浴

例 목욕을 하니까 기분이 상쾌합니다.
我洗澡后心情很舒畅。
우리 할아버지는 겨울에도 찬물로 목욕을 하십니다.
我爷爷冬天也用凉水洗澡。

常见用法 목욕탕　浴池，澡堂
　　　　목욕하다　洗澡，沐浴

바르다 [바르다] 动 涂，抹

例 가려운 곳에 이 연고를 바르세요.
请在发痒的地方抹上这种药膏。
빵에 잼을 발라서 먹으면 맛있어요.
把面包抹上果酱吃味道很好。

活用结构 图을/를 바르다

벗다 [벋따] 动 脱，摘　　　反 입다 穿（衣服）　　신다 穿（鞋、袜子）　　쓰다 戴（帽子、眼镜）

例 수업 시간에는 모자를 벗으세요.
上课时间请摘掉帽子。
한국에서는 집에 들어갈 때 신발을 벗습니다.
在韩国，人们进屋的时候要脱鞋。

活用结构 图을/를 벗다
常见用法 옷을 벗다　脱衣服
　　　　신발을 벗다　脱鞋
　　　　모자를 벗다　摘帽子

보다 [보다] 动 ①注意到，看出 ②看，观看 ③考试 ④尝味儿

①注意到，看出

例 윗집에서 키우는 강아지를 본 적이 있어요?
你注意过楼上那家养的小狗吗?

活用结构 图을/를 보다

②看，观看

例 저는 텔레비전을 보면서 밥을 먹어요.
我边看电视边吃饭。

活用结构 图을/를 보다
常见用法 책을 보다　看书
　　　　영화를 보다　看电影
　　　　연극을 보다　观看话剧
　　　　신문을 보다　看报纸

③考试

例 오늘 시험을 잘 봤니?

你今天考试考得好吗？

活用结构 名을/를 보다

常见用法 시험을 보다 考试

④尝味儿

例 간 좀 봐 줘. 맛이 어때?

你尝一下味儿吧。味道怎么样？

活用结构 名을/를 보다

常见用法 간을 보다 尝味儿

살다 [살다] 动 ①活着 ②生活，居住

①活着

反 죽다 死

例 우리 할머니는 백 살까지 사셨다.

我奶奶活到了100岁。

活用结构 名이/가 살다

②生活，居住

例 저는 서울에 살아요.

我在首尔生活。

活用结构 名에 살다

名에서 살다

생활 (生活) [생활] 名 生活

例 학교생활이 어때요?

学校生活怎么样？

유학 생활은 외롭기는 하지만 재미있었다.

留学时，人会感到孤独，但也会过得很有意思。

活用结构 名 생활

常见用法 생활비 生活费

학교생활 学校生活

회사 생활 职场生活

유학 생활 留学生活

생활하다 生活

샤워 [샤워] 名 淋浴

近 목욕 沐浴, 洗澡

例 저는 피곤할 때 따뜻한 물로 샤워를 해요.

我疲劳的时候用温水淋浴。

常见用法 샤워하다 淋浴

지금 사는 하숙집은 샤워 시설이 잘 되어 있어서
마음에 들어요.
我现在住的寄宿家庭里的淋浴设施很好，因此我
很喜欢现在住的寄宿家庭。

세수 (洗手) [세수] 名 洗手，洗脸

例▶ 오늘 아침에 늦게 일어나서 세수도 못 하고 출근했다.　　常见用法 세수하다　洗手，洗脸
我今天早上起晚了，没洗脸就上班了。
쌀을 씻은 물에 세수를 하면 피부가 좋아진다고 해요.
听说用淘米水洗脸的话皮肤会变好。

세우다 [세우다] 动 ①停下 ②制订（计划）

①停下
关 서다 停，停下

例▶ 아저씨, 횡단보도 앞에서 세워 주세요.　　活用结构 名을/를 세우다
大叔，请在人行道前面停一下。

②制订（计划）

例▶ 휴가 계획을 세우셨어요?　　活用结构 名을/를 세우다
您制订休假计划了吗?　　常见用法 계획을 세우다　制订计划

쉬다 [쉬다] 动 ①休息 ②歇业，放假

①休息

例▶ 피곤하면 좀 쉬세요.　　活用结构 名이/가 쉬다
累的话，请休息一下吧。

②歇业，放假
关 휴가 休假　휴일 休息日

例▶ 오늘은 회사가 쉬는 날이어서 가족들과 동물원에　　活用结构 名이/가 쉬다
갔다.　　常见用法 쉬는 날　休息日
今天公司放假，因此我和家人一起去动物园了。　　쉬는 시간　休息时间

신문 (新聞) [신문] 名 报纸

例▶ 아버지는 아침마다 신문을 보신다.

爸爸每天早上看报纸。

요즘은 인터넷으로 신문을 보는 사람들이 많다.

最近在线读报的人很多。

常见用法 신문사　报社
신문 기사　新闻报道
신문 한 부　一份报纸
신문을 보다　看报纸
신문을 읽다　读报纸

쓰다² [쓰다] 动 写

例▶ 책에 이름을 썼어요.

我在书上写了名字。

저는 날마다 일기를 씁니다.

我每天写日记。

活用结构 名을/를 쓰다
常见用法 이름을 쓰다　写名字
일기를 쓰다　写日记
소설을 쓰다　写小说
편지를 쓰다　写信

씻다 [씯따] 动 洗　　　　　　　　　　　　　关 닦다 刷, 擦

例▶ 밥을 먹기 전에 손을 씻어라.

饭前洗手！

과일은 깨끗한 물에 잘 씻어서 먹어야 해요.

水果应该用干净的水好好洗一下再吃。

活用结构 名을/를 씻다
常见用法 손을 씻다　洗手
얼굴을 씻다　洗脸

일기 (日記) [일기] 名 日记

例▶ 힘든 일이 있을 때 일기를 쓰면 기분이 좀 좋아져요.

当遇到困难的事情时，写日记的话，心情会变得

好一点儿。

한국말로 일기를 쓰면 한국어 실력이 좋아질 거예요.

用韩国语写日记的话，韩国语水平会提高。

常见用法 일기장　日记本
일기를 쓰다　写日记

일어나다 [이러나다] 动 ①起来 ②起床

①起来

例▶ 사장님이 오셔서 사람들이 모두 의자에서 일어났어요.

社长来了，因此人们都从椅子上站了起来。

②起床

例▶ 저는 아침 일찍 일어나는 것이 너무 힘들어요.

早上早起对我来说非常困难。

하다 [하다] 动 做

例▶ 제 취미는 운동을 하는 것입니다.

我的兴趣是做运动。

아버지는 신문을 읽으시고 어머니는 요리를 하신다.

爸爸看报纸，妈妈做菜。

活用结构 名을/를 하다

화장 (化粧) [화장] 名 化妆

例▶ 화장을 지우니까 다른 사람 같아요.

卸妆后像另外一个人。

지금 출발했으면 좋겠는데 아내가 아직도 화장을
해요.

现在出发就好了，可是妻子还在化妆。

常见用法 화장품　化妆品
화장하다　化妆
화장을 지우다　卸妆

2 연락 (联系)

공중전화 (公衆電話) [공중전화] 名 公用电话

例▶ 공중전화에서는 길게 통화하면 안 됩니다.

不可以用公用电话长时间通话。

요즘 사람들이 휴대전화를 가지고 다녀서 공중전화를 쓰는 사람이 별로 없어요.

现在人们都随身携带手机，因此没有多少人使用公用电话了。

국제전화 (國際電話) [국쩨전화] 名 国际长途电话　　　　　　关 시외전화 长途电话

例▶ 중국에서 한국으로 국제전화를 걸면 얼마예요?

从中国往韩国打国际长途电话需要多少钱?

인터넷에서 국제전화를 싸게 거는 방법을 찾아

보세요.

请在网上查一下如何拨打国际长途电话便宜吧。

常见用法 국제전화 요금　国际长途电话费

끊다 [끈타] 动 ①挂断（电话）②戒除

---

①挂断（电话）

例▶ 통화가 끝났으면 어서 끊어라.

如果通话结束了，就快点儿挂电话吧。

活用结构 名을/를 끊다
常见用法 전화를 끊다　挂电话

②戒除

例▶ 이제부터 술을 끊기로 했어요.

我决定从现在开始戒酒。

活用结构 名을/를 끊다
常见用法 술을 끊다　戒酒
담배를 끊다　戒烟

누르다 [누르다] 动 按, 压

例▶ 버스에서 내리려면 미리 벨을 눌러야 합니다.

活用结构 名을/를 누르다

想下公共汽车必须事先按铃。

전화번호를 잘못 누르신 것 같아요. 확인해 보세요.

您好像按错电话号码了，请再确认一下。

답장 (答狀) [답짱] 名 回信

例 이메일을 받으면 빨리 답장을 보내 주세요.

收到邮件后，请快点儿回信。

초등학교 때 친구에게서 편지가 와서 답장을 썼다.

小学同学给我来信了，于是我给他写了回信。

常见用法
답장하다　回信
답장이 오다　来回信
답장을 쓰다　写回信
답장을 보내다　寄回信

문자메시지 (文字-) [문짜메시지] 名 (手机) 短信

例 문자메시지가 왔나 봐요. 확인해 보세요.

您好像来短信了，请确认一下。

전화하지 않고 문자메시지를 보내는 것이 편할 때가
많다.

很多时候发短信比打电话更方便。

常见用法
문자메시지를 받다　收短信
문자메시지를 보내다　发短信
문자메시지를 확인하다　确认
短信

발신자 (發信者) [발씬자] 名 发信人，发件人，来电人　　反 수신자 收信人，收件人

例 발신자 번호를 보니까 광고 전화인 것 같아서 받지 않았어요.

我看了一下来电号码，好像是广告电话，因此没有接。

편지에 발신자 이름과 주소가 없어서 누가 보냈는지 모르겠어요.

因为信上没有发信人的名字和地址，所以我不知道是谁寄过来的。

버튼 [버튼] 名 按钮

例 컴퓨터를 켜려면 이 버튼을 누르세요.

要想打开电脑，请按这个按钮。

常见用法
버튼을 누르다　按按钮

오른쪽 끝에 있는 버튼을 누르면 세탁기를 잠깐 멈

출 수 있어요.

按右边末端的按钮可以使洗衣机暂停。

번 (番) [번] 名 ①次，回 ②号，次

①次，回

例 오늘 너한테 다섯 번이나 전화했는데 왜 전화를 안

받았어?

我今天给你打了五次电话，你为什么不接啊？

活用结构 数 번

常见用法 1(한)번　一次

10(열)번　十次

②号，次

关 번호 号码

例 선생님, 전화번호가 몇 번이에요?

老师，您的电话号码是多少？

活用结构 数 번

常见用法 1(일)번　1号

10(십)번　10号

별표 (–標) [별표] 名 星号 (＊)

关 우물 정자 井号 (＃)

例 저는 공부할 때 중요한 내용에는 별표를 해요.

我学习的时候在重要内容处画星号。

녹음이 끝난 후에는 별표나 우물 정자를 누르십시오.

录音结束后，请按星号键或井号键。

부치다 [부치다] 动 寄，托运

近 보내다 寄，邮

例 편지를 부치려고 우체국에 가고 있어요.

我正去邮局寄信。

빠른 우편으로 소포를 부치면 얼마나 걸려요?

用快递寄包裹需要多长时间？

活用结构 名을/를 부치다

常见用法 편지를 부치다　寄信

소포를 부치다　寄包裹

붙이다 [부치다] 动 贴, 粘

关 붙다 粘, 贴

例 편지 봉투에 우표를 붙이세요.

请在信封上贴上邮票。

한국어 단어를 적은 종이를 벽에 붙여 놓았어요.

我把写着韩国语单词的纸贴到了墙上。

活用结构 名에 名을/를 붙이다

소포 (小包) [소포] 名 包裹

例 이 소포를 배편으로 보내려고 합니다.

我想海运这个包裹。

어머니에게서 겨울에 입을 옷이 들어 있는 소포를

받았다.

我收到了妈妈寄来的装着冬衣的包裹。

常见用法 소포를 받다　收到包裹
소포를 보내다　寄包裹
소포를 부치다　寄包裹

스마트폰 [스마트폰] 名 智能手机

关 애플리케이션 应用程序

例 요즘은 초등학생들도 스마트폰을 가지고 있다.

最近连小学生都有手机。

스마트폰으로 사진도 찍고 쇼핑도 하고 영화도 볼 수 있어서 정말 편리해요.

智能手机可以用来拍照片、购物、看电影，使用起来真方便。

신호 (信號) [신호] 名 信号

例 신호는 가는데 전화를 안 받아요.

电话打通了，但是对方不接。

핸드폰으로 전화를 걸면 신호가 가는 소리는 들리지

않고 음악 소리가 들릴 때도 있어요.

如果用手机打电话，有时听不见发送信号的声音

而会听见音乐的声音。

常见用法 신호 소리　信号音
신호가 가다　发送信号

여보세요 [여보세요] 感 喂，劳驾

例▶ 여보세요, 전화 바꿨습니다.

喂，我过来接电话了。

여보세요, 여기 물 한 잔 좀 갖다 주세요.

劳驾，请拿一杯水过来。

연락 (連絡) [열락] 名 联络，联系

例▶ 어려운 일이 있으면 저에게 연락하세요.

如果遇到困难的事情，请联系我。

죄송합니다. 요즘 너무 바빠서 자주 연락을 드리지

못했어요.

对不起，我最近太忙了，因此没能经常跟您联系。

常见用法 연락처　联系方式
연락하다　联系
연락이 오다　收到联系
연락을 받다　收到联系

엽서 (葉書) [엽써] 名 明信片　　　　　　　　　　关 편지 信

例▶ 고향 친구에게서 엽서를 받았어요.

我收到了家乡朋友寄来的明信片。

저는 여행을 가면 가족들에게 엽서로 소식을 전해요.

我去旅行时会用明信片向家人传递信息。

常见用法 그림엽서　明信片
엽서를 보내다　寄明信片

우표 (郵票) [우표] 名 邮票

例▶ 여기에 우표를 붙이세요.

请在这里贴邮票。

제 취미는 우표 수집입니다.

我的兴趣是收集邮票。

常见用法 우표 한 장　一张邮票
우표를 붙이다　贴邮票

인터넷 [인터넫] 名 互联网，因特网

例 ▶ 인터넷으로 영화표를 예매했어요.

我在网上订购了电影票。

아침마다 인터넷으로 뉴스를 본다.

我每天早上都在线浏览新闻。

常见用法 인터넷 홈페이지 网页

전화 (電話) [전화] 名 ①通电话 ②电话机

①通电话

关 통화 通话 ✎

例 ▶ 조금 전에 부모님께 전화가 왔어요.

刚才父母打来电话了。

常见用法 전화번호 电话号码

전화 한 통 一通电话

전화하다 打电话

전화가 오다 来电话

전화를 끊다 挂电话

②电话机

近 전화기 电话机 关 핸드폰 手机 휴대전화 手机 스마트폰 智能手机 ✎

例 ▶ 전화가 고장이 났어요.

电话机出故障了。

常见用法 전화 한 대 一台电话机

전화번호 (電話番號) [전화번호] 名 电话号码

关 지역 번호 区号

例 ▶ 전화번호 좀 가르쳐 주세요.

请告诉我一下电话号码。

친구의 전화번호가 바뀌어서 통화를 하지 못했어요.

朋友换电话号码了，因此我无法和他通话。

주소 (住所) [주소] 名 地址，住址

例 ▶ 주소가 어떻게 되세요?

请问您的住址在哪里？

여기에다가 받으실 분의 주소를 적으세요.

请在这里写收件人的地址。

常见用法 주소를 적다 写地址

주소를 찾다 找地址

진동 (振動) [진동] 名 振动

例► 휴대전화가 왔나 봐요. 진동이 울려요.

好像来电话了，手机在振动。

도서관에서는 휴대전화를 진동으로 해 놓아야

합니다.

在图书馆里应该把手机调成振动。

常见用法 진동이 울리다　振动
진동으로 바꾸다　调成振动

켜다 [켜다] 動 打开（机器、电灯） 　　　　　　　　反 끄다 关上

例► 방이 어두워서 불을 켰다.

因为房间里很暗，所以我开了灯。

휴대전화를 켜니까 문자메시지가 와 있었어요.

开手机后收到短信了。

活用结构 名을/를 켜다
常见用法 불을 켜다　开灯
컴퓨터를 켜다　打开电脑

택배 (宅配) [택빼] 名 配送，快递 　　　　　　　　关 배달 配送，送

例► 요즘은 우체국에도 택배 서비스가 있어서 편리해요.

最近邮局也提供快递服务，因此人们觉得很方便。

물건을 소포로 보내면 며칠 걸리지만 택배로 보내면

내일 도착할 거예요.

这东西以包裹的形式寄走的话需要几天时间才

到，但是用快递寄的话明天就能到。

常见用法 택배 기사　快递员
택배 서비스　快递服务
택배를 보내다　送快递

통화 (通话) [통화] 名 通话

例► 지금 통화 중이니까 조금만 기다려 주세요.

他现在正在通话中，请稍等一会儿。

요즘은 인터넷 화상 통화를 이용하는 사람들이 많다.

最近很多人在网上进行视频通话。

常见用法 통화료　通话费
통화 중　通话中
전화 통화　电话通话
화상 통화　视频通话
통화하다　通话

편지 (便紙) [편지] 名 信　　　　　　　　　　　关 이메일 电子邮件

例 고향에 계신 부모님께 편지를 써서 보냈어요.
我写了信给家乡的父母寄过去了。
요즘 사람들은 편지를 많이 쓰지 않아요. 인터넷으로
메일을 보내면 간단하니까요.
最近人们好像不经常写信。因为在网上发邮件很
简单。

常见用法
편지 한 통　一封信
편지를 쓰다　写信
편지를 보내다　寄信
편지를 부치다　寄信

확인 (確認) [화긴] 名 确认，证实

例 제가 문자메시지를 보냈는데 확인했어요?
我发了短信，你收到了吗?
출발하기 전에 빠진 물건이 없는지 짐을 다시 한 번
확인해 보세요.
出发前请再次确认一下行李，看看是否有落下的
东西。

常见用法
이메일 확인　确认邮件
메시지 확인　确认短信
확인하다　确认

연습 문제 (练习题)

[1~15] 다음 단어를 한국어로 바꿔 쓰십시오. 请写出下列汉语意思对应的韩国语单词。

1. 新闻，消息 （　　） 2. 回信 （　　） 3. 邮票 （　　）

4. 地址，住址 （　　） 5. 公用电话 （　　） 6. 玩儿 （　　）

7. 听 （　　） 8. 休息 （　　） 9. 写 （　　）

10. 洗 （　　） 11. 打开（电灯） （　　） 12. 挂断（电话） （　　）

13. 按，压 （　　） 14. 涂，抹 （　　） 15. 粘，贴 （　　）

[16 ~ 20] 그림을 보고 ( )에 알맞은 것을 고르십시오. 请看图选择正确的答案。

16. 가: 아침에 일어나면 제일 먼저 뭘 해요?

    나: 제일 먼저 ( )부터 해요.

    ① 목욕　　② 면도　　③ 샤워　　④ 세수

17. 가: 이 ( )을/를 중국에 보내고 싶어요. 얼마예요?

    나: 2㎏이군요. 2만 원입니다.

    ① 소포　　② 엽서　　③ 편지　　④ 문자메시지

18. 가: 동생이 뭘 해요?

    나: 거실에서 텔레비전을 ( )고 있어요.

    ① 놀다　　② 듣다　　③ 보다　　④ 하다

19. 가: 지금 뭘 하고 있어요?

    나: ( )을/를 하고 있어요.

    ① 노래　　② 운동　　③ 전화　　④ 인터넷

20. 가: 뭘 해요?

    나: 한국말을 ( )고 있어요.

    ① 듣다　　② 보다　　③ 쓰다　　④ 하다

[21 ~ 30] 다음 문장을 읽고 알맞은 어휘를 골라 쓰십시오. 어휘는 한 번만 쓰십시오. 请阅读下列句子，然后选择合适的单词填空，每个单词只能使用一次。

번	뉴스	진동	생활	인터넷	통화	놀다	듣다
쉬다	누르다	바르다	세우다	연락하다	일어나다	여보세요	

21. 초등학교 때 친구와 아직도 (   )고 지내요.

22. 아저씨, 저 학교 앞에서 (   )어/아/여 주세요.

23. 저는 아침에 (   )으면/면 제일 먼저 이를 닦아요.

24. 요즘 사람들이 많이 (   )는/은/는 노래가 뭐예요?

25. 한국 아파트에 가려면 몇 (   ) 버스를 타야 해요?

26. 아이들이 공원에서 공을 가지고 재미있게 (   )고 있어요.

27. 세수를 한 후에 얼굴에 로션을 (   )었어요/았어요/였어요.

28. 전화번호를 잘못 (   )어서/아서/여서 다른 곳으로 전화했어요.

29. 저는 지금 한국에서 공부하고 있어서 중국에 계신 부모님과 인터넷으로 자주 화상 (   )을/를 해요.

30. 그 사람은 한국에 온 지 6개월 되었는데 한국 음식도 좋아하고 한국 친구들도 많이 사귀어서 한국 (   )이/가 아주 재미있다고 해요.

[31 ~ 35] (   ) 안에 알맞은 것을 고르십시오. 请选择合适的答案。

31. 도서관에서는 전화를 하면 안 되니까 휴대전화를 (   )어/아/여 놓으세요.

　　① 끄다　　　　② 끊다　　　　③ 켜다　　　　④ 누르다

32. 편지를 보낼 때에는 우표를 (   )어야/아야/여야 해요.

　　① 쓰다　　　　② 보내다　　　　③ 부치다　　　　④ 붙이다

33. 사람들은 1월 1일이 되면 1년 (   )을/를 세웁니다.

　　① 계획　　　　② 생활　　　　③ 일기　　　　④ 확인

34. 집에 돌아오면 제일 먼저 손을 (   )으세요/세요.

　　① 쉬다　　　　② 쓰다　　　　③ 씻다　　　　④ 바르다

35. 어제 밤에 꿈을 (   )었는데/았는데/였는데 너무 무서웠어요.

　　① 꾸다　　　　② 놀다　　　　③ 보다　　　　④ 살다

[36~40] 밑줄 친 부분과 반대되는 뜻을 가진 것을 고르십시오. 请选择与画线部分意义相反的单词。

36. 가: 조금 전에 휴대전화를 <u>켰어요</u>?

　　나: 아니요, (　　)었어요/았어요/였어요.

　　① 꾸다　　　② 끄다　　　③ 끊다　　　④ 쓰다

37. 가: 언제 한국에 올 거예요?

　　나: 다음 달에 한국에 (　　)을/ㄹ 거예요.

　　① 가다　　　② 보다　　　③ 쉬다　　　④ 하다

38. 가: 주말에 친구를 <u>만나서</u> 뭘 했어요?

　　나: 점심을 먹고 영화를 본 후에 (　　)었어요/았어요/였어요.

　　① 놀다　　　② 쉬다　　　③ 공부하다　　④ 헤어지다

39. 가: 한국에서는 신발을 <u>신고</u> 방에 들어가도 돼요?

　　나: 아니요, (　　)어야/아야/여야 해요.

　　① 듣다　　　② 먹다　　　③ 벗다　　　④ 씻다

40. 가: 그 호랑이는 몇 살까지 <u>살았어요</u>?

　　나: 15살까지요. 작년에 (　　)었어요/았어요/였어요.

　　① 가다　　　② 놀다　　　③ 쉬다　　　④ 죽다

[41~45] 밑줄 친 부분과 의미가 가장 가까운 것을 고르십시오. 请选择与画线部分意义最相近的单词。

41. 가: 인터넷으로 옷을 샀는데 안 맞아요. <u>바꿀</u> 수 있을까요?

　　나: 그럼요. (　　)어/아/여 드리고 말고요.

　　① 교환하다　　② 계획하다　　③ 목욕하다　　④ 확인하다

42. 가: 아침에 뭘 <u>드세요</u>?

　　나: 시간이 없어서 보통 주스를 한 잔 (　　)어요/아요/여요.

　　① 듣다　　　② 보다　　　③ 쓰다　　　④ 마시다

43. 가: 우체국에 가서 뭘 <u>부쳤어요</u>?

　　나: 유학을 간 동생에게 겨울에 입을 옷을 (　　)었어요/았어요/였어요.

　　① 누르다　　② 바르다　　③ 보내다　　④ 세우다

44. 가: 이건 비밀이니까 다른 사람에게 <u>이야기하지</u> 마세요.

　　나: 걱정하지 마세요. 다른 사람에게 (　　)지 않을게요.

　　① 만나다　　② 말하다　　③ 연락하다　　④ 확인하다

45. 가: 누구와 <u>전화했어요</u>?

　　나: 고향에 계신 어머니와 (　　)었어요/았어요/였어요.

　　① 계획하다　　② 생활하다　　③ 통화하다　　④ 확인하다

[46~50] 밑줄 친 단어의 쓰임이 잘못된 것을 고르십시오. 请选择画线部分单词使用错误的一项。

46. ① 문자메시지를 <u>썼어요</u>? (　　)

　　② 편지를 받으면 답장을 <u>쓰세요</u>.

　　③ 저는 자기 전에 항상 일기를 <u>써요</u>.

　　④ 요즘 사람들은 편지를 많이 <u>쓰지</u> 않아요.

47. ① 신발을 <u>벗고</u> 들어가세요. (　　)

　　② 손을 씻으려고 반지를 <u>벗었다</u>.

　　③ 모자를 <u>벗어서</u> 책상 위에 놓았어요.

　　④ 옷을 <u>벗고</u> 수영복으로 갈아입으세요.

48. ① 샤워를 <u>하니까</u> 참 상쾌해요. (　　)

　　② 어제 밤에 무슨 꿈을 <u>꿨어요</u>?

　　③ 초등학생은 화장을 <u>그리면</u> 안 됩니다.

　　④ 저는 저녁 식사를 하면서 뉴스를 <u>봐요</u>.

49. ① 집에 오면 인터넷을 <u>놀아요</u>. (　　)

　　② 그 분은 바빠서 통화를 <u>하기가</u> 어려워요.

　　③ 목욕을 한 후에 문자메시지를 <u>확인했어요</u>.

　　④ 중학교 때 친구에게서 연락을 <u>받고</u> 정말 반가웠어요.

50. ① 건강에 나쁘니까 담배를 <u>끊으세요</u>. (　　)

　　② 남자들은 아침마다 면도를 <u>발라요</u>.

　　③ 집에 오면 손을 깨끗하게 <u>씻어야지</u>.

　　④ 여행하기 전에 계획을 <u>세워야</u> 해요.

第八课 일상생활 2 (日常生活 2)

1 만남 (见面)

같이 [가치] 副 一起, 一块 　　　　　　　　　　　　　　近 함께 一起, 一同

例▶ 저는 일요일마다 친구와 같이 등산을 해요.

我每周日都和朋友一起去爬山。

주말에 부산에 가려고 하는데 너도 같이 갈래?

我周末要去釜山, 你要和我一起去吗?

活用结构 名하고 같이
名과/와 같이

常见用法 친구와 같이　和朋友一起
동생하고 같이　和弟弟一起

기다리다 [기다리다] 动 等, 等待, 等候

例▶ 한 시간 동안 기다렸는데 왜 전화하지 않았어요?

我等了一个小时, 你为什么没打电话呢?

출퇴근 시간에는 지하철역에 지하철을 타려고 기다

리는 사람들이 많아요.

上下班时间在地铁站等着乘坐地铁的人很多。

活用结构 名을/를 기다리다

常见用法 친구를 기다리다　等朋友
결과를 기다리다　等结果

꼭 [꼭] 副 一定, 务必

例▶ 약속은 꼭 지켜야 해요.

一定要遵守约定。

힘든 일이 있으면 나한테 꼭 전화해.

你如果遇到困难的事情, 一定要给我打电话。

데이트 [데이트] 名 约会

关 애인 爱人，恋人　남자친구 男朋友　여자친구 女朋友

例▶ 주말에 남자친구와 데이트를 했어요.

我周末和男朋友约会了。

데이트를 할 때 보통 어디에서 만나요?

你们约会时一般在哪里见面?

常见用法 데이트를 하다　约会
데이트를 신청하다　提出约会
请求

미루다 [미루다] 动 拖延，推迟

关 연기하다[2] 推迟，延期

例▶ 오늘 일을 내일로 미루지 마세요.

请不要把今天的工作推到明天。

회의 시간을 한 시간 뒤로 미룰 수 있을까요?

可以把会议时间向后推迟一个小时吗?

活用结构 名을/를 미루다
常见用法 일을 미루다　把工作往后推
약속을 미루다　推迟约会时间

생기다 [생기다] 动 产生，出现，有

关 나다 产生，有　있다 有

例▶ 학교 근처에 새로 생긴 식당에 가 봤어요?

你去过学校附近新开的饭馆吗?

외국인 친구가 많이 생겨서 유학 생활이 재미있어요.

因为我有很多外国朋友，所以我的留学生活很有

意思。

活用结构 名이/가 생기다
常见用法 친구가 생기다　有朋友
약속이 생기다　有约会

선물 (膳物) [선물] 名 礼物

例▶ 남자친구에게서 꽃다발을 선물로 받았어요.

我收到了男朋友送的礼物——花。

어머니 생신인데 어떤 선물을 드리면 좋을까요?

妈妈过生日，我送她什么样的礼物好呢?

活用结构 名 선물
常见用法 생일 선물　生日礼物
선물하다　送礼物
선물을 받다　收到礼物
선물을 주다　给礼物

선약 (先約) [서냑] 名 (事先约好的) 约会

例▶ 죄송합니다. 선약이 있어서 반 모임에 갈 수 없을 것 같아요.

对不起，我因为事先有约会，所以好像不能参加班里的聚会了。

내일 반 친구들과 만나려고 했는데 친구 한 명이 선약이 있대요. 다음 주로 미루어야 할 것 같아요.

明天我本来想跟同班同学聚一下的，可是有一个同学说已经有约会了，因此我们的聚会好像得推迟到下一周了。

常见用法 선약이 있다　有约会

송별회 (送別會) [송별회] 名 送别会

关 환송회 欢送会　환영회 欢迎会

例▶ 오늘 저녁에 고향으로 돌아가는 친구의 송별회가 있습니다.

今天晚上要为回家乡的朋友举行送别会。

친구들이 저를 위해 송별회를 열어 주어서 정말 고마웠어요.

朋友们为我举行了送别会，我真的非常感谢他们。

常见用法 송별회를 열다　开送别会
송별회를 하다　开送别会

안녕 (安寧) [안녕] 名 平安，安宁

例▶ 안녕히 가세요.

再见。

선생님, 안녕하세요?

老师，您好！

常见用法 안녕히　平安地
안녕하다　平安

약속 (約束) [약쏙] 名 约定，约会

例 ▶ 약속 시간에 늦으면 안 됩니다.

不可以比约定的时间晚。

친구하고 커피숍에서 만나기로 약속했어요.

我和朋友约好在咖啡馆见面。

常见用法 약속이 있다　有约会

약속하다　约定

약속을 지키다　遵守约定

약속을 취소하다　取消约定

이야기 [이야기] 名 话，谈话，故事

例 ▶ 내가 재미있는 이야기를 해 줄까?

我给你讲个有趣的故事好吗?

이건 비밀이니까 다른 사람에게 이야기하지 마세요.

这是秘密，请不要和其他人说。

活用结构 形은/ㄴ 이야기

常见用法 슬픈 이야기　悲伤的故事

재미있는 이야기　有趣的故事

이야기하다　说话

이야기를 나누다　聊天

인사 (人事) [인사] 名 问候，请安，打招呼

例 ▶ 1(일)월 1(일)일에는 친척 어른들께 새해 인사를 드리러 다닙니다.

人们在1月1日那天会去给亲戚家的长辈们拜年。

한국에서 처음 만나는 사람과 인사할 때에는 "처음 뵙겠습니다"라고 해요.

在韩国，和初次见面的人打招呼的时候说"처음 뵙겠습니다（初次见面）"。

常见用法 인사하다　打招呼

인사를 받다　接受问候

인사를 드리다　请安

지키다 [지키다] 动 遵守

例 ▶ 교실에서 지켜야 하는 규칙은 뭐예요?

在教室里应该遵守什么规则?

아주 친한 친구 사이에서도 예의를 지켜야 해요.

即便是非常亲密的朋友关系，彼此也应该遵守礼仪。

活用结构 名을/를 지키다

常见用法 시간을 지키다　遵守时间

약속을 지키다　遵守约定

예의를 지키다　遵守礼仪

초대 (招待) [초대] 名 邀请

例 ▶ 생일이어서 친구들을 집에 초대했어요.

我过生日，因此邀请朋友们来家里了。

한국에서는 이사를 한 후에 친한 사람들을 집에
초대한다.

在韩国，人们搬家后会邀请亲近的人来家里。

常见用法 초대권　请柬
초대장　请柬
초대하다　邀请
초대를 받다　受到邀请

축하 (祝賀) [추카] 名 祝贺，庆祝

例 ▶ 가족들이 졸업을 축하해 줬어요.

家人祝贺我毕业了。

우리의 결혼을 축하하는 사람들이 많이 왔다.

很多人来祝贺我们结婚。

常见用法 축하하다　祝贺

취소 (取消) [취소] 名 取消 (约会、预约、话)

例 ▶ 비행기 표를 취소했어요.

我退了机票。

비가 와서 공연이 취소되었습니다.

因为下雨，所以演出被取消了。

常见用法 취소하다　取消
취소되다　被取消

파티 [파티] 名 宴会，聚会，派对　　　近 잔치 宴会

例 ▶ 내 생일 파티에 반 친구들을 초대했어요.

我邀请同班同学参加我的生日派对了。

졸업 파티에는 선생님들도 오시니까 꼭 오십시오.

老师们也会来参加毕业派对，因此请您一定来参加。

常见用法 생일 파티　生日派对
파티가 있다　有聚会
파티를 열다　举办宴会
파티를 하다　举办宴会

환영하다 (歡迎−) [화녕하다] 动 欢迎

例 ▶ 어서 오세요. 환영합니다.
快请进，欢迎光临。

입국하는 선수들을 환영하려고 온 사람들 때문에
공항이 아주 복잡하다.
因为很多人来机场欢迎回国的运动员们，所以机
场非常拥挤。

活用结构 名을/를 환영하다

---

② **쇼핑 (购物)**

값 [갑] 名 价，价钱

近 가격 价格

例 ▶ 요즘 과일값이 많이 올랐어요.
最近水果的价钱上涨了很多。

시장은 값도 싸고 가끔 값을 깎을 수도 있어서 좋아요.
在市场上，东西的价钱很便宜，有时人们还可以
砍价，因此去市场买东西挺不错。

常见用法
값이 싸다　价钱便宜
값이 비싸다　价钱贵
값이 내리다　价钱下跌
값이 오르다　价钱上涨
값을 깎다　砍价

거스름돈 [거스름똔] 名 找回的零钱

关 잔돈 零钱

例 ▶ 만 원을 내고 이천 원을 거스름돈으로 받았어요.
我付了1万韩元，对方找给我2000韩元零钱。

택시 아저씨가 계산을 잘못해서 거스름돈을 조금 줬어요.
出租车司机算错了，因此少找给我一点儿零钱。

계산 (計算) [계산/계산] 名 ①算, 计算 ②付账

①算, 计算

例▶ 수학 문제를 풀 때에는 정확하게 계산해야 해요.
解答数学题的时候必须计算准确。

常见用法 계산기 计算器
계산하다 计算

②付账

例▶ 카드로 계산하시겠어요? 현금으로 계산하시겠어요?
您用卡付账还是用现金付账?

常见用法 계산하다 付账

고르다 [고르다] 动 选择, 挑选

近 선택하다 选择, 选

例▶ 알맞은 대답을 고르십시오.
请选择合适的答案。

마음에 드는 것을 하나 골라 봐.
你挑选一个自己喜欢的吧。

活用结构 名을/를 고르다

교환하다 (交換-) [교환하다] 动 交换, 调换

例▶ 어제 산 옷이 작아서 큰 치수로 교환했어요.
昨天买的衣服小了，因此我去换了件尺寸大一点儿的。

마음에 안 들면 1(일)주일 안에 교환할 수 있습니다.
您如果不喜欢，一周内可以来调换。

活用结构 (名을/를) 名으로/로 교환하다

깎다 [깍따] 动 砍价, 杀价

例▶ 값이 비싸요. 좀 깎아 주세요.
价钱太贵了，请便宜一点儿吧。

어머니는 수박값을 삼천 원이나 깎았다.
妈妈通过砍价，使西瓜的价钱便宜了3000韩元。

活用结构 名을/를 깎다
常见用法 값을 깎다 砍价

돈 [돈] 名 钱

关 동전 硬币　수표 支票

例 ▶ 아르바이트를 해서 돈을 모았어요.

我打工攒钱了。

돈은 생활에 꼭 필요한 것이지만 가장 중요한 것은
아니다.

钱是生活中必需的东西，但不是最重要的东西。

常见用法 돈이 많다　钱多
돈을 벌다　赚钱
돈을 쓰다　花钱
돈을 모으다　攒钱
돈을 빌리다　借钱

무료 (無料) [무료] 名 免费，无偿

近 공짜 白得的，不花钱的　反 유료 收费

例 ▶ 오늘은 무료로 박물관을 관람할 수 있다고 합니다.

听说今天人们可以免费参观博物馆。

저쪽에서 무료로 음료수를 주는 행사를 하고 있어요.

那边正举行免费送饮料活动。

무엇 [무얻] 代 什么

关 무슨 什么

例 ▶ 이것을 한국말로 뭐라고 해요?

这个用韩国语怎么说?

내 취미는 사진 찍기인데 넌 취미가 뭐야?

我的兴趣是摄影，你的兴趣是什么?

바꾸다 [바꾸다] 动 改变，变换

近 교환하다 交换

例 ▶ 습관을 바꾸는 것은 정말 어려운 일이에요.

改变习惯真的是件非常困难的事情。

옷이 마음에 들지 않으면 다른 옷으로 바꿔도 돼요.

如果你对这件衣服不满意，也可以换别的衣服。

活用结构 名을/를 바꾸다

보이다 [보이다] 动 看见，看出   关 보다 看

例▶ 우리 집에서 한강이 보여요.

在我家可以看到汉江。

뒤에 앉으면 칠판 글씨가 잘 안 보이니까 앞에 앉으세요.

坐在后面看不清黑板上的字，请坐在前面吧。

活用结构 名이/가 보이다
常见用法 보여 주다 给看，表明

사다 [사다] 动 买，购买   反 팔다 卖

例▶ 저는 멋있는 자동차를 사고 싶어요.

我想买辆漂亮的车。

슈퍼마켓에서 채소를 세일해서 싸게 샀어요.

因为超市里蔬菜在降价销售，所以我买到了很便宜的蔬菜。

活用结构 名을/를 사다

상품 (商品) [상품] 名 商品

例▶ 신상품이 나왔는데 보여 드릴까요?

有新商品上市，要给您看一下吗?

백화점에는 여러 가지 상품이 있어서 구경하는 것이 재미있어요.

因为百货商店里有各种商品，所以逛百货商店很有意思。

常见用法 상품권 购物券
산상품 新商品

손님 [손님] 名 客人   关 주인 主人   고객 顾客

例▶ 식당에 항상 손님이 많네요.

饭馆里客人总是很多。

오늘 집에 손님이 오시니까 집을 깨끗하게 청소해야 한다.

今天家里要来客人，因此我得把家里打扫干净。

쇼핑 [쇼핑] 图 买东西，购物

例 수업이 끝난 후에 친구와 쇼핑을 했어요.

我下课后和朋友去购物了。

백화점 세일 기간에는 쇼핑을 하려고 백화점에 오는

사람들이 많습니다.

打折期间来百货商店购物的人很多。

常见用法 인터넷 쇼핑　网上购物

쇼핑하다　购物

신용카드 (信用－) [시뇽카드] 图 信用卡

例 신용카드가 있으면 현금이 없어도 물건을 살 수

있어서 아주 편리해요.

如果有信用卡，没有现金也可以买东西，因此信

用卡用起来非常方便。

잃어버린 지갑을 찾았는데 신분증과 신용카드가 그

대로 있어서 다행이었다.

我找回了丢失的钱包，发现身份证和信用卡都还

在钱包里，因此觉得自己很幸运。

常见用法 신용카드로 계산하다　用信用

卡结账

싸다 [싸다] 图 便宜

反 비싸다 贵

例 어디에 가면 옷을 싸게 살 수 있어요?

去哪里能买到便宜的衣服?

학생 식당은 음식값이 싸고 맛있어서 학생들이 좋아

해요.

学生食堂的饭菜既便宜又好吃，因此学生们很喜

欢去食堂吃饭。

活用结构 名이/가 싸다

常见用法 값이 싸다　价钱便宜

물건이 싸다　东西便宜

쓰다³ [쓰다] 动 用，使用

近 사용하다 使用，用

例▶ 쓰지 않는 물건들은 잘 정리해 놓아라.

把不用的东西都整理好！

중국 사람들은 식사할 때 젓가락을 씁니다.

中国人吃饭时使用筷子。

活用结构 名을/를 쓰다

常见用法 물건을 쓰다　用东西

어느 [어느] 冠 哪，什么

关 무슨 什么

例▶ 어느 나라에서 오셨어요?

您来自哪个国家?

두 개 중에서 어느 것이 더 마음에 들어요?

这两个你更喜欢哪一个?

活用结构 어느 名

어울리다 [어울리다] 动 协调，般配，和谐，合适

例▶ 청바지에는 흰 티셔츠가 잘 어울려요.

牛仔裤配白T恤很合适。

이 원피스는 제 딸아이에게 잘 어울릴 것 같아요.

这件连衣裙好像很适合我女儿。

活用结构 名에 어울리다

名에게 어울리다

얼마 [얼마] 名 多少

例▶ 한국어 교과서가 얼마예요?

韩国语教材多少钱?

하숙비는 한 달에 얼마입니까?

住宿费一个月多少钱?

점원 (店員) [저뭔] 名 店员 关 주인 主人

例 저는 서점에서 점원으로 일한 적이 있어요.

我曾经在书店里当过店员。

가게의 점원이 모두 친절해서 기분이 좋았다.

小商店里的店员都很亲切，因此我的心情很好。

주다 [주다] 动 给 反 받다 收到，取得 关 드리다 呈递，奉上（敬语）

例 생일 선물로 무엇을 줬어요?

你送什么生日礼物了？

동생에게 주려고 화장품을 샀다.

我买了化妆品送给妹妹。

活用结构 名을/를 주다

짜리 [짜리] 缀 货币的票面金额，商品的单价，分量（附加在表示数量的名词后）

例 미안한데 백 원짜리 동전이 있어요?

打扰了，请问有100韩元面值的硬币吗？

선생님에게 열 살짜리 딸이 있는데 귀엽고 똑똑해요.

老师有一个十岁的女儿，她既可爱又聪明。

活用结构 名짜리

常见用法
세 살짜리　三岁
두 개짜리　两个
천 원짜리　1000韩元面值的
纸币
오백 원짜리　500韩元面值的
硬币

치수 (-數) [치수] 名 尺寸，大小 关 사이즈 大小，尺寸，号码

例 신발 치수가 어떻게 되세요?

请问您穿多大的鞋子？

선물로 받은 옷이 치수가 커서 입을 수 없어요.

别人送给我的一件衣服太大了，因此我没法穿。

活用结构 名 치수

常见用法
옷 치수　衣服的尺寸
신발 치수　鞋的尺寸
치수가 크다　尺寸大
치수가 맞다　尺寸合适

현금 (現金) [현금] 名 现金　　　　　　　　关 수표 支票　신용카드 信用卡

例 여행을 갈 때 현금을 많이 가지고 가면 위험해요.
去旅行的时候带很多现金非常危险。

돈을 얼마나 쓰는지 정확하게 알기 위해서는 현금을

사용하는 것이 좋아요.

为了准确地知道花了多少钱，最好使用现金。

常见用法　현금영수증　现金收据
　　　　　현금을 쓰다　使用现金

연습 문제 (练习题)

[1~15] 다음 단어를 한국어로 바꿔 쓰십시오. 请写出下列汉语意思对应的韩国语单词。

1. 钱　　　　　　　(　　)　2. 一定，务必　(　　)　3. 商品　　　　(　　)

4. (事先约好的)约会 (　　)　5. 客人　　　　(　　)　6. 店员　　　　(　　)

7. 派对，聚会　　　(　　)　8. 现金　　　　(　　)　9. 邀请　　　　(　　)

10. 取消　　　　　(　　)　11. 欢迎　　　　(　　)　12. 话，故事　(　　)

13. 给　　　　　　(　　)　14. 买　　　　　(　　)　15. 看见　　　　(　　)

[16~20] 그림을 보고 (　　)에 알맞은 것을 고르십시오. 请看图选择正确的答案。

16. 가: 주말에 뭘 했어요?

나: 백화점에서 (　　)을/를 했어요.

① 쇼핑　　② 파티　　③ 데이트　　④ 송별회

17. 가: 현금으로 계산하시겠어요?

나: 아니요, (　　)으로/로 계산할게요.

① 값　　② 돈　　③ 거스름돈　　④ 신용카드

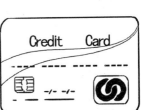

18. 가: 뭘 사러 가요?

　　나: 친구 생일이어서 (　　)을/를 사러 가요.

　　① 상품　　② 선물　　③ 점원　　④ 짜리

19. 가: 안녕하세요, 아주머니.

　　나: 그래, 영수구나! 영수는 (　　)을/를 참 잘하는구나!

　　① 꼭　　② 안녕　　③ 인사　　④ 이야기

20. 가: 뭘 하고 있어요?

　　나: (　　)을/를 하고 있어요.

　　① 약속　　② 통화　　③ 환영　　④ 데이트

[21~30] 다음 문장을 읽고 알맞은 어휘를 골라 쓰십시오. 어휘는 한 번만 쓰십시오. 请阅读下列句子，然后选择合适的单词填空，每个单词只能使用一次。

꼭	같이	어느	얼마	무엇	짜리	데이트	송별회	깎다
싸다	쓰다	미루다	바꾸다	어기다	기다리다			

21. (　　　　) 나라에 가 봤어요?

22. 김치는 (　　　　)으로/로 만들어요?

23. 아주머니, 이 가방 (　　　　)이에요/예요?

24. 이 볼펜은 500원(　　　　)인데 아주 좋아요.

25. 주말에 친구와 (　　　　) 여행을 갔다가 왔다.

26. 아저씨, 너무 비싸요. 조금 (　　　　)어/아/여 주세요.

27. 유학을 끝내고 고향으로 돌아가는 친구의 (　　　　)을/를 했다.

28. 색깔이 마음에 안 들어서 다른 색깔로 (　　　　)었다/았다/였다.

29. 미안해, 약속 시간을 3시에서 7시로 (　　　　)어야/아야/여야 할 것 같아.

30. 시장 물건은 (　　　　)어서/아서/여서 좋지만 가끔 질이 나쁜 것도 있어요.

[31~35] ( ) 안에 알맞은 것을 고르십시오. 请选择合适的答案。

31. 오랜만에 중학교 동창을 만나서 커피숍에서 재미있게 ( )을/를 했어요.

    ① 운동   ② 예약   ③ 송별회   ④ 이야기

32. 옷이 마음에 들지 않아서 다른 것으로 ( )으러/러 왔어요.

    ① 깎다   ② 사다   ③ 교환하다   ④ 쇼핑하다

33. 음료수가 1500원이어서 2000원을 내고 500원을 ( )으로/로 받았어요.

    ① 값   ② 현금   ③ 거스름돈   ④ 신용카드

34. 그 치마와 구두가 잘 ( )어요/아요/여요.

    ① 깎다   ② 고르다   ③ 바꾸다   ④ 어울리다

35. 친구가 약속 시간에 늦어서 1시간 동안 친구를 ( )었어요/았어요/였어요.

    ① 미루다   ② 보이다   ③ 어기다   ④ 기다리다

[36~40] 밑줄 친 부분과 반대되는 뜻을 가진 것을 고르십시오. 请选择与画线部分意义相反的单词。

36. 가: 이 가게 <u>주인이세요</u>?

    나: 아니요, 저는 ( )이에요/예요.

    ① 상품   ② 손님   ③ 쇼핑   ④ 신용카드

37. 가: 약속을 <u>어기면</u> 안 된다.

    나: 네, 꼭 ( )을게요/ㄹ게요.

    ① 팔다   ② 고르다   ③ 바꾸다   ④ 지키다

38. 가: 값이 <u>싸요</u>?

    나: 아니요, ( )어요/아요/여요.

    ① 넓다   ② 나쁘다   ③ 비싸다   ④ 깨끗하다

39. 가: 꽃을 <u>파는</u> 사람이 많군요.

    나: 네, 우리도 한 다발 ( )읍시다/ㅂ시다.

    ① 깎다   ② 사다   ③ 주다   ④ 교환하다

40. 가: 선물을 많이 <u>받았어요</u>?

    나: 네, 친구들이 선물을 많이 ( )었어요/았어요/였어요.

    ① 쓰다   ② 주다   ③ 팔다   ④ 생기다

[41~45] 밑줄 친 부분과 의미가 가장 가까운 것을 고르십시오. 请选择与画线部分意义最相近的单词。

41. 가: 숙제를 누구와 <u>함께</u> 했어?

    나: 언니와 (   ) 했어.

    ① 꼭   ② 같이   ③ 안녕   ④ 환영

42. 가: 조금 전에 어느 컴퓨터를 <u>사용했어요</u>?

    나: 이 컴퓨터를 (   )었는데요/았는데요/였는데요.

    ① 놓다   ② 쓰다   ③ 치다   ④ 하다

43. 가: 서울에서 옷이 많고 <u>가격도</u> 싼 시장이 어디예요?

    나: 동대문 시장이 옷도 많고 (   )도 싸요. 한번 가 보세요.

    ① 값   ② 돈   ③ 얼마   ④ 현금

44. 가: 물건을 산 후에 언제까지 <u>교환할</u> 수 있어요?

    나: 1주일 안에 오시면 언제든지 (   )을/ㄹ 수 있어요.

    ① 사다   ② 고르다   ③ 드리다   ④ 바꾸다

45. 가: 무슨 영화를 볼지 <u>선택했어</u>?

    나: 아니, 아직 (   )지 못 했어.

    ① 사다   ② 쓰다   ③ 고르다   ④ 보이다

[46~50] 밑줄 친 단어의 쓰임이 잘못된 것을 고르십시오. 请选择画线部分单词使用错误的一项。

46. ① <u>안녕</u>! 오랜만이다. (   )

    ② <u>안녕하게</u> 지냈어요?

    ③ 그럼 <u>안녕히</u> 계세요.

    ④ <u>안녕하세요</u>? 그동안 어떻게 지내셨어요?

47. ① 윗사람에게는 예의를 <u>지켜야</u> 합니다. (   )

    ② 처음 만나는 사람과 인사를 <u>지켰어요</u>.

    ③ 사회생활을 할 때 시간을 잘 <u>지키는</u> 것은 아주 중요하다.

    ④ 아침에 늦게 일어나서 약속을 <u>지키지</u> 못했어요. 미안해요.

48. ① 친구들에게 인사를 <u>줬다</u>. (   )

    ② 후배가 선배에게 인사를 <u>했다</u>.

③ 선생님께서 내 인사를 <u>받지</u> 않으셨다.

④ 설날에 친척 어른들께 인사를 <u>드렸습니다</u>.

49. ① 요즘 물건값이 많이 <u>올랐어요</u>. (   )

② 값을 잘 <u>고르는</u> 방법이 뭐예요?

③ 백화점은 시장보다 값이 <u>비싸요</u>.

④ 제가 물건을 많이 사니까 아저씨가 값을 <u>싸게</u> 해 주셨어요.

50. ① 저는 약속을 <u>어기는</u> 사람을 싫어해요. (   )

② 친구와 학교 앞에서 만나기로 약속을 <u>했어요</u>.

③ 죄송합니다. 오늘 약속이 <u>나서</u> 만날 수 없어요.

④ 갑자기 일이 생겨서 약속을 내일로 <u>미뤄야</u> 할 것 같아요.

 **第九课** 학교와 직장（学校和工作单位）

1 대인 관계（人际关系）

동기 (同期) [동기] 名 同期   关 동창 同学

例 김 과장은 나와 5(오)년 전에 함께 회사에 들어온 입사 동기입니다.

金课长是五年前和我同期进入公司的。

대학 동기들과 나는 졸업한 지 20(이십)년이 넘었지만 아직도 한 달에 한 번씩 만난다.

我毕业已经二十多年了，但是仍然一个月见一次大学同学。

동료 (同僚) [동뇨] 名 同事

例 오늘은 직장 동료들과 퇴근 후에 회식을 하기로 했어요.   常见用法 직장 동료　단위同事

我今天和单位同事约好下班后聚餐。   회사 동료　公司同事

동료 직원이 회사에 나오지 않아서 내가 그 동료의 일까지

모두 했다.

因为同事没来公司，所以我连那个同事的工作也一并做了。

동창 (同窓) [동창] 名 同学   关 동문 同门

例 30(삼십)년 만에 초등학교 동창들과 만나니까 정말 반가   常见用法 동창회　同学会

웠어요.

我见到了三十年未见的小学同学，真的非常高兴。

이번 토요일에 고등학교 동창회가 있는데 갈 수 있을지

모르겠다.

这周六有高中同学会，但我不知道自己能不能去参加。

사귀다 [사귀다] 動 交，交往，结交

例 두 사람은 사귄 지 7(칠)년 만에 결혼했다.

两个人交往七年后结婚了。

한국 친구들을 많이 사귀어서 한국 문화에 관심을 갖게

되었어요.

我结交了很多韩国朋友，因此对韩国文化产生了兴趣。

活用结构 名을/를 사귀다
常见用法 친구를 사귀다　交朋友
여자친구를 사귀다　交女朋友

사장 (社長) [사장] 名 社长

例 그 신문사 사장은 너무 바빠서 만나기가 어렵다.

那家报社的社长非常忙，因此和他见上一面很难。

우리 회사 사장님은 아침에 제일 먼저 출근하십니다.

我们公司的社长是早上最早来上班的人。

常见用法 사장님　社长（敬语）

선배 (先輩) [선배] 名 前辈，师兄，师姐

反 후배 后辈，师弟，师妹

例 선배들이 후배들을 위해서 신입생 환영회를 열었다.

前辈们为后辈们举办了迎新会。

일을 하다가 모르는 것이 있으면 선배에게 언제든지 물어

보세요.

如果工作过程中有不知道的事情，请随时向前辈请教。

常见用法 선후배　前后辈

선생님 (先生-) [선생님] 名 ①老师 ②用于姓、名字、职业后面，表示尊敬

①老师

例 저는 외국인에게 한국어를 가르치는 한국어 선생님이

되고 싶어요.

我想成为教外国人韩国语的韩国语老师。

活用结构 名 선생님

②用于姓、名字、职业后面，表示尊敬

例▶ 의사 선생님, 제가 이제 다 나았습니까?

医生，我现在完全好了吗?

活用结构 名 선생님

常见用法 김 선생님　金先生

의사 선생님　医生

싸우다 [싸우다] 动 吵架，打架，斗争

例▶ 저는 어렸을 때 동생과 많이 싸웠어요.

我小时候经常和弟弟打架。

여자친구와 싸워서 기분이 안 좋아요.

我和女朋友吵架了，因此心情不好。

活用结构 名과/와 싸우다

직원 (職員) [지권] 名 职员

例▶ 회사 직원이 3000(삼천)명이 넘으면 큰 회사이다.

公司职员的数量超过3000的话，这家公司就是大公司。

요즘 일이 많아서 회사의 모든 직원들이 날마다 늦게까지 일을 해요.

最近因为事情多，所以公司的所有职员每天都工作到很晚。

학생 (學生) [학쌩] 名 学生

关 학교 学校

例▶ 학생이 해야 할 일은 열심히 공부하는 거예요.

学生应该做的事情是努力学习。

고등학교 3(삼)학년 학생들은 대학교 입학시험 때문에 스트레스를 받고, 대학교 4(사)학년 학생들은 취직 때문에 스트레스를 받는다.

高中三年级的学生们因为高考压力很大，大学四年级的学生们因为就业压力很大。

常见用法 초등학생　小学生

중학생　初中生

고등학생　高中生

대학생　大学生

가르치다 [가르치다] 动 教，讲授，指出   反 배우다 学，学习

例▶ 저는 지금 중학교에서 학생들에게 수학을 가르치고   活用结构 名을/를 가르치다

있습니다.

我现在在初中教学生数学。

제가 사장님과 직접 통화하고 싶은데 전화번호 좀

가르쳐 주시겠습니까?

我想直接和社长通话，请告诉我一下电话号码

好吗？

공부 (工夫) [공부] 名 学习

例▶ 저는 대학교에서 경영학을 공부했습니다.   常见用法 공부하다 学习

我在大学学习了经营学。

한국에 오기 전에 중국에서 한국어를 조금 공부

했어요.

来韩国之前，我在中国学习了一点儿韩国语。

교과서 (教科書) [교과서] 名 教材，教科书

例▶ 과학 교과서를 집에 놓고 와서 선생님께 혼났어요.

我因为把科技教材落家里了，所以被老师训斥了。

시험 문제는 우리가 배운 교과서에서만 나올 거예요.

试题只会从我们学过的教材中出。

교실 (教室) [교실] 名 教室   近 강의실 教室

例▶ 학생의 수에 비해서 교실이 너무 좁아요.

从学生的数量来看，教室太小了。

선생님이 교실에 들어오기 전에 자리에 앉아 있어야 해.

老师进教室之前，我们应该在座位上坐好。

권 (卷) [권] 名 本，册

例▶ 이 공책은 한 권에 얼마예요?

这样的笔记本一本多少钱?

저는 한 달에 책을 두 권쯤 읽어요.

我一个月大约读两本书。

常见用法 책 1(한) 권　一本书

공책 30(삼십) 권　三十本笔记本

끝나다 [끈나다] 动 完成，结束　　　　　　　　反 시작되다 开始

例▶ 수업이 끝나면 도서관에 갈 거예요.

我下课后要去图书馆。

방학이 끝나고 곧 새 학기가 시작된다.

假期结束后新学期马上就开始。

活用结构 名이/가 끝나다

낙제 (落第) [낙쩨] 名 落榜，不及格　　　　　　关 유급 留级

例▶ 우리 반에서 낙제한 학생은 한 명도 없어요.

我们班没有一名学生不及格。

모든 과목에서 60(육십)점 이상을 받지 못하면 낙제예요.

所有科目没有全得六十分以上的话就是不及格。

노력 (努力) [노력] 名 努力

例▶ 성공하려고 노력했지만 실패했다.

我为了成功付出了很多努力，但还是失败了。

열심히 노력하면 좋은 결과가 나올 거예요.

努力的话就会获得好的结果。

常见用法 노력하다　努力

단어 (單語) [다너] 名 单词

近 낱말 单词　关 어휘 词汇

例▶ 외국어를 잘 하려면 단어를 많이 알아야 한다.

要想说好外语，就必须知道很多单词。

책을 읽다가 모르는 단어가 나오면 사전에서 찾으세요.

如果读书过程中碰到不认识的单词，就请查一下字典。

돕다 [돕따] 动 帮，帮助

例▶ 무엇을 도와 드릴까요?

能帮您做点儿什么吗？

형은 날마다 아버지의 일을 돕습니다.

哥哥每天都帮着爸爸干活儿。

活用结构 名을/를 돕다
常见用法 일을 돕다　帮着干活儿
　　　　 할머니를 돕다　帮奶奶

떨어지다 [떠러지다] 动 ①落下，掉下 ②落选，落榜

①落下，掉下

例▶ 책장에서 책이 떨어지면 위험하니까 책을 잘 꽂으
세요.

书从书柜里掉下来的话很危险，因此请把书插好。

活用结构 名이/가 名에서 떨어지다

②落选，落榜

反 붙다 及格，考上　합격하다 及格

例▶ 이번 시험에서 떨어지지 않으려면 열심히 공부해
야 해.

不想在这次考试中落榜的话，就必须努力学习。

活用结构 名에 떨어지다
　　　　 名에서 떨어지다

메모하다 [메모하다] 动 记录，留纸条，写

近 적다 记录，写

例▶ 수첩에 이름과 전화번호를 메모했다.

我在记事本上写下了名字和电话号码。

活用结构 名을/를 메모하다

공부하면서 모르는 것은 메모해 놓고 쉬는 시간에 선
생님께 질문하세요.
请把学习过程中碰到的不明白的地方记下来，然后
在休息时间向老师请教。

문제 (問題) [문제] 名 题，问题

例▶ 이번 대학 입학시험 문제는 작년보다 쉬웠어요.
今年高考的试题比去年的简单。
요즘 세계는 주택 문제, 교통 문제, 인구 문제, 환경
문제 등 여러 가지 문제 때문에 살기가 어려워지고
있다.
最近因为住宅问题、交通问题、人口问题、环境问
题等各种问题，人们的生活正变得越来越艰难。

活用结构 名 문제
常见用法 문제가 쉽다　题目简单
　　　　　문제가 생기다　出现问题
　　　　　문제를 풀다　解答问题

묻다 [묻따] 動 问，询问

近 질문하다 提问，询问　反 대답하다 回答

例▶ 언니에게 언제 만날 수 있는지 물었어요.
我问了姐姐什么时候可以见面。
길을 몰라서 지나가는 사람에게 길을 물었다.
我因为不知道路，所以向过路的人问路了。

活用结构 名을/를 묻다
　　　　　名에 대해서 묻다
常见用法 물어보다　打听，询问
　　　　　이름을 묻다　问名字

발음 (發音) [바름] 名 发音

例▶ 열심히 연습하면 발음이 좋아질 거예요.
你努力练习的话，发音会变好的。
한국어에서 제일 어려운 발음이 뭐예요?
韩国语中发音最难的音是什么?

常见用法 발음이 좋다　发音好
　　　　　발음이 어렵다　发音难
　　　　　발음하다　发音

발전 (發展) [발쩐] 名 发展

例▶ 회사가 발전하려면 직원들의 힘이 필요하다.

公司要发展，就需要职员们共同努力。

과학 기술의 발전을 위해서 더 많이 노력하겠습니다.

为了科学技术的发展，我会更加努力。

常见用法 발전하다　发展

배우다 [배우다] 动 学，学习　　　　　近 공부하다 学习　反 가르치다 教，讲授

例▶ 어머니께 요리를 배웠어요.

我向母亲学做菜了。

저는 한국어를 배우려고 한국에 왔어요.

我来韩国学习韩国语了。

活用结构 名을/를 배우다

벌다 [벌다] 动 挣，赚

例▶ 돈을 버는 것은 쉬운 일이 아니에요.

赚钱不是件容易的事情。

영수는 방학마다 아르바이트를 해서 학비를 벌었다.

英洙每个假期都会打工赚学费。

活用结构 名을/를 벌다
常见用法 돈을 벌다　赚钱
　　　　　생활비를 벌다　赚生活费

복습 (復習) [복씁] 名 复习　　　　　关 예습 预习

例▶ 어제 배운 것을 복습할까요?

复习一下昨天学的内容怎么样?

수업이 끝난 후에는 꼭 복습을 하세요.

课后请一定要复习。

常见用法 복습하다　复习

분필 (粉筆) [분필] 名 粉笔　　　　　　　　　　　　　　　　关 칠판 黑板

例 선생님은 중요한 내용은 빨간색 분필로 써 주신다.

老师用红色粉笔写重要内容。

학생들이 쉬는 시간이 되면 칠판에 분필로 그림을 그려요.

到了休息时间，学生们会用粉笔在黑板上画画儿。

붙다 [붇따] 动 ①贴，粘 ②考上，合格

①贴，粘　　　　　　　　　　　　　　　　　　　反 떨어지다 掉下，落下✎

例 기숙사 방 벽에 가족사진이 붙어 있어요.

宿舍房间的墙壁上贴着全家福。

活用结构 名이/가 붙다

常见用法 붙어 있다　贴着

②考上，合格　　　　　　　　　　　　　　　　反 떨어지다 落选，落榜✎

例 그 사람은 날마다 열심히 공부해서 가고 싶어했던
대학교에 붙었다.

那个人每天都努力学习，结果考上了想去的大学。

活用结构 名에 붙다

常见用法 시험에 붙다　考试合格
대학교에 붙다　考上大学

빌리다 [빌리다] 动 借，借给　近 대여하다 借贷，出借　대출하다 贷款　反 돌려주다 还，归还
　　　　　　　　　　　　　　　　　　　　　　　　　　　　　　　　　　　　关 반납하다 还，返还

例 친구에게서 볼펜을 빌려서 썼다.

我跟朋友借了圆珠笔用。

집을 사려고 은행에서 돈을 빌렸어요.

我从银行贷款买了房子。

活用结构 빌려서 动
名에게 名을/를 빌리다
名에서 名을/를 빌리다

사무실 (事務室) [사무실] 名 办公室

例 제가 일하는 사무실은 2(이)층에 있어요.

我的办公室在二楼。

사무실에 있는 사람들이 모두 열심히 일을 하고 있다.

办公室里的人都在努力工作。

사업 (事業) [사업] 名 事业

例▶ 아버지는 회사를 그만두고 사업을 시작하셨어요.
爸爸辞掉了公司的工作，开始经营自己的事业。
대학을 졸업한 후에 의류 사업을 해 보려고 합니다.
我大学毕业后想经营服装事业。

活用结构 名 사업
常见用法 사업가　事业家
환경 사업　环境事业
통신 사업　通信事业
사업하다　经营事业

사전 (辭典) [사전] 名 词典

例▶ 요즘 사람들은 책으로 된 사전을 별로 사용하지
않는다.
最近，人们一般不使用纸质词典。
모르는 단어가 있으면 선생님께 여쭤 보거나 사전을
찾아요.
如果有不知道的单词，就向老师请教或者查词典。

常见用法 한국어 사전　韩国语词典
사전을 찾다　查词典

설명 (說明) [설명] 名 说明

例▶ 그럼 지금부터 선생님의 설명을 잘 들으세요.
那么从现在开始请仔细听老师的说明。
친구가 컴퓨터실을 어떻게 이용해야 하는지 설명해
주었다.
朋友向我说明了一下怎样使用机房。

常见用法 설명서　说明书
설명하다　说明

수업 (授業) [수업] 名 上课，讲课，授课

例▶ 교실에서 학생들이 열심히 수업을 듣고 있어요.
学生们正在教室里认真听课。
김 선생님께서 지금 수업을 하고 계시니까 수업이
끝날 때까지 기다리세요.
金老师现在正在上课，请等到他下课吧。

常见用法 수업 시간　上课时间
음악 수업　音乐课
수업이 있다　有课
수업하다　上课，讲课
수업을 듣다　听课

숙제 (宿題) [숙쩨] 名 (课外) 作业，课题，任务
近 과제 问题，课题，任务

例▶ 숙제를 다 하고 놀아라.

你做完作业后再玩儿吧。

아침에 오면 선생님께 숙제부터 내세요.

早上来了后请先把作业交给老师。

常见用法 숙제가 있다　有作业

숙제가 많다　作业多

숙제하다　做作业

숙제를 내다　交作业

스트레스 [스트레스] 名 压力

例▶ 요즘 시험 때문에 스트레스를 많이 받아요.

我最近因为考试感到很有压力。

스트레스가 많이 쌓였을 때 어떻게 스트레스를 풀어요?

当感觉压力很大时，你怎么消除压力呢?

常见用法 스트레스가 쌓이다　压力堆积

스트레스를 받다　感到有压力

스트레스를 풀다　消除压力

시험 (試驗) [시험] 名 考试

例▶ 학생들은 시험 기간이 되면 스트레스를 많이 받는다.

学生们考试期间感到很有压力。

이번 주에 중요한 시험이 있어서 요즘 열심히 공부하고 있어요.

因为这周有重要的考试，所以我最近在努力学习。

活用结构 名 시험

常见用法 시험 성적　考试成绩

시험을 보다　考试

시험에 붙다　通过考试

쌓이다 [싸이다] 动 堆积，积累
关 쌓다 堆，垒

例▶ 책상 위에 책이 쌓여 있다.

书桌上堆积着书。

길에 눈이 쌓여 있으니까 조심하세요.

路上有积雪，请小心一点儿。

活用结构 名이/가 쌓이다

常见用法 빨래가 쌓이다　脏衣服堆积

숙제가 쌓이다　作业堆积

스트레스가 쌓이다　压力堆积

알다 [알다] 動 知道，明白，会，懂   反 모르다 不知道，不明白，不会

例▶ 형은 기타를 칠 줄 알아요.

哥哥会弹吉他。

한국 드라마를 보면 한국 문화를 조금 알 수 있어요.

通过看韩国电视剧，人们可以知道一点儿韩国文化。

活用結构 名을/를 알다

名에 대해서 알다

動을/ㄹ 줄 알다

形/動는지/은지 알다

알리다 [알리다] 動 告知，告诉   关 알다 知道，明白，会，懂

例▶ 모임 장소가 바뀐 것을 사람들에게 알려 주세요.

请告知人们聚会地点变了。

저는 다른 나라 사람들에게 한국의 문화를 알리는

일을 하고 싶어요.

我想从事把韩国文化介绍给其他国家人们的工作。

活用結构 名에게 名을/를 알리다

어렵다 [어렵따] 形 难，困难   反 쉽다 简单，容易

例▶ 한국말을 할 때 무슨 발음이 제일 어려워요?

韩国语中发音最难的音是什么？

학생들이 이번 시험이 아주 어려웠다고 해요.

学生们说这次考试非常难。

活用結构 名이/가 어렵다

動기가 어렵다

常见用法 발음이 어렵다　发音难

이해하기가 어렵다　难以理解

연습 (練習) [연습] 名 练习

例▶ 내일의 경기를 위해서 선수들이 열심히 연습하고

있다.

为了明天的比赛，运动员们正在努力练习。

외국어를 잘 하려면 연습을 많이 하는 것이 제일 중

요해요.

想要说好外语，最重要的是多练习。

活用結构 名 연습

常见用法 연습하다　练习

열심히 (熱心-) [열씸히] 副 热心地, 积极地, 努力地

例▶ 미선 씨는 무슨 일이든지 열심히 한다.

美善无论做什么都很努力。

아직 한국말을 잘 하지 못하지만 열심히 노력하면 잘 하게 될 거예요.

我虽然仍说不好韩国语，但是努力的话就会说好的。

외국어 (外國語) [외구거] 名 外语

例▶ 외국어를 전공한 사람을 찾고 있어요.

我正在找外语专业的人。

여러 가지 외국어를 할 수 있으면 좋은 회사에 취직할 수 있어요.

如果会说多门外语，就能去好公司就职。

tip

有如下以"-어"形式表示世界各国语言的单词：
한국어 韩国语, 중국어 中文, 일본어 日语, 영어 英语, 독일어 德语, 프랑스어 法语, 스페인어 西班牙语

월급 (月給) [월급] 名 工资, 月薪

例▶ 한 달 월급이 얼마쯤 돼요?

一个月的工资是多少?

첫 월급을 받으면 친구들에게 한턱낼 거예요.

我领到第一次工资后会请朋友们吃一顿。

常见用法 월급을 받다　领工资
월급을 주다　发工资

유학 (留學) [유학] 名 留学

例▶ 미국으로 유학을 가는 친구를 배웅하러 공항에 갔다.

我去机场送要到美国留学的朋友了。

常见用法 유학생　留学生
유학 생활　留学生活

중국에 유학을 온 한국 사람에게서 한국어를 배웠
어요.

我跟来中国留学的韩国人学习韩国语了。

유학하다　留学
유학을 가다　去留学

일³ [일] 名 工作，事情

例▶ 왜 얼굴 표정이 좋지 않아? 무슨 일이 있어?

你怎么脸色不太好啊？发生什么事情了？

요즘 일이 많아서 날마다 늦게까지 일합니다.

最近因为事情很多，所以我每天都工作到很晚。

常见用法 일하다　工作
일이 쌓이다　工作堆积

읽다 [익따] 动 ① (出声) 读 ②看，阅读

① (出声) 读

例▶ 발음 연습을 위해서 교과서를 큰소리로 3(세)번 읽었
어요.

为了练习发音，我大声读了三遍教材。

活用结构 名을/를 읽다

②看，阅读

例▶ 어머니는 저녁 식사 준비를 하시고 아버지는 신문을
읽고 계셨다.

妈妈在准备晚饭，爸爸在看报纸。

活用结构 名을/를 읽다

전공 (專攻) [전공] 名 专业

例▶ 언니는 대학교에서 무엇을 전공했어요?

姐姐大学时专修什么？

전공과 잘 맞는 일을 찾기가 쉽지 않아요.

找到和专业匹配的工作不容易。

常见用法 전공 과목　专业课
전공하다　专攻，专修

大学里有如下专业：
경영학 经营学，경제학 经济学，국어국문학 国语国文专业，법학 法学，생물학 生物学，수학 数学，신문방송학 新闻传播学，역사학 历史学，영문학 英语专业，중문학 中文专业，컴퓨터공학 计算机工程

준비 (準備) [준비] 名 准备

例 손님이 많이 오실 테니까 음식을 많이 준비하세요.

很多客人会来，因此请多准备一些食物。

요즘 어머니는 동생의 결혼 준비로 아주 바쁘십니다.

最近妈妈因为在准备弟弟结婚的事情，所以非常忙。

活用结构 名 준비
常见用法 준비하다　准备

중요하다 (重要) [중요하다] 形 重要

例 중요한 회의가 있으니까 늦지 마세요.

因为有重要的会议，所以请不要迟到。

시험 점수보다 친구들과 재미있게 공부하는 것이 더 중요해요.

与考试分数相比，和朋友们一起开心地学习更重要。

活用结构 중요한 名
　　　　　名이/가 중요하다
常见用法 중요한 전화　重要的电话
　　　　　건강이 중요하다　健康很重要

직장 (職場) [직짱] 名 工作单位，职场　　　关 직업 职业，工作

例 요즘 직장 생활은 어때요?

最近你的职场生活过得怎么样？

일이 너무 힘들어서 다른 직장을 구하고 있어요.

我觉得现在的工作太累了，因此在找别的工作。

常见用法 직장을 구하다　找工作
　　　　　직장에 다니다　上班

189

진학 (進學) [진학] 名 升学

例► 대학원에 진학해서 한국 문학을 공부하고 싶어요.

我想读研究生学习韩国文学。

대학에 진학하지 않고 바로 취직하려고 하는 학생이

그렇게 많지는 않아요.

不考大学而选择直接工作的学生并不多。

常见用法 진학생　升学的学生

진학하다　升学

질문 (質問) [질문] 名 提问, 问题

近 묻다 问, 询问　反 대답 回答

例► 선생님, 질문이 있습니다.

老师，我有问题要问。

다음 글을 잘 읽고 질문에 답하십시오.

请仔细阅读下面的文章，然后回答问题。

常见用法 질문이 있다　有问题

질문하다　提问

쪽¹ [쪽] 名 页

近 페이지 页

例► 몇 쪽까지 읽어야 해요?

要读到哪一页？

여러분, 교과서 13(십삼)쪽을 보세요.

大家请看教材第十三页。

活用结构 数 쪽

찾다 [찯따] 動 ①找，寻找（东西、人）②查（词典等）③找回，找到（丢失的东西等）

①找，寻找（东西、人）

例► 우리 가게에서 열심히 일할 사람을 찾고 있습니다.

我们店正在寻找努力工作的人。

活用结构 名을/를 찾다

常见用法 길을 찾다　找路

일을 찾다　找工作

책을 찾다　找书

②查（词典等）

例▶ 모르는 단어가 있어서 사전을 찾았어요.

我因为有不知道的单词，所以查词典了。

(活用结构) 名을/를 찾다

(常见用法) 사전을 찾다　查词典

③找回，找到（丢失的东西等）

(反) 잃다 丢失，丢掉

例▶ 잃었던 지갑을 찾았어요.

我找到了丢失的钱包。

(活用结构) 名을/를 찾다

(常见用法) 돈을 찾다　找到钱

지갑을 찾다　找到钱包

책 (册) [책] (名) 书

例▶ 한 달에 책을 몇 권 읽으세요?

您一个月读几本书？

이 책은 초등학생에게 너무 어려워요.

这本书对小学生来说太难了。

(活用结构) 名책

(常见用法) 책장　书柜，书橱

소설책　小说

책 한 권　一本书

책을 보다　看书

책을 읽다　读书

처리하다 (處理-) [처리하다] (动) 处理

例▶ 남은 일을 다 처리하고 퇴근하세요.

请把剩下的事情处理完后下班吧。

음식물 쓰레기는 어떻게 처리하지요?

食物垃圾怎么处理呢？

(活用结构) 名을/를 처리하다

(常见用法) 일을 처리하다　处理事情

출장 (出張) [출짱] (名) 出差

例▶ 아버지는 출장 중이십니다.

爸爸在出差。

오늘 부산으로 출장을 가게 되었어요.

他今天去釜山出差了。

(常见用法) 해외 출장　去国外出差

출장 중이다　在出差

출장을 가다　去出差

틀리다 [틀리다] 動 错, 错误   反 맞다 对, 正确   关 다르다 不同, 不一样

例▶ 잘 읽고 맞으면 ○, 틀리면 X 하세요.

请仔细阅读，正确的画○，错误的画X。

저는 한국말을 발음할 때 받침 발음이 자주 틀려요.

我说韩国语时经常把收音发错。

活用结构 名이/가 틀리다
常见用法 답이 틀리다   答案错误
　　　　계산이 틀리다   计算错误

학기 (學期) [학끼] 名 学期

例▶ 대학교 4(사)학년 2(이)학기에는 학생들이 취업 준비 때문에 바빠요.

大学四年级第二学期的时候，学生们因为在准备就业，所以非常忙。

한국은 보통 3(삼)월부터 8(팔)월까지를 1(일)학기, 9(구)월부터 2(이)월까지를 2(이)학기라고 한다.

韩国一般从三月到八月是第一学期，从九月到第二年二月是第二学期。

活用结构 名 학기
常见用法 1(일)학기   第一学期
　　　　겨울 학기   冬季班

학년 (學年) [항년] 名 年级

例▶ 제 동생은 저보다 한 학년 아래예요.

我弟弟比我低一级。

고등학교 3(삼)학년 학생들은 대학교 입학을 위해서 학교나 학원에서 밤늦게까지 공부한다.

高中三年级的学生们为了考大学在学校或培训班学习到很晚。

活用结构 数 학년

학비 (學費) [학삐] 名 学费   关 등록금 学费

例▶ 이번 학기에 학비가 많이 올라서 걱정이에요.

常见用法 학비가 들다   花学费
　　　　학비를 내다   交学费

这个学期学费上涨了很多，因此我很担心。

나는 방학마다 아르바이트를 해서 학비와 용돈을 벌었다.

我每个假期都打工赚学费和零用钱了。

한국어 (韓國語) [한구거] 名 韩国语   关 한글 韩文   한국말 韩国话

例 저는 한국어를 배우려고 한국에 왔어요.

我来韩国学习韩国语了。

우리 오빠는 대학교에서 한국어를 전공하고 한국 회사에 취직했다.

我哥哥在大学里专修韩国语，之后去韩国公司工作了。

한자 (漢字) [한짜] 名 汉字

例 한자는 모두 50,000(오만)자쯤 된다고 해요.   常见用法 한자어 汉字词

据说汉字大约有五万个。

한국과 일본도 한자를 사용하지만 중국에서 쓰는 한자와 조금 달라요.

韩国人和日本人也使用汉字，但是他们使用的汉字和中国人使用的汉字有点儿不同。

회의 (會議) [훼이/회의] 名 会，会议

例 내일 회의는 몇 시에 합니까?

明天几点开会?

오늘 오후에 회의가 있으니까 꼭 참석하시기 바랍니다.

今天下午开会，希望大家一定参加。

常见用法 회의실 会议室
회의가 있다 开会
회의하다 开会
회의를 열다 开会
회의에 참석하다 参加会议

휴게실 (休憩室) [휴게실] 名 休息室

例 피곤하면 휴게실에서 잠깐 쉬었다가 오세요.

您感觉累的话，就请到休息室休息一会儿再过来吧。

회사 휴게실은 좁지만 작은 침대와 냉장고가 있어서 편리해요.

公司的休息室虽然很窄，但是因为里面有小床和冰箱，所以员工们觉得很方便。

힘들다 [힘들다] 形 吃力，累，艰难，难

例 힘든 일이 있으면 부모님께 이야기해요.

遇到吃力的事情时，我会跟父母说。

날씨가 너무 더워서 공부하기가 힘들어요.

因为天气太热了，所以我学习时感到很吃力。

活用结构 힘든 名
名이/가 힘들다
动기가 힘들다

常见用法 힘든 일 吃力的事情
생활이 힘들다 生活艰难

3 학교생활 (学校生活)

결석 (缺席) [결썩] 名 缺席，缺课，旷课   反 출석 出席，上课   关 지각 迟到

例 감기에 걸려서 수업에 결석했어요.

我因为得了感冒，所以缺课了。

결석이 많으면 성적이 좋아도 장학금을 받을 수
없습니다.

如果缺课多，那么即使取得了好成绩也无法获得
奖学金。

常见用法 결석하다 缺席，缺课

기숙사 (寄宿舍) [기숙싸] 名 宿舍

例 좋은 친구들 덕분에 기숙사 생활에 금방 익숙해졌어요.

多亏了好朋友们，我很快就熟悉了宿舍生活。

우리 학교 기숙사는 시설도 좋고 값도 싸서 학생들에게 인기가 많아요.

我们学校的宿舍设施齐全，价钱便宜，因此深受学生们喜爱。

도서관 (圖書館) [도서관] 名 图书馆　　　　　　　　　　　　　　关 책 书

例▶ 요즘 도서관에는 시험 공부를 하는 학생들이 많다.

最近在图书馆里复习考试的学生很多。

학생은 도서관에서 10(십)일 동안 책을 빌릴 수 있습니다.

学生可以从图书馆借阅图书十天。

뒤풀이 [뒤푸리] 名 (工作等结束后工作人员) 聚餐

例▶ 오늘 음악회 후에 뒤풀이가 있을 예정이니까 모두　　常见用法 뒤풀이를 하다　聚餐

참석해 주세요.

今天音乐会结束后有聚餐，请大家都参加。

6(육)개월 동안의 연극 공연이 끝난 후에 배우들이

근처 술집에 모여서 뒤풀이를 했다.

六个月的话剧公演结束后，演员们在附近的酒馆

里聚餐了。

방학 (放學) [방학] 名 放假，假期　　　　　　　　　　　　　反 개학 开学

例▶ 우리 학교는 다음 주에 방학을 합니다.　　　　　常见用法 여름 방학　暑假

我们学校下周放假。　　　　　　　　　　　　　　　　겨울 방학　寒假

저는 방학마다 시골에 계신 할머니 댁에 놀러 가요.　　방학하다　放假

我每次放假都去农村奶奶家玩儿。

뽑다 [뽑따] 动 ①抽，取 ②选，选拔 ③取出 (食物)

①抽，取

例▶ 은행에 가면 제일 먼저 번호표를 뽑아야 해요.　　活用结构 名을/를 뽑다

去银行时首先应该取号。　　　　　　　　　　　　常见用法 돈을 뽑다　取钱

번호표를 뽑다　取号

②选，选拔

例 ▶ 오늘 우리 반의 반장을 뽑을 거예요.

今天我们班要选班长。

活用结构 名을/를 뽑다
常见用法 반장을 뽑다 选班长

③取出（食物）

例 ▶ 자동판매기에서 커피를 뽑아서 마셨어요.

我从自动售货机里取出咖啡喝了。

活用结构 名을/를 뽑다
常见用法 커피를 뽑다 取出咖啡

소풍 (消風) [소풍] 名 郊游

例 ▶ 내일이 소풍날이어서 잠이 안 와요.

明天是去郊游的日子，因此我睡不着。

소풍을 가서 친구들과 김밥을 먹었어요.

去郊游时我和朋友们一起吃了紫菜包饭。

常见用法 소풍날 郊游的日子
소풍을 가다 去郊游

수학여행 (修學旅行) [수항녀행] 名 修学旅行

例 ▶ 2(이)박 3(삼)일 동안 설악산으로 수학여행을 다녀
왔어요.

我去雪岳山进行了为期三天两夜的修学旅行。

한국 고등학생들은 역사를 공부하기 위해서 보통
경주로 수학여행을 가요.

韩国的高中生为了学习历史一般去庆州进行修学
旅行。

常见用法 수학여행을 가다 进行修学
旅行

아르바이트 [아르바이트] 名 打工

例 ▶ 학비를 벌기 위해서 아르바이트를 해요.

我为了赚学费而打工。

방학에 아르바이트를 하려고 하는데 좋은 곳이 있으
면 소개해 주세요.

常见用法 아르바이트를 하다 打工

我放假的时候想打工，有好地方的话请给我介绍
一下。

졸업하다 (卒業-) **[조러파다]** 动 毕业，结业   反 입학하다 入学

例▶ 저는 2(이)년 전에 고등학교를 졸업했어요.   活用结构 名을/를 졸업하다

我两年前高中毕业。

대학교를 졸업한 후에 외국으로 유학을 갈 계획
이에요.

我大学毕业后打算去国外留学。

하숙집 (下宿-) **[하숙찝]** 名 寄宿家庭

例▶ 학교 근처에는 깨끗하고 좋은 하숙집이 많아요.   常见用法 하숙집을 구하다   找寄宿家庭

学校附近有很多既干净又好的寄宿家庭。

우리 하숙집 아주머니는 음식을 맛있게 해 주십니다.

我住的寄宿家庭的大婶给做好吃的食物。

학생증 (學生證) **[학쌩쯩]** 名 学生证

例▶ 학생증을 잃어버려서 다시 만들어야 합니다.

我把学生证弄丢了，因此得重新办一张。

학생증이 있으면 도서관에서 책을 빌릴 수 있어요.

如果有学生证，就可以从图书馆里借书。

有如下以"-증"形式表示身份、资格的单词：
학생증 学生证，신분증 身份证，외국인등록증 外国人登陆证，운전면허증
驾照，자격증 资格证

4 직장 생활 (职场生活)

다니다 [다니다] 动 上学，上班

例▶ 저와 동생은 같은 대학교에 다녀요.

我和弟弟上同一所大学。

좋은 회사에 다니는 사람들이 부럽다.

我非常羡慕在优秀企业上班的人。

活用结构 名에 다니다

常见用法 학교에 다니다　上学

회사에 다니다　上班

바쁘다 [바쁘다] 形 忙，忙碌　　　　　　　反 한가하다 空闲，清闲

例▶ 지금은 바쁘니까 나중에 전화할게요.

我现在很忙，以后再给你打电话。

요즘 일이 너무 바빠서 날마다 집에 늦게 들어가요.

我最近工作太忙，因此每天都很晚回家。

活用结构 名이/가 바쁘다

소식 (消息) [소식] 名 消息，信息

例▶ 앞으로 자주 소식을 전해 드릴게요.

我以后会经常向您传递消息的。

선생님께서 결혼하신다고 하는 소식을 들었어?

你听说老师要结婚的消息了吗？

活用结构 名 소식

常见用法 결혼 소식　结婚的消息

소식을 듣다　听说消息

소식을 전하다　传递消息

실례 (失禮) [실례] 名 失礼，对不起

例▶ 실례지만 박 선생님이 계십니까?

不好意思，请问朴老师在吗？

실례합니다. 이 근처에 우체국이 어디에 있습니까?

劳驾，请问这附近哪里有邮局？

常见用法 실례지만　劳驾，不好意思

실례하다　失礼

예의 (禮儀) [예의/예이] 名 礼仪，礼貌　　　　　　　　　　　关 예절 礼节，礼貌

例▶ 교실에서는 모자를 벗는 것이 예의입니다.

在教室里摘掉帽子是一种礼仪。

한국에서는 윗사람에게 예의를 지키는 것이 중요

하다.

在韩国对长辈遵守礼仪很重要。

常见用法 예의가 없다　没礼貌

예의를 지키다　遵守礼仪

지각하다 (遲刻-) [지가카다] 动 迟到，晚到

例▶ 지하철이 고장이 나서 회사에 지각했어요.

地铁出故障了，因此我上班迟到了。

수업에 지각하지 않으려고 아침에 일찍 일어났다.

为了上课不迟到，我早上早早就起床了。

活用结构 名에 지각하다

지내다 [지내다] 动 过日子，生活，交往

例▶ 저는 요즘 일이 많아서 바쁘게 지내고 있어요.

我最近事情很多，因此过得很忙碌。

두 사람은 성격이 아주 다르지만 친하게 지내요.

两个人的性格迥异，但是他们相处得很好。

活用结构 形게 지내다

常见用法 잘 지내다　过得好

바쁘게 지내다　过得很忙碌

재미있게 지내다　过得有意思

출근 (出勤) [출근] 名 上班，出勤　　　　　　　　反 퇴근 下班　关 결근 缺勤，缺席

例▶ 출근 시간에는 차가 많이 막혀요.

上班时间路上堵车很厉害。

저는 아침 8(여덟)시에 출근합니다.

我早上八点上班。

常见用法 출근 시간　上班时间

출근하다　上班

例 ▶ 방송국에 기자로 취직했어요.   常见用法 취직하다　就业

我成了电视台记者。

취직을 하고 싶어하는 사람은 많지만 취직이 되는

사람은 많지 않다.

想就业的人很多，但是成功就业的人不多。

휴가 (休暇) [휴가] 名 休假，假

例 ▶ 작년 여름에 중국으로 휴가를 다녀왔어요.   常见用法 휴가철　休假季

去年夏天我到中国度假了。   휴가를 가다　休假，度假

이번 여름 휴가에는 바닷가에 가려고 해요.

今年夏天我想去海边度假。

연습 문제 (练习题)

[1~15] 다음 단어를 한국어로 바꿔 쓰십시오. 请写出下列汉语意思对应的韩国语单词。

1. 发展   (   )   2. 粉笔   (   )   3. 放假，假期 (   )

4. 事业   (   )   5. 社长   (   )   6. 前辈   (   )

7. 郊游   (   )   8. 毕业   (   )   9. 职员   (   )

10. 工作单位 (   )   11. 会议   (   )   12. 寄宿家庭 (   )

13. 过日子 (   )   14. 练习   (   )   15. 打工   (   )

[16~20] 그림을 보고 (   )에 알맞은 것을 고르십시오. 请看图选择正确的答案。

16. 가: 학교에서 책을 빌리고 싶은데요.

나: 그럼 (   )이/가 있어야 해요.

① 여권   ② 예의   ③ 교과서   ④ 학생증

학 생 증

이름 : 김진수

학년 : 1학년

학과 : 중문과

17. 가: 뭐 하고 있어요?

　　나: 친구 전화번호를 (　　)하고 있어요.

　　① 일　　② 노력　　③ 메모　　④ 뒤풀이

18. 가: 뭘 하고 있어요?

　　나: (　　)을/를 보고 있어요.

　　① 책　　② 숙제　　③ 시험　　④ 영화

19. 가: 어디에서 만날까요?

　　나: 제가 일하고 있는 (　　)으로/로 오세요.

　　① 식당　　② 사무실　　③ 하숙집　　④ 휴게실

20. 가: 뭘 하고 있어요?

　　나: 한국말을 (　　)고 있어요.

　　① 배우다　　② 가르치다　　③ 대답하다　　④ 질문하다

[21～30] 다음 문장을 읽고 알맞은 어휘를 골라 쓰십시오. 어휘는 한 번만 쓰십시오. 请阅读下列句子，然后选择合适的单词填空，每个单词只能使用一次。

동기	출석	퇴근	취직	출장	소식	준비	여행
교과서	벌다	읽다	쌓이다	실례하다	중요하다	지각하다	

21. 유학을 갈 (　　　　)은/는 다 끝났니?

22. (　　　　)습니다/ㅂ니다. 김 선생님 계십니까?

23. 이번 학기에 필요한 (　　　　)을/를 사러 가자.

24. 아르바이트를 해서 생활비를 (　　　　)고 있습니다.

25. 회사에 같이 들어온 (   )들과 주말에 모이기로 했다.

26. 아침에 늦게 일어나서 학교 수업에 5분 (   )었다/았다/였다.

27. 아버지께서 중국에 회의가 있어서 1주일 동안 (   )을/를 가셨어요.

28. 한국말 발음을 잘 하려면 교과서를 큰소리로 많이 (   )어야/ 아야/여야 한다.

29. 외국에서 생활할 때 가장 (   )은/ㄴ 것은 그 나라의 문화를 이해하는 것입니다.

30. 이번 주 수요일부터 금요일까지 학교 친구들과 함께 경주로 (   )을/를 가기로 했어요.

[31 ~ 35] (   ) 안에 알맞은 것을 고르십시오. 请选择合适的答案。

31. 결혼 날짜를 잡으면 바로 (   )어/아/여 주세요.

    ① 끝내다   ② 들리다   ③ 보이다   ④ 알리다

32. 지금은 성적이 좋지 않지만 열심히 (   )을/를 하면 잘 할 수 있 을 거예요.

    ① 일   ② 노력   ③ 발전   ④ 예의

33. 나는 3(   ) 때 대학을 휴학하고 한국말을 배우러 한국에 갔다.

    ① 나이   ② 시험   ③ 학년   ④ 학비

34. 제 동생은 한국에서 제일 큰 회사에 (   )습니다/ㅂ니다.

    ① 끝나다   ② 다니다   ③ 지내다   ④ 처리하다

35. 친구를 만나러 가는 길에 무거운 짐을 들고 있는 할머니를 (   ) 어/아/여 드렸어요.

    ① 돕다   ② 벌다   ③ 힘들다   ④ 실례하다

[36 ~ 40] 밑줄 친 부분과 반대되는 뜻을 가진 것을 고르십시오. 请选择与画线部分意义相反的单词。

36. 가: 오늘 학생들이 모두 <u>출석했지요</u>?

    나: 아니요, 한 명이 (   )었어요/았어요/였어요.

    ① 만나다   ② 배우다   ③ 결석하다   ④ 질문하다

37. 가: 이번에 본 입사 시험에 <u>붙었어요</u>?

    나: 아니요, (   )었어요/았어요/였어요.

    ① 바꾸다   ② 세우다   ③ 떨어지다   ④ 질문하다

38. 가: 조금 전에 우체국 앞에서 인사한 사람을 <u>알아요</u>?

    나: 아니요, 잘 (   )어요/아요/여요. 하숙집 친구의 선배인데 한 번 본 적이 있어요.

    ① 묻다   ② 다니다   ③ 모르다   ④ 실례하다

39. 가: 한국어 공부가 <u>쉽지요</u>?

　　나: 네, 하지만 발음은 좀 (　　)어요/아요/여요.

　　① 배우다　　　② 쌓이다　　　③ 어렵다　　　④ 힘들다

40. 가: 요즘 <u>한가하세요</u>?

　　나: 아니요, 좀 (　　)어요/아요/여요.

　　① 바쁘다　　　② 지내다　　　③ 실례하다　　　④ 중요하다

[41～45] 밑줄 친 부분과 의미가 가장 가까운 것을 고르십시오. 请选择与画线部分意义最相近的单词。

41. 가: 이 책을 다 <u>읽었니</u>?

　　나: 아니요, 아직 다 (　　)지 못했어요.

　　① 듣다　　　② 보다　　　③ 쓰다　　　④ 자다

42. 가: 뭘 <u>공부하려고</u> 왔어요?

　　나: 한국말을 좀 (　　)고 싶어서 왔어요.

　　① 바꾸다　　　② 배우다　　　③ 수업하다　　　④ 시작하다

43. 가: 사장님이 시키신 일은 다 <u>됐습니까</u>?

　　나: 네, 조금 전에 (　　)었습니다/았습니다/였습니다.

　　① 뽑다　　　② 끝나다　　　③ 쌓이다　　　④ 취직하다

44. 가: 어머니, 오늘 퇴근하고 <u>입사 동기들하고</u> 한잔하기로 했어요. 집에 늦게 갈 것 같아요.

　　나: 그래, 알았다. (　　)들하고 즐거운 시간 보내라.

　　① 후배　　　② 선배　　　③ 동창　　　④ 동료

45. 가: 모르는 것이 있으면 누구에게 <u>질문하세요</u>?

　　나: 저는 친구에게 (　　)어/아/여 봐요.

　　① 묻다　　　② 배우다　　　③ 시작하다　　　④ 실례하다

[46～50] 밑줄 친 단어의 쓰임이 잘못된 것을 고르십시오. 请选择画线部分单词使用错误的一项。

46. ① 요즘 <u>사귀는</u> 사람이 있어요? (　　)

　　② 한국 친구를 많이 <u>사귀면</u> 좋겠다.

　　③ 오늘 몇 시에 언니를 <u>사귀었어요</u>?

　　④ 여자친구를 <u>사귄</u> 지 1년 됐습니다.

47. ① 주머니에서 휴대전화를 뽑았어요. (　　)

② 오늘 우리 반의 반장을 뽑겠습니다.

③ 은행에 가면 먼저 번호표를 뽑으세요.

④ 미안한데 커피 한 잔 뽑아 줄 수 있어?

48. ① 다음 주에 방학이 끝나요. (　　)

② 수업이 끝나고 뭘 할 거예요?

③ 비가 끝나고 날씨가 맑아졌어요.

④ 시험이 끝났습니다. 시험지를 선생님께 드리세요.

49. ① 한국으로 준비할 계획이다. (　　)

② 이번에도 낙제하면 큰일이다.

③ 선생님께서 다시 한 번 설명해 주셨다.

④ 많이 연습하면 한국말 실력이 좋아질 거예요.

50. ① 스트레스를 만들지 않게 조심하세요. (　　)

② 스트레스가 많이 쌓이면 건강이 나빠진다.

③ 요즘 회사일 때문에 스트레스를 많이 받아요.

④ 저는 힘들 때 노래방에서 노래를 부르면 스트레스가 풀려요.

第十课 여가（空闲时间）

1 운동（运动）

경기 (競技) [경기] 名 比赛，竞赛   近 시합 比赛，竞赛   대회 比赛，大会

例 오늘 경기에서 어느 팀이 이겼어요?

在今天的比赛中哪一队赢了？

이번 주 토요일에 중국과 한국의 축구 경기가 열린다.

这周六举行中韩足球比赛。

活用結構 名 경기

常见用法 경기하다   比赛

경기에 지다   输了比赛

경기에 이기다   赢了比赛

공 [공] [명사] 名 球

例 아이들이 운동장에서 공을 가지고 놀고 있다.

孩子们正在操场上玩儿球。

학생들이 축구를 하다가 교실 유리창을 깼어요.

学生们踢足球时打破了教室的玻璃窗。

活用結構 名 공

常见用法 축구공   足球

공 한 개   一个球

공을 치다   打球

공을 차다   踢球

공을 던지다   投球

던지다 [던지다] 动 扔，投，掷

例 강에 돌을 던졌다.

我往江里扔石头了。

공을 이쪽으로 빨리 던져!

快点儿把球扔到这边！

活用結構 名 을/를 던지다

常见用法 공을 던지다   投球

운동 (運動) [운동] 名 运动

 近 스포츠 体育运动，体育

例 한국에서 가장 인기 있는 운동은 뭐예요?

在韩国最受欢迎的运动是什么？

할아버지께서는 날마다 아침 운동을 하십니다.

爷爷每天进行晨练。

常见用法 운동복　运动服

운동화　运动鞋

운동회　运动会

운동선수　运动员

운동하다　运动

有如下表示运动项目的单词：

골프高尔夫，농구篮球，달리기跑步，당구台球，배구排球，배드민턴羽毛球，수영游泳，스케이트滑冰，스키滑雪，야구棒球，축구足球，탁구乒乓球，태권도跆拳道，테니스网球

차다² [차다] 动（用脚）踢

例 화가 나서 의자를 발로 찼다.

我因为生气，所以用脚踢椅子了。

아이들이 공원에서 공을 차고 놀고 있어요.

孩子们正在公园里踢球玩儿。

活用结构 名을/를 차다

常见用法 공을 차다　踢球

발로 차다　用脚踢

치다 [치다] 动 ①打（高尔夫、乒乓球等）②拍手，鼓掌 ③敲，弹（乐器）

①打（高尔夫、乒乓球等）

例 주말에 친구들과 볼링을 쳤어요.

周末我和朋友们打保龄球了。

活用结构 名을/를 치다

常见用法 골프를 치다　打高尔夫

탁구를 치다　打乒乓球

②拍手，鼓掌

例 공연이 끝나고 사람들이 모두 일어나서 박수를 쳤다.

演出结束后人们都起身鼓掌了。

活用结构 名을/를 치다

常见用法 손뼉을 치다　拍手

박수를 치다　鼓掌

③敲，弹（乐器）

例 오빠는 기타를 치면서 노래를 불렀다.

哥哥边弹吉他边唱歌了。

活用结构 名을/를 치다

常见用法 북을 치다　敲鼓

장구를 치다　敲长鼓

기타를 치다　弹吉他

피아노를 치다　弹钢琴

---

tip ★★★

表示运动项目的名词可以和很多动词连用，主要有以下几种情况。

① 用手或用手里拿的器具控制球的运动项目和动词"치다"连用。例如：

골프 高尔夫，탁구 乒乓球，배드민턴 羽毛球，볼링 保龄球，당구 台球，테니스 网球

② 用手控制球，但不是由一个人进行，而是由团体进行的运动项目和动词"하다"连用。此外，用脚踢球，但是由团体进行的运动项目也和动词"하다"连用。例如：

배구 排球，농구 篮球，야구 棒球，축구 足球

③ 非球类运动项目和动词"하다"连用。例如：

수영 游泳，태권도 跆拳道，달리기 跑步，요가 瑜伽

④ 需要利用某种器具进行的运动项目和动词"타다"连用。例如：

스케이트 滑冰，스키 滑雪，스노보드 滑雪板，썰매 雪橇

타다 [타다] 动 ①滑（雪、冰等）②乘坐（交通工具），骑（动物）

①滑（雪、冰等）

例 우리 가족은 겨울이 되면 주말마다 스키를 타러 스

키장에 갑니다.

我们家到了冬天每周末都去滑雪场滑雪。

活用结构 名을/를 타다

②乘坐（交通工具），骑（动物）

例 저는 자전거를 타고 학교에 갑니다.

我骑自行车去学校。

活用结构 名을/를 타다

常见用法 말을 타다　骑马

자동차를 타다　乘坐汽车

207

팀 [팀] 名 ①队 ②小组

①队

例▶ 어제 경기에서 우리 학교 축구팀이 이겼어요.

在昨天的比赛中我们学校足球队赢了。

②小组

例▶ 우리 팀에 신입 사원이 새로 들어와서 오늘 회식을 해요.

因为有新人加入我们小组，所以我们小组今天聚餐。

2 감상, 관람 (欣赏，参观)

감상 (鑑賞) [감상] 名 鉴赏，欣赏，观看

例▶ 제 취미는 영화 감상이에요.

我的兴趣是看电影。

주말에 전시회에 가서 미술 작품을 감상했어요.

我周末去展览会观赏美术作品了。

活用结构 名 감상
常见用法 감상하다 鉴赏，欣赏

드라마 [드라마] 名 电视剧

例▶ 요즘 한국에서 인기가 있는 드라마가 뭐예요?

最近在韩国人气很高的电视剧是哪一部？

한국 역사 드라마는 옛날에 쓰던 한국말이 많아서

이해하기가 어려워요.

韩国历史剧中出现了很多古代使用的韩国语，令

人难以理解。

常见用法 TV 드라마 电视剧

매표소 (賣票所) [매표소] 名 售票处

例▶ 인터넷으로도 표를 살 수 있으니까 매표소에 직접 가지 않아도 됩니다.

人们也可以在网上买票，因此买票时也可以不去售票处。

그 전시회는 인기가 많아서 아침부터 사람들이 매표소에 줄을 길게 서 있어요.

因为那场展览会深受人们欢迎，所以人们从早上开始就在售票处排起了长队。

미술 (美術) [미술] 名 美术　　　　　　　　　　　关 예술 艺术

例▶ 미술관에서 일하고 싶어서 미술을 전공했어요.

我想在美术馆工作，因此专修了美术。

미술을 더 공부하고 싶으면 어느 나라로 유학을 가는

것이 좋을까요?

如果想进一步学习美术，去哪个国家留学好呢？

常见用法 미술관　美术馆
미술 작품　美术作品

상영 (上映) [상영] 名 上映，放映

例▶ 상영 시간이 3(세)시간 10(십)분이면 너무 길지 않

아요?

放映时间为三个小时十分钟，是不是太长了？

한국의 유명한 배우가 나오는 영화를 영화관 100

(백)곳에서 상영합니다.

韩国著名演员出演的电影在100家电影院上映。

常见用法 상영 기간　放映期间
상영 시간　放映时间
상영하다　放映

연극 (演劇) [연극] 名 话剧　　　　　　　　　关 극장 剧场　관객 观众

例▶ 졸업생들이 연극 공연을 준비하고 있습니다.

毕业生们正在准备话剧演出。

지난 주말에 가족들과 함께 연극을 관람했다.

我上周末和家人一起看话剧了。

常见用法 연극배우　话剧演员
연극하다　演话剧
연극을 보다　看话剧
연극을 관람하다　观看话剧

영화 (映畫) [영화] 名 电影

例▶ 인기가 많은 영화는 날마다 영화표가 매진돼요.

高人气电影每天票都售罄。

나는 영화 감상이 취미여서 1(일)주일에 두 번쯤 극장에 간다.

我的兴趣是看电影，因此我一周大约去两次电影院。

常见用法 영화관　电影院
영화배우　电影演员
영화를 보다　看电影
영화를 찍다　拍电影
영화를 촬영하다　拍摄电影

tip ★★★

有如下表示电影类型的单词：
가족 영화 家庭电影，공상 과학 영화 科幻电影，공포 영화 恐怖电影，만화 영화 动画电影，멜로 영화 爱情电影，액션 영화 动作电影，코미디 영화 喜剧电影

예매 (豫買) [예매] 名 预购

关 예약 预约

例▶ 주말인데 영화표를 예매하지 않아도 괜찮을까요?

周末不预购电影票也可以吗？

설날과 추석에 고향에 가려면 한 달 전에 기차표를 예매해야 해요.

如果春节和中秋节的时候想回家乡，就必须提前一个月购买火车票。

常见用法 예매하다　预购

음악 (音樂) [으막] 名 音乐

关 악기 乐器

例▶ 저는 음악을 들으면서 공부하는 것을 좋아합니다.

我喜欢边听音乐边学习。

우리 학교 음악 선생님은 피아노를 전공해서 피아노를 잘 치신다.

我们学校的音乐老师专修钢琴，因此钢琴弹得很好。

常见用法 음악회　音乐会
음악을 듣다　听音乐
음악을 연주하다　演奏音乐

210

콘서트 [콘서트] 名 音乐会

关 음악회 音乐会　연주회 演奏会

例► CD로 듣는 것보다 콘서트에 가서 직접 듣는 것이
더 좋아요.

与听CD相比，去音乐会现场亲耳听更好。

인기 가수가 콘서트를 열면 해외 팬들도 한국에 와서
공연을 본다.

人气歌手开演唱会的话，国外歌迷也会来韩国看
演出。

常见用法 콘서트에 가다　去听音乐会
콘서트를 열다　开音乐会

표 (票) [표] 名 票

近 티켓 票　关 매표소 售票处

例► 표를 파는 곳은 어디에 있어요?

卖票的地方在哪里？

비행기 표를 잃어버리면 안 되니까 가방에 잘 넣으세요.

不可以把机票弄丢了，因此请把机票好好放在包里。

常见用法 기차표　火车票
표 한 장　一张票
표가 매진되다　票售罄
표를 사다　买票
표를 예매하다　提前买票

필름 [필름] 名 胶卷

例► 디지털 카메라는 필름이 필요 없어서 좋아요.

数码相机不需要胶卷，因此很不错。

필름이 다 됐습니다. 새 필름으로 갈아 끼운 후 다시 찍겠습니다.

胶卷用完了。我换上新的胶卷后再照。

③ 여행 (旅行)

관광 (觀光) [관광] 名 旅游，观光

例► 제주도에는 1(일)년 내내 관광객이 많습니다.

济州岛一整年游客都很多。

常见用法 관광객　游客
관광지　旅游景区

이번 휴가에 중국에 가서 관광을 하고 싶은데 어디가   관광하다   观光
좋아요?

我这次休假想去中国旅游，去哪里好呢?

구경 [구경] 名 看, 观赏, 参观

例 아이와 함께 동물원에 가서 동물들을 구경했어요.   活用结构 名 구경

我和孩子一起去动物园看动物了。   常见用法 서울 구경   参观首尔

부모님은 해마다 가을에 설악산으로 단풍 구경을   구경하다   参观
하러 가십니다.   구경을 가다   去参观

父母每年秋天都去雪岳山观赏枫叶。

기념 (紀念) [기념] 名 纪念

例 저는 여행을 가면 그곳의 대표적인 기념품을 삽   常见用法 기념식   纪念仪式
니다.   기념일   纪念日

我去旅行时会买当地具有代表性的纪念品。   기념품   纪念品

우리나라에서 열리는 올림픽을 기념하기 위해 기념   기념사진   纪念照
우표를 발행한다고 한다.   기념하다   纪念

听说为了纪念我国举办奥运会要发行邮票。

떠나다 [떠나다] 动 离开, 出发   关 돌아오다 回来

例 제 친구는 다음 달에 한국으로 유학을 떠납니다.   活用结构 名을/를 떠나다

我朋友下个月去韩国留学。   常见用法 집을 떠나다   离开家

바쁘고 복잡한 도시를 떠나서 시골에서 살고 싶어요.   여행을 떠나다   去旅行

我想离开忙碌、拥挤的城市到农村生活。   유학을 떠나다   去留学

묵다 [묵따] 励 停留，逗留，住宿

近 숙박하다 住宿

例 중국에 사는 친구 집에서 며칠 묵었어요.

我在生活在中国的朋友家里住了几天。

제주도에서 제일 좋은 호텔에서 묵으려고 해요.

我想住在济州岛最好的酒店里。

常见用法 名에서 묵다

-박 -일 (-泊-日) [-박-일] 名 几天几夜

例 이 여행 상품은 19(십구)박 20(이십)일 동안 유럽
10(십)개국을 여행하는 상품입니다.

这是二十天十九夜游完欧洲十个国家的旅游项目。

저는 7(칠)월 16(십육)일부터 18(십팔)일까지
2(이)박 3(삼)일 동안 설악산에 놀러 갈 거예요.

我7月16日到18日要去雪岳山玩儿三天两夜。

活用结构 数 박 数 일

비용 (費用) [비용] 名 费用

例 이번 여행은 비용이 얼마나 들까요?

这次旅行要花多少费用呢?

아버지의 수술 비용이 많이 들어서 나와 동생은
학교를 휴학하고 아르바이트를 시작했다.

因为父亲做手术花了很多费用，所以我和弟弟休
学去打工了。

常见用法 여행 비용　旅行费用

비용이 들다　花费用

비자 [비자] 名 签证

⊗ 출입국관리사무소 出入境管理局

例 한국에 가려면 비자가 필요해요?

想去韩国的话需要签证吗?

비자를 신청하기 위해서 대사관에 갔습니다.

我为了申请签证去了大使馆。

常见用法 비자를 받다　拿到签证

비자를 신청하다　申请签证

비자를 연장하다　延长签证

期限

세상 (世上) [세상] 名 世上，世界，社会   近 세계 世界

例 ▶ 나는 세상에서 우리 가족이 제일 소중해요.

我觉得世上最珍贵的是家人。

이 세상에는 우리가 상상할 수 없는 일들이 아주

많다.

这世上有很多我们想象不到的事情。

常见用法 세상 구경　看世界

세상 사람들　世人

숙박 (宿泊) [숙빡] 名 住宿，住店

例 ▶ 관광지에는 숙박 시설이 많다.

旅游景区有很多住宿设施。

우리는 숙박비를 아끼기 위해서 여관에서 숙박하

기로 했다.

为了节省住宿费，我们决定在旅馆住宿。

常见用法 숙박비　住宿费

숙박 시설　住宿设施

숙박하다　住宿

tip ★ ★

有如下表示住宿设施的名词：

민박 民宿，여관 旅馆，모텔 汽车旅馆，콘도 酒店式公寓，펜션 私人小旅

店（西式民宿的一种，配有厨房），호텔 酒店

안내 (案内) [안내] 名 向导，引导，介绍，指南

例 ▶ 지하철이나 버스를 타면 내릴 역에 대한 안내 방송

이 나옵니다.

乘坐地铁或公共汽车时会听到关于要下车的车站

的广播通知。

저는 인사동에서 외국인에게 길을 안내하는 봉사

활동을 하고 있습니다.

我在仁寺洞从事给外国人引路的服务活动。

常见用法 안내 방송　广播通知

안내 책자　向导手册

행사 안내　活动指南

안내하다　向导

안내를 받다　接受引导

여권 (旅券) [여꿘] 名 护照

例► 여권을 신청할 때 필요한 서류가 뭐예요?

申请护照时需要哪些文件？

외국에 여행을 가서 여권을 잃어버리면 대사관에 가세요.

如果去国外旅行时丢了护照，就请去大使馆。

常见用法 여권이 나오다 护照下来

여권을 신청하다 申请护照

여행 (旅行) [여행] 名 旅行，旅游

例► 나는 휴가 때마다 가족들과 여행을 간다.

我每次休假的时候都和家人去旅行。

해마다 해외여행을 가는 사람들이 많아지고 있어요.

去国外旅行的人每年都在增加。

常见用法 여행사 旅行社

여행 경비 旅行经费

여행하다 旅行

여행을 가다 去旅行

여행을 떠나다 去旅行

 tip

有如下表示旅游类型的单词：
해외여행 国外旅行，배낭여행 背包旅行，신혼여행 新婚蜜月旅行，국내
여행 国内旅行，단체 여행 组团旅行，세계 여행 周游世界

예약 (豫約) [예약] 名 预订，预约 近 예매 预购

例► 방학에 고향에 가려고 비행기 표를 예약했다.

我预订了机票，放假时想回家乡。

고급 레스토랑은 1(일)주일 전에 미리 예약해야 해요.

高级餐厅必须提前一周预约。

常见用法 식당 예약 预订饭馆

호텔 예약 预订宾馆

예약하다 预订

예약을 받다 接受预订

예약을 취소하다 取消预订

tip

"예약"表示预订宾馆、饭馆、机票，"예매"表示预购电影票、博物馆门票等。

출국 (出國) [출국] 名 出国
反 입국 入境

例 한국으로 출국하는 날이 언제예요?

你什么时候去韩国?

나는 출국하기 전에 배웅을 나온 친구들과 인사를
했다.

我出国前和来送行的朋友们告别了。

常见用法 출국 날짜 出国日期
출국하다 出国

---

④ 취미 (兴趣)

게임 [게임] 名 游戏

例 어제 늦게까지 인터넷 게임을 해서 오늘 학교에
지각했다.

我因为昨天玩儿电脑游戏到很晚，所以今天上学
迟到了。

여행지에서 여러 사람이 같이 할 수 있는 재미있는
게임을 소개해 주세요.

请介绍一下在旅游景区许多人可以一起玩儿的有
趣游戏吧。

活用结构 名 게임
常见用法 게임기 游戏机
야구 게임 棒球游戏
컴퓨터 게임 电脑游戏
게임을 하다 玩儿游戏

그리다 [그리다] 动 画, 绘, 描   关 그림 画儿 미술 美术 화가 画家

例▶ 친구는 나에게 학교에 가는 길을 지도로 그려 주었다.

朋友帮我画了去学校的线路图。

제 취미는 주말마다 공원에 가서 사람들의 모습을

그리는 것입니다.

我的兴趣是每周末去公园画肖像画。

活用结构 名을/를 그리다
常见用法 풍경을 그리다 画风景

낚시 [낙씨] 名 钓鱼

例▶ 우리는 낚시로 잡은 물고기로 매운탕을 끓였다.

我们用钓到的鱼煮辣汤了。

아버지는 낚시를 아주 좋아하셔서서 쉬는 날마다 낚시

를 가십니다.

我爸爸非常喜欢钓鱼，因此每次休息的时候都去

钓鱼。

常见用法 낚시하다 钓鱼
　　　　　낚시를 가다 去钓鱼

노래 [노래] 名 歌, 歌曲   关 가수 歌手 가요 歌谣

例▶ 동생은 설거지를 하면서 노래를 불렀다.

弟弟边刷碗边唱歌了。

요즘 한국에서 제일 인기가 있는 노래가 뭐예요?

最近什么歌曲在韩国最受欢迎？

常见用法 노래방 KTV
　　　　　노래 한 곡 一首歌
　　　　　노래하다 唱歌
　　　　　노래를 부르다 唱歌

독서 (讀書) [독써] 名 读书

例▶ 한국 사람들은 가을을 독서의 계절이라고 합니다.

韩国人称秋天是读书的季节。

저는 집에서 혼자 조용히 독서하는 것을 좋아합니다.

我喜欢独自在家静静地读书。

常见用法 독서하다 读书

등산 (登山) [등산] 图 登山, 爬山

例▶ 우리 형은 주말마다 서울에 있는 산을 등산한다.

我哥哥每周末都去爬首尔的山。

가을에는 단풍을 구경하려고 등산을 가는 사람들이

많습니다.

秋天很多人登山赏红叶。

常见用法 등산화　登山鞋

등산객　登山客

등산로　登山路

등산하다　登山

등산을 가다　去爬山

모으다 [모으다] 动 ①（作为兴趣）收集 ②攒（钱）

①（作为兴趣）收集

近 수집하다 收集

例▶ 제 동생은 외국 돈을 모으는 것이 취미입니다.

我弟弟的兴趣是收集外国钱币。

活用结构 名을/를 모으다

常见用法 우표를 모으다　收集邮票

②攒（钱）

例▶ 저는 오토바이를 사고 싶어서 돈을 모으고 있습니다.

我想买摩托车，因此在攒钱。

活用结构 名을/를 모으다

常见用法 돈을 모으다　攒钱

바둑 [바둑] 图 围棋

例▶ 할아버지들이 시원한 나무 아래에서 바둑을 두고 계

셨다.

老爷爷们在凉快的树下下棋。

한국에는 바둑이 취미인 사람들이 많아서 24(이십

사)시간 바둑 경기만 보여 주는 TV채널도 있습니다.

在韩国有很多人把下围棋作为兴趣，因此也有电

视频道二十四小时只播放围棋比赛。

常见用法 바둑 한 판　一盘围棋

바둑을 두다　下围棋

보통 (普通) [보통] 副 普通，一般，平常，通常　　　关 주로 主要

例▶ 보통 몇 시에 출근하세요?

您一般几点上班?

너는 보통 수업이 끝난 후에 뭘 하니?

你一般下课后干什么?

사진 (寫眞) [사진] 名 照片　　　关 영화 电影　동영상 视频　카메라 照相机　촬영하다 拍摄

例▶ 가족들이 보고 싶을 때에는 가족사진을 봅니다.

我想家人的时候看全家福。

오늘은 졸업 사진을 찍는 날이어서 정장을 입은 학
생들이 많다.

今天是拍毕业照的日子，因此很多学生穿着正装。

活用结构 名 사진
常见用法 사진기　照相机
　　　　　결혼사진　结婚照
　　　　　여행 사진　旅行照片
　　　　　사진 한 장　一张照片
　　　　　사진을 찍다　拍照片

산책 (散策) [산책] 名 散步

例▶ 공원에는 산책을 나온 사람들이 많았어요.

来公园散步的人很多。

우리는 날마다 저녁 식사 후에 30(삼십)분씩 집 근
처를 산책한다.

我们每天吃完晚饭后在家附近散步三十分钟。

常见用法 산책하다　散步

악기 (樂器) [악끼] 名 乐器　　　关 연주회 演奏会

例▶ 선배님은 무슨 악기를 연주할 수 있어요?

前辈您会演奏什么乐器?

음악 선생님은 피아노, 바이올린, 첼로 등 여러 가지
악기를 연주하실 수 있다.

音乐老师会演奏钢琴、小提琴、大提琴等许多种
乐器。

常见用法 악기를 연주하다　演奏乐器

有如下西洋乐器：

기타 吉他（기타를 치다 弹吉他），바이올린 小提琴（바이올린을 켜다 拉
小提琴），피아노 钢琴（피아노를 치다 弹钢琴）

야영 (野營) **[야영]** 名 野营 近 캠핑 野营

例▶ 야영을 가려고 하는데 어디가 좋아요?　　　　　常见用法 야영하다　去野营

我想去野营，去哪里好呢？

여름에 야영을 할 때에는 비가 많이 올 수 있으니까

일기예보를 잘 들어야 한다.

夏天去野营的时候可能会碰上下大雨，因此必须

仔细听天气预报。

찍다 [찍따] 动 拍摄，照 近 촬영하다 拍摄

例▶ 여기가 경치도 아름답고 유명한 곳이니까 여기에서　　活用结构 名을/를 찍다

사진을 찍자!　　　　　　　　　　　　　　　　　　　常见用法 사진을 찍다　拍照片

这里是风景优美的著名景点，咱们在这里拍照吧。　　　　　　　영화를 찍다　拍电影

이 섬은 인기 있는 드라마를 많이 찍은 곳이어서 1(일)　　　　동영상을 찍다　拍视频

년 내내 관광객이 많아요.

这座岛是很多部人气电视剧的拍摄地，因此这里

一整年游客都很多。

추다 [추다] 动 跳（舞） 关 춤 舞，舞蹈

例▶ 춤은 잘 추지만 노래는 잘 부르지 못하는 가수도 있다.　　常见用法 춤을 추다　跳舞

有的歌手舞跳得很好，但是歌唱得不好。

할아버지의 회갑 잔치에서 어른들이 음악에 맞춰서
춤을 추셨다.
爷爷花甲宴时，长辈们合着音乐跳起了舞。

취미 (趣味) [취미] 图 兴趣，趣味

例 제 취미는 독서입니다.
我的兴趣是读书。
나중에 결혼하면 아내와 같이 취미 생활을 할 수 있
었으면 좋겠어요.
我以后结婚了能和妻子一起享受趣味生活就好了。

常见用法 취미 생활　趣味生活
취미가 있다　有兴趣

연습 문제 (练习题)

[1~15] 다음 단어를 한국어로 바꿔 쓰십시오. 请写出下列汉语意思对应的韩国语单词。

1. 队　　　(　　)　　　2. 观光　　　(　　)　　　3. 纪念　　　(　　)

4. 签证　　(　　)　　　5. 上映　　　(　　)　　　6. 话剧　　　(　　)

7. 电影　　(　　)　　　8. 预购　　　(　　)　　　9. 住宿　　　(　　)

10. 散步　 (　　)　　　11. 电视剧　　(　　)　　　12. 音乐　　　(　　)

13. 美术　 (　　)　　　14. 跳 (舞) (　　)　　　15. 扔, 投, 掷　(　　)

[16~20] 그림을 보고 (　　)에 알맞은 것을 고르십시오. 请看图选择正确的答案。

16. 가: 어제 뭘 했어요?

　　나: 친구들과 운동장에서 (　　)을/를 했어요.

　　① 농구　　② 배구　　③ 축구　　④ 탁구

17. 가: 보통 주말에 뭘 하세요?

　　나: 저는 주말마다 (　　)을/를 합니다.

　　① 낚시　　② 등산　　③ 수영　　④ 달리기

18. 가: 해외여행을 가려면 뭘 준비해야 해요?

　　나: 우선 (　　　)을/를 준비해야 해요.

　　① 비자　　② 안내　　③ 여권　　④ 필름

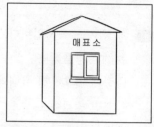

19. 가: 영화표를 사려면 어디로 가야 해요?

　　나: 극장 앞에 있는 (　　　)으로/로 가세요.

　　① 민박　　② 여관　　③ 호텔　　④ 매표소

20. 가: 이번 주말에 뭘 할 거예요?

　　나: 제가 좋아하는 가수의 (　　　)에 가려고 해요.

　　① 연극　　② 영화　　③ 드라마　　④ 콘서트

[21 ~ 30] 다음 문장을 읽고 알맞은 어휘를 골라 쓰십시오. 어휘는 한 번만 쓰십시오. 请阅读下列句子，然后选择合适的单词填空，每个单词只能使用一次。

표	관광	게임	기념	노래	낚시	독서	바둑	보통	비용
사진	악기	취미	예약	그리다					

21. 저는 (　　　　) 아침 7시에 일어납니다.

22. 전시회를 보려면 우선 (　　　　)을/를 사야 합니다.

23. 제 친구는 가수처럼 (　　　　)을/를 아주 잘 불러요.

24. 부모님께서 결혼하신 지 30년이 된 (　　　　)으로/로 여행을 가셨다.

25. 이 건물은 유명한 건물이니까 이 건물 앞에서 (　　　　)을/를 찍읍시다.

26. 제 하숙집 친구는 (　　　　)을/를 좋아해서 책을 한 달에 4권 읽습니다.

27. 그 가수는 피아노, 바이올린, 기타 등 여러 가지 (　　　　)을/를 연주할 수 있어요.

28. 유럽으로 여행을 가고 싶었지만 여행 (　　　　)이/가 너무 많이 들어서 못 갔어요.

29. 제 (　　　　)은/는 볼링입니다. 그래서 주말마다 친구들과 함께 볼링장에 갑니다.

30. 그 식당은 주말에 손님들이 많아서 먼저 (　　　　)을/를 하지 않으면 안 돼요.

[31 ~ 35] (   ) 안에 알맞은 것을 고르십시오. **请选择合适的答案。**

31. 저는 영화 (   )을/를 좋아해서 주말마다 영화관에 갑니다.

    ① 감상   ② 상영   ③ 예매   ④ 필름

32. 오늘 축구 (   )에서 중국이 독일을 1:0으로 이겼다.

    ① 팀   ② 경기   ③ 운동   ④ 스포츠

33. 저는 한국, 일본, 영국, 프랑스 등 세계 여러 나라를 (   )었습니다/았습니다/였습니다.

    ① 산책하다   ② 안내하다   ③ 야영하다   ④ 여행하다

34. 제 동생은 그림을 잘 (   )습니다/ㅂ니다.

    ① 찍다   ② 추다   ③ 그리다   ④ 모으다

35. 친구가 발로 공을 세게 (   )었다/았다/였다.

    ① 묶다   ② 차다   ③ 타다   ④ 던지다

[36 ~ 38] 밑줄 친 부분과 반대되는 뜻을 가진 것을 고르십시오. **请选择与画线部分意义相反的单词。**

36. 가: 여기가 <u>입국하는</u> 사람들이 들어오는 곳이에요?

    나: 아니요, (   )는 사람들이 나가는 곳이에요.

    ① 기념하다   ② 여행하다   ③ 예약하다   ④ 출국하다

37. 가: 영수가 여행을 <u>떠난다고</u> 해요.

    나: 그래요? 그럼 언제 (   )는다고/ㄴ다고 해요?

    ① 묵다   ② 타다   ③ 나가다   ④ 돌아오다

38. 가: 공을 <u>던져</u>!

    나: 알았어, 던질 테니까 잘 (   )어/아/여.

    ① 추다   ② 차다   ③ 받다   ④ 주다

[39 ~ 45] 밑줄 친 부분과 의미가 가장 가까운 것을 고르십시오. **请选择与画线部分意义最相近的单词。**

39. 가: 제일 좋아하는 <u>스포츠가</u> 뭐예요?

    나: 저는 모든 (   )을/를 좋아해요.

    ① 게임   ② 경기   ③ 산책   ④ 운동

40. 가: <u>세계</u> 여행을 하면 많은 것을 배울 수 있어서 좋아.

    나: 맞아. 넓은 (   )을/를 구경하면 생각과 마음도 넓어지는 것 같아.

① 팀　　　　　② 비용　　　　　③ 비자　　　　　④ 세상

41. 가: 가족들과 <u>캠핑을 간</u> 적이 있어요?

　　나: 네, 아버지께서 여행을 좋아하셔서 초등학교 때에는 주말마다 산에 가서 (　　)을/를
　　　　했어요.

　　① 관광　　　　　② 구경　　　　　③ 안내　　　　　④ 야영

42. 가: 네가 영화 <u>티켓을</u> 샀어? 이번에는 내가 사려고 했는데 …….

　　나: 그럼 내가 (　　)을/를 샀으니까 네가 저녁을 사.

　　① 표　　　　　② 감상　　　　　③ 상영　　　　　④ 예매

43. 가: 오랜만에 가는 가족 여행인데 어디에서 <u>숙박하면</u> 좋을까요?

　　나: 조금 비싸지만 호텔에서 (　　)자.

　　① 묵다　　　　　② 살다　　　　　③ 차다　　　　　④ 떠나다

44. 가: 요즘 무슨 영화를 <u>촬영하세요?</u>

　　나: 액션 영화를 (　　)고 있어요.

　　① 찍다　　　　　② 추다　　　　　③ 그리다　　　　　④ 던지다

45. 가: 우표를 많이 <u>수집하셨군요.</u>

　　나: 네, 우표를 (　　)는 것이 제 취미이니까요.

　　① 차다　　　　　② 치다　　　　　③ 하다　　　　　④ 모으다

[46 ~ 50] 밑줄 친 단어의 쓰임이 잘못된 것을 고르십시오. 请选择画线部分单词使用错误
的一项。

46. ① 저는 저녁마다 형과 탁구를 <u>쳐요.</u> (　　)

　　② 우리는 생일 축하 노래를 부른 후에 박수를 <u>쳤다.</u>

　　③ 그 남자는 피아노를 <u>치면서</u> 노래를 부르고 있어요.

　　④ 우리 반 남학생들은 수업이 끝난 후에 게임방에 가서 게임을 <u>칩니다.</u>

47. ① 버스를 <u>타고</u> 학교에 와요. (　　)

　　② 코끼리를 <u>타</u> 본 적이 있어요?

　　③ 비자를 <u>타려면</u> 대사관에 가야 한다.

　　④ 저는 겨울이 되면 주말마다 스키를 <u>타러</u> 스키장에 갑니다.

48. ① 어디에서 표를 살 수 있어요? (　　)

　　② 이번 공연의 표가 <u>매진되었습니다.</u>

　　③ 인기가 많은 영화는 미리 <u>예매해야</u> 해요.

④ 다음 달에 열리는 축구 경기의 표를 <u>하고</u> 싶어요.

49. ① 아침 일찍 여행을 <u>출발했어요</u>. (　　　)

② 여행을 가면 어디에서 <u>묵을</u> 거예요?

③ 호텔에서 그 근처 관광지를 <u>안내해</u> 줄 거예요.

④ 8월에 여행을 가려면 우선 비행기 표를 <u>예약하세요</u>.

50. ① 주말에 서울 구경을 <u>하려고</u> 해요. (　　　)

② 나는 친구들과 같이 동물원 구경을 <u>갔어요</u>.

③ 그 건물은 아주 유명한데 구경을 <u>본</u> 적이 있어요?

④ 제주도는 경치가 아름다워서 구경을 <u>오는</u> 사람이 많다.

第十一课 음식 (饮食)

1 맛 (味道)

달다 [달다] 形 甜

例▶ 설탕을 많이 넣은 것 같아요. 음식이 좀 달아요.

好像糖放多了，食物有点儿甜。

사탕 같이 단 것을 너무 좋아하면 충치가 생길 수
있다.

如果太喜欢吃像糖这样的甜东西，就可能会长虫牙。

活用结构 名이/가 달다

常见用法 단 맛　甜味儿
　　　　사탕이 달다　糖甜

맛 [맏] 名 味儿, 味道

例▶ 음식 맛이 어때요?

食物味道怎么样?

맛이 참 좋다. 이 음식을 어떻게 만들었니?

味道真好。这食物是怎么做的?

常见用法 맛이 있다　好吃
　　　　맛이 좋다　味道好

맛있다 [마싣따/마딛따] 形 好吃, 有滋味

反 맛없다 不好吃

例▶ 배가 좀 고픈데, 뭐 맛있는 음식이 없을까?

我肚子有点儿饿，没有什么好吃的食物吗?

엄마가 만들어 주신 음식이 제일 맛있어요.

妈妈给做的食物最好吃。

活用结构 名이/가 맛있다

227

맵다 [맵따] 形 辣

例▶ 김치는 맛있지만 좀 매워요.

泡菜好吃，但是有点儿辣。

음식이 너무 매워서 눈물이 나요.

因为食物太辣，所以我流眼泪了。

活用结构 名이/가 맵다

常见用法 매운 음식　辣的食物
고추가 맵다　辣椒辣

시다 [시다] 形 酸

例▶ 제 남편은 신 음식을 잘 먹지 못해요.

我丈夫不太能吃酸的食物。

식초를 많이 넣어서 음식 맛이 너무 시어요.

因为醋放多了，所以食物非常酸。

活用结构 名이/가 시다

常见用法 신 맛　酸味儿
귤이 시다　橘子酸

싱겁다 [싱겁따] 形 (味道) 淡

例▶ 음식을 싱겁게 먹는 것이 몸에 좋대요.

据说吃清淡的食物对身体好。

국이 좀 싱거운데요. 소금을 더 넣어야겠어요.

汤有点儿淡，得再放点儿盐。

活用结构 名이/가 싱겁다

常见用法 싱거운 음식　味道淡的食物
국이 싱겁다　汤淡
싱겁게 먹다　吃得清淡

쓰다⁴ [쓰다] 形 苦

例▶ 한약이 너무 써서 못 먹겠어요.

中药太苦了，因此我没法吃。

입에 쓴 음식이 몸에 좋다는 말이 있다.

有句话说："苦的食物对身体好。"

活用结构 名이/가 쓰다

常见用法 쓴 나물　苦的蔬菜
한약이 쓰다　中药苦

짜다 [짜다] 形 咸

例▶ 저한테 한식은 좀 맵고 짭니다.

韩餐对我来说有点儿辣，还有点儿咸。

설탕을 넣어야 하는데 소금을 넣어서 맛이 너무 짜요.

应该放糖却放了盐，因此味道非常咸。

活用结构 名이/가 짜다

常见用法 짠 음식　咸的食物
찌개가 짜다　炖菜咸
짜게 먹다　口味重

---

② 음료, 간식 (饮料，零食)

간식 (間食) [간식] 名 零食

例▶ 배가 좀 고픈데 간식이 있어요?

我肚子有点儿饿，你有零食吗?

간식을 너무 많이 먹으면 밥을 먹기 싫어지니까 조금만 먹어라.

吃多了零食就会不想吃饭，因此你少吃一点儿零食吧。

과일 [과일] 名 水果

例▶ 무슨 과일을 좋아하세요? 저는 수박을 좋아해요.

您喜欢什么水果?　我喜欢西瓜。

딸기와 바나나로 만든 과일 주스가 맛있는데 한번

드셔 보세요.

用草莓和香蕉榨的果汁很好喝，请尝尝吧。

常见用法 과일 주스　果汁
과일이 나다　结水果
과일을 따다　摘水果

有如下表示水果的单词:
감 柿子，귤 橘子，딸기 草莓，바나나 香蕉，사과 苹果，수박 西
瓜，오렌지 橙子，포도 葡萄

과자 (菓子) [과자] 名 点心，饼干

例 요즘 과자를 많이 먹어서 살이 쪘다.

最近我吃了很多饼干，因此变胖了。

동생이 밥은 먹지 않고 과자를 다섯 봉지나 먹었다.

弟弟没吃饭，吃了五包饼干。

常见用法 과자 한 봉지　一包饼干

떡 [떡] 名 年糕，打糕

例 요즘 나는 아침에 밥을 먹지 않고 떡을 먹는다.

最近我早上不吃饭而吃年糕。

한국 사람들은 큰 잔치가 있을 때마다 떡을 먹습
니다.

韩国人每次举行大型宴会的时候都吃年糕。

常见用法 떡을 찌다　蒸年糕

물 [물] 名 水

关 생수 矿泉水

例 엄마, 목이 말라요. 물을 좀 주세요.

妈妈，我口渴了。请给我点儿水。

목감기에 걸렸을 때는 따뜻한 물을 자주 마시는 것이
좋습니다.

感冒嗓子疼的时候多喝温水比较好。

常见用法 따뜻한 물　温水
물을 끓이다　烧水

병¹ (瓶) [병] 名 瓶，瓶子

例 맥주를 몇 병쯤 사 놓으면 될까요?

要买几瓶啤酒呢?

냉장고를 열어 보면 문 쪽에 병이 하나 있지? 그게
물이니까 꺼내서 마셔라.

打开冰箱，你会看到靠门的一边有一个瓶子吧?
那是水，你拿出来喝吧。

常见用法 물병　水瓶
술 한 병　一瓶酒
병이 깨지다　瓶子碎了

빵 [빵] 图 面包

例▶ 아침에 저는 빵과 우유를 먹어요.

我早上吃面包，还喝牛奶。

빵집에서 금방 빵을 구워서 좋은 냄새가 나요.

面包店里刚烤过面包，因此散发出好闻的味道。

常见用法
빵집　面包店
빵 한 조각　一片面包
빵을 굽다　烤面包

사탕 (砂糖) [사탕] 图 糖

例▶ 사탕을 싫어하는 아이는 없어요.

没有孩子不喜欢糖。

식사 후에 사탕을 서비스로 주는 식당이 있다.

有的饭馆饭后免费送糖。

술 [술] 图 酒

例▶ 퇴근한 후에 동료들과 함께 술을 한잔했다.

下班后我和同事们一起喝酒了。

저는 술을 잘 마시지 못하지만 술을 마시는 자리는

좋아해요.

我不太会喝酒，但是喜欢参加酒席。

常见用法
술 한 병　一瓶酒
술을 끊다　戒酒
술을 한잔하다　喝一杯
술에 취하다　喝醉酒

有如下表示酒的单词：
맥주 啤酒, 소주 烧酒, 양주 洋酒, 포도주 葡萄酒, 막걸리 马格利酒（韩国米酒）

아이스크림 [아이스크림] 图 冰激凌

例▶ 여름이 되니까 아이스크림을 찾는 손님들이 많아졌다.

到了夏天，来买冰激凌的客人增多了。

우리 식사한 후에 커피를 마실까? 아이스크림을 먹을까?

我们饭后喝咖啡还是吃冰激凌?

요구르트 [요구르트] 名 酸奶

例▶ 다이어트하려고 아침에는 요구르트만 먹어요.

我为了减肥早上只喝酸奶。

과일샐러드에 요구르트를 부어서 먹으면 맛있어요.

水果沙拉里加上酸奶很好吃。

우유 (牛乳) [우유] 名 牛奶

例▶ 아침에 빵과 우유를 먹는다.

我早上吃面包,还喝牛奶。

저는 커피에 우유를 넣어서 마셔요.

我在咖啡里放牛奶喝。

음료수 (飮料水) [음뇨수] 名 饮料

例▶ 손님께 음료수를 한 잔 드리세요.

请给客人一杯饮料。

아이에게는 음료수보다는 물을 마시게 하는 게 좋아요.

给孩子喝水比喝饮料好。

잔 (盞) [잔] 名 杯子, 杯

例▶ 저는 술을 한 잔만 마셔도 취해요.

我只喝一杯酒就醉了。

밥을 먹은 후에 차를 한 잔 할까요?

吃完饭后喝杯茶怎么样?

常见用法 술잔　酒杯
차 한 잔　一杯茶
한잔하다　喝一杯

주스 [주스] 名 饮料, 果汁

例 어머니는 과일로 직접 주스를 만들어서 우리한테

주신다.

妈妈把水果直接榨成果汁给我们喝。

운전을 해야 하니까 술은 마실 수 없어요. 그냥 주스

를 한 잔 주세요.

我要开车，因此不能喝酒。请给我一杯果汁。

常见用法 과일 주스　果汁

주스 한 잔　一杯果汁

차¹ (茶) [차] 名 茶

例 차를 좋아하시는 우리 선생님 댁에는 여러 가지

종류의 차가 많다.

我们老师喜欢茶，他家里有很多种茶。

어렸을 때 어머니는 항상 보리차를 끓여서 냉장고에

넣어 놓으셨다.

我小的时候妈妈总是煮好大麦茶放在冰箱里。

常见用法 차를 끓이다　泡茶，煮茶

有如下表示茶的单词：

녹차 绿茶，홍차 红茶，인삼차 人参茶，보리차 大麦茶，유자차 柚子
茶，생강차 生姜茶，대추차 大枣茶

초콜릿 [초콜릳] 名 巧克力

例 피곤할 때 초콜릿을 먹으면 피로가 좀 풀려요.

疲劳的时候如果吃巧克力，那么疲劳就会稍微得到缓解。

저는 아이스크림 중에서 초콜릿 아이스크림을 제일 좋아해요.

在冰激凌中，我最喜欢巧克力冰激凌。

커피 [커피] 名 咖啡

例 ▶ 피곤하면 커피를 한 잔 마시고 계속 공부할까?　　　　　常见用法 커피숍　咖啡馆

如果感到疲倦，喝杯咖啡再继续学习怎么样?

저는 커피를 조금만 마셔도 밤에 잠을 자지 못해요.

我即使只喝了一点儿咖啡，晚上也睡不着觉。

케이크 [케이크] 名 蛋糕

例 ▶ 오늘 언니 생일이니까 우리 케이크를 사러 가자.　　　　常见用法 생일 케이크　生日蛋糕

今天是姐姐的生日，我们去买蛋糕吧。　　　　　　　　　　　　케이크 한 조각　一块蛋糕

친구 생일이어서 직접 케이크를 만들어서 선물했어요.

因为朋友过生日，所以我亲自做了蛋糕送给他作

为礼物。

콜라 [콜라] 名 可乐

例 ▶ 오늘 점심에는 콜라하고 피자를 시켜서 먹었다.

我今天中午点了可乐和比萨。

낮이니까 맥주를 마시지 말고 그냥 콜라를 마시자.

因为现在是白天，所以咱们不要喝啤酒了，喝可乐吧。

3 재료, 소스 (材料，调味汁)

간장 (–酱) [간장] 名 酱油

例 ▶ 파전을 간장에 찍어서 드시면 맛이 더 좋을 거예요.

葱饼蘸酱油吃的话，味道会更好。

나물 맛이 좀 싱거운데요. 간장을 더 넣어야겠어요.

蔬菜味道有点儿淡，得再放一点儿酱油。

고기 [고기] 名 肉

例▶ 고기를 먹을 때에는 채소도 같이 드세요.

吃肉的时候，也请吃点儿蔬菜吧。

고기를 좋아해도 너무 많이 먹으면 안 됩니다.

即使喜欢吃肉，也不可以吃得太多。

常见用法 물고기　鱼
　　　　닭고기　鸡肉
　　　　고기 한 근　一斤肉
　　　　고기가 익다　肉熟了
　　　　고기를 굽다　烤肉

고추 [고추] 名 辣椒

例▶ 고추는 너무 매워서 못 먹겠어요.

因为辣椒太辣了，所以我吃不了辣椒。

매운 고추를 고추장에 찍어 먹어요?

用很辣的辣椒蘸辣椒酱吃吗?

常见用法 고추장　辣椒酱
　　　　고춧가루　辣椒面

곡물 (穀物) [공물] 名 谷物，粮食　　　　近 곡식 谷物，庄稼

例▶ 한국 사람들은 여러 가지 곡물 중에서 쌀을 제일 많이 먹는다.

在各种粮食中，韩国人吃得最多的是大米。

요즘은 빵을 만들 때 여러 가지 곡물을 넣어서 만들기도 합니다.

最近人们在做面包的时候也放入各种谷物。

달걀 [달걀] 名 鸡蛋　　　　近 계란 鸡蛋

例▶ 간식으로 먹으려고 달걀을 삶아 놓았다.

我煮好了鸡蛋当零食吃。

라면에 달걀을 넣어서 끓여 보세요. 더 맛있을 거예요.

煮方便面时请放上鸡蛋吧。味道会更好的。

常见用法 삶은 달걀　煮鸡蛋
　　　　달걀 프라이　荷包蛋

당근 [당근] 名 胡萝卜

例▶ 당근이 눈에 좋다고 하니까 많이 먹어야 해.
听说胡萝卜对眼睛好，因此应该多吃。

당근은 그냥 먹는 것보다 볶아서 먹는 것이 더 좋다고 한다.
听说胡萝卜炒着吃比就那样生吃更好。

된장 (－酱) [된장] 名 大酱, 黄酱

例▶ 고추를 된장에 찍어서 먹어 봐. 진짜 맛있지?
你尝试一下用辣椒蘸大酱吃吧。真的很好吃吧？

어머니는 간장, 된장, 고추장을 직접 만들어서 드신다.
妈妈自己做酱油、大酱、辣椒酱食用。

常见用法 된장찌개　大酱汤

두부 (豆腐) [두부] 名 豆腐

关 콩 大豆, 黄豆

例▶ 두부는 콩으로 만든 음식이다.
豆腐是用大豆做的食物。

된장찌개에 두부가 없으니까 좀 이상하다. 다음
부터는 두부를 좀 썰어서 넣어라.
大酱汤里没有豆腐让人觉得有点儿奇怪。你下次
切点儿豆腐放进去吧。

常见用法 두부 한 모　一块豆腐
　　　　 두부를 부치다　煎豆腐

마늘 [마늘] 名 蒜, 大蒜

例▶ 한국의 거의 모든 음식에는 마늘이 들어간다.
韩国几乎所有的食物里都放蒜。

상추에 고기하고 고추장, 마늘을 싸서 먹어 봐라.
你尝试一下用生菜包着肉、辣椒酱、大蒜吃吧。

상추 [상추] 名 生菜

例 고기를 먹는데 상추가 빠지면 되겠니?

吃肉时缺了生菜能行吗?

상추는 키우기가 쉬우니까 직접 키워서 드셔 보세요.

种植生菜很简单，因此请自己种生菜食用吧。

常见用法 상추쌈　生菜饭团

생선 (生鮮) [생선] 名 鲜鱼, 活鱼, 鱼

例 저는 고기보다 생선을 더 좋아해요.

与肉相比，我更喜欢吃鱼。

겨울이니까 생선회가 아주 싱싱할 거예요.

因为现在是冬天，所以生鱼片会非常新鲜。

常见用法 생선회　生鱼片
생선 구이　烤鱼
생선 한 마리　一条鲜鱼

소금 [소금] 名 盐

例 국이 싱겁네요. 소금을 넣어야겠어요.

汤淡了啊! 得放点儿盐。

소금을 넣어야 하는데 설탕을 넣어 버려서 음식 맛이

이상해졌어요.

我应该放盐却放了糖,因此食物的味道变得很奇怪。

常见用法 소금을 넣다　放盐
소금을 뿌리다　撒盐

소스 [소스] 名 调味汁

例 그 레스토랑의 스테이크는 소스 때문에 더 맛있다.

那家饭馆的牛排因为调味汁而变得更美味。

스파게티 소스를 만들기 귀찮으면 마트에 가서 스파

게티 소스를 사서 뿌려 먹으면 되지요.

如果觉得做意大利面调味汁很麻烦，可以去超市

买了调味汁后倒在意大利面上吃。

常见用法 스테이크 소스　牛排调味汁
소스를 뿌리다　倒调味汁

신선하다 (新鮮-) [신선하다] 形 ① （蔬菜、水果、鱼等）新鲜，鲜 ② （空气等）清新，（着装等）新潮，（主张等）新颖

① （蔬菜、水果、鱼等）新鲜，鲜

近 싱싱하다 新鲜，鲜活

例▶ 오늘 들어온 과일이 모두 신선해요.

今天到的水果都很新鲜。

活用结构 名이/가 신선하다

常见用法 신선한 과일　新鲜的水果

생선이 신선하다　鱼新鲜

② （空气等）清新，（着装等）新潮，（主张等）新颖

例▶ 영수 씨의 의견에 대해서 동료들이 모두 신선하다고 말했다.

同事们都说英洙的建议很新颖。

活用结构 名이/가 신선하다

常见用法 신선한 공기　新鲜的空气

느낌이 신선하다　感觉清新

싱싱하다 [싱싱하다] 形 新鲜，鲜活

近 신선하다 新鲜，鲜

例▶ 바다에 놀러 왔으니까 싱싱한 생선회를 먹으러 가요.

我们来海边玩耍，就去吃新鲜的生鱼片吧。

음식을 만들 때는 싱싱한 재료를 쓰는 것이 무엇보다도 중요하다.

做食物时最重要的是使用新鲜的材料。

活用结构 名이/가 싱싱하다

쌀 [쌀] 名 大米，米

关 밥 饭

例▶ 떡은 쌀로 만들어요.

年糕是用大米做的。

흰 쌀밥만 드시지 마시고 잡곡을 섞어서 드세요.

请不要只吃白米饭，掺着吃点儿杂粮吧。

常见用法 쌀밥　米饭

양파 (洋-) [양파] 名 洋葱

例▶ 양파를 많이 썰면 눈이 매워서 눈물이 난다.

切很多洋葱的话，眼睛会辣出眼泪。

常见用法 양파 껍질　洋葱皮

양파를 썰다　切洋葱

양파를 너무 많이 먹으면 입 냄새가 나니까 이를 닦
아야 해.

吃太多洋葱的话，嘴里会有味儿，因此应该刷一
下牙。

오이 [오이] 图 黄瓜

例▶ 더울 때 오이를 먹으면 속이 시원해져요.

热的时候吃黄瓜心里会变得痛快。

오이 마사지를 하면 얼굴이 하얘진다고 하니까 한
번 해 보세요.

听说用黄瓜按摩的话脸会变白，因此请试一下吧。

常见用法 오이 김치　黄瓜泡菜

오이 마사지　用黄瓜按摩

참기름 [참기름] 图 香油，芝麻油

例▶ 비빔밥을 비빌 때는 참기름을 넣어야 맛있어요.

做拌饭的时候放香油才好吃。

저희가 직접 짠 참기름이에요. 한 병 사 가지고 가세요.

这是我们自己榨的香油，请买一瓶吧。

채소 (菜蔬) [채소] 图 蔬菜

例▶ 싱싱한 채소를 많이 먹어야 건강해진다.

只有多吃新鲜的蔬菜，身体才会健康。

나중에 나이가 들면 고추나 상추 같은 채소를 직접
기르고 싶다.

以后年龄大了我想自己种植辣椒、生菜等蔬菜。

常见用法 채소를 기르다　种植蔬菜

치즈 [치즈] 图 奶酪

例▶ 프랑스 사람들은 포도주를 마실 때 치즈를 같이 먹
는다고 해요.

听说法国人喝葡萄酒的时候会配奶酪食用。

常见用法 치즈 한 장　一片奶酪

치즈 한 조각　一块奶酪

저는 치즈를 아주 좋아해서 피자에 치즈 가루를 꼭
뿌려서 먹어요.
我非常喜欢奶酪，因此吃比萨时一定会撒上奶酪粉。

토마토 [토마토] 名 西红柿，番茄

例 토마토가 과일이에요? 채소예요?
西红柿是水果还是蔬菜？
한국 음식 중에서 토마토를 재료로 사용해서 만든
음식이 있어요?
韩餐中有使用西红柿做的食物吗？

常见用法 토마토소스　番茄调味汁
　　　　토마토케첩　番茄酱
　　　　토마토 주스　番茄汁

해산물 (海産物) [해산물] 名 海产品

例 싱싱한 해산물로 끓인 국은 맛이 참 좋아요.
用新鲜的海产品煮的汤非常好喝。
저는 바닷가에 살아서 어렸을 때부터 여러 가지 해산
물을 많이 먹었어요.
我因为生活在海边，所以从小就吃过很多海产品。

常见用法 싱싱한 해산물　新鲜的海产品

4 요리 (料理)

간 [간] 名 咸味儿，味道

例 간장으로 간을 좀 더 해야겠어요.
得用酱油再调一下味儿。
입맛에 맞는지 안 맞는지 간을 좀 봐 주세요.
请尝一下是否合口味。

常见用法 간이 맞다　味道合适
　　　　간을 하다　调味儿
　　　　간을 보다　尝味儿
　　　　간을 맞추다　调味儿

굽다 [굽따] 動 烤

例▶ 고기를 굽는 냄새가 집 밖까지 난다.

烤肉的味道传到了房子外面。

오늘 저녁에는 생선을 구워서 먹으려고 해요.

我今天晚上想吃烤鱼。

活用结构 名을/를 굽다

끓이다 [끄리다] 動 煮, 烧, 熬

关 끓다 沸腾, 开锅 삶다 煮

例▶ 커피를 마시려고 물을 끓이고 있어요.

我想喝咖啡, 正在烧水。

배가 좀 고픈데 라면이나 하나 끓여 먹을까?

我肚子有点儿饿, 咱们煮包方便面吃怎么样?

活用结构 名을/를 끓이다
常见用法 라면을 끓이다 煮方便面

다지다 [다지다] 動 剁, 切碎, 弄碎

关 썰다 切

例▶ 이 김밥에는 다진 쇠고기가 들어가서 더 맛있어요.

这紫菜包饭因为里面加了牛肉末, 所以更好吃。

음식을 할 때마다 마늘을 다지기가 귀찮으면 마트에

서 다진 마늘을 사서 쓰세요.

如果觉得每次做食物的时候都要把蒜捣碎很麻

烦, 就请到超市买蒜末用吧。

活用结构 名을/를 다지다
常见用法 다진 고기 剁碎的肉
　　　　 마늘을 다지다 捣蒜

만들다 [만들다] 動 ①做, 造（食物、家具等）②创作, 制作（电影、歌曲等）

①做, 造（食物、家具等）

例▶ 저는 우리 엄마가 만들어 주시는 음식이 제일 맛있

어요.

我觉得妈妈做的食物最好吃。

活用结构 名을/를 만들다
常见用法 음식을 만들다 做食物
　　　　 가구를 만들다 做家具

② 创作，制作（电影、歌曲等）

> 例 영화를 한 편 만들려면 돈이 얼마나 들까요?
>
> 制作一部电影需要多少钱呢?

活用结构 名을/를 만들다
常见用法 노래를 만들다 创作歌曲

볶다 [복따] 动 炒

关 튀기다 炸，煎

> 例 김치, 양파, 고기를 볶아서 볶음밥을 해 먹을까?
>
> 把泡菜、洋葱、肉炒一下做炒饭吃怎么样?
>
> 잡채를 만들 때에는 채소를 따로따로 볶아야 해요?
>
> 같이 볶아도 돼요?
>
> 做炒杂菜的时候要分别炒蔬菜吗? 还是可以一起炒?

活用结构 名을/를 볶다
常见用法 밥을 볶다 炒饭
음식을 볶다 炒菜

비비다 [비비다] 动 拌（食物）

> 例 반찬이 없어서 밥에다가 고추장을 넣어서 비벼 먹었다.
>
> 因为家里没有菜，所以我在饭里放辣椒酱拌着吃了。
>
> 비빔밥으로 가장 유명한 곳은 전주입니다. 전주에 가면
> 꼭 비빔밥을 드셔 보세요.
>
> 全州的拌饭最有名。如果去全州，请一定尝尝拌饭。

活用结构 名을/를 비비다
常见用法 밥을 비비다 拌饭

삶다 [삼따] 动 煮

关 찌다 蒸 끓이다 煮，烧

> 例 입맛이 없어서 국수를 삶아서 먹었어요.
>
> 我因为没有胃口，所以煮了面条吃。
>
> 점심에 돼지고기를 삶아서 상추에 싸 먹자.
>
> 咱们中午把猪肉煮了，然后用生菜包着吃吧。

活用结构 名을/를 삶다
常见用法 국수를 삶다 煮面条

썰다 [썰다] 动 切

> 例 무를 썰다가 칼에 손가락을 베었어요.

活用结构 名을/를 썰다

我切萝卜时用刀切到手指了。

라면에다가 계란도 넣고, 파도 좀 썰어서 넣어라.

你在方便面里放上鸡蛋，再切点儿葱放进去吧。

요리 (料理) [요리] 名 做菜，烹饪，菜，料理 　　　　　　　　关 음식 食物

例▶ 제가 할 줄 아는 요리는 라면뿐이에요.

我会做的料理只有煮方便面。

저는 외식을 하는 것보다 직접 요리를 해서 먹는 것을

좋아해요.

与在外面吃饭相比，我更喜欢自己做菜吃。

常见用法
요리법　烹饪方法
요리사　厨师
한국 요리　韩国料理
요리하다　做菜
요리를 만들다　做菜

젓다 [젇따] 动 搅，摇，摇晃 　　　　　　　　　　　　关 섞다 搅拌

例▶ 커피에 설탕하고 우유를 넣고 잘 저으세요.

请在咖啡里放糖和牛奶，然后好好搅拌一下。

죽을 끓일 때에는 옆에 서서 계속 저어야 해요.

煮粥的时候要站在旁边不停地搅动。

活用结构 名을/를 젓다

튀기다 [튀기다] 动 炸，煎 　　　　　　　　　　　　关 튀다 炸裂，爆裂

例▶ 탕수육은 돼지고기를 튀겨서 만든 음식이에요.

糖醋肉是把猪肉炸了后做成的食物。

튀긴 음식은 다이어트에 좋지 않으니까 먹지 마세요.

油炸食物不利于减肥，因此请不要吃。

活用结构 名을/를 튀기다
常见用法 닭을 튀기다　炸鸡

5 음식 (食物)

국 [국] 名 汤

例▶ 오늘이 내 생일이니까 아침에 엄마가 미역국을 끓이
시겠지?
今天是我的生日，妈妈早上会给我煮海带汤吧?
나는 국이 없으면 밥을 잘 먹지 않기 때문에 어머니
는 나를 위해 꼭 국을 끓여 놓으신다.
没有汤的话我不爱吃饭，因此妈妈一定会为我煮
好汤。

常见用法 미역국　海带汤
国을 끓이다　煮汤

김밥 [김밥] 名 紫菜包饭

例▶ 소풍을 가는 날 어머니는 아침 일찍 일어나서 김밥을
만드셨다.
去郊游那天妈妈一早就起来做了紫菜包饭。
아침을 먹지 못하고 학교에 가면 수업을 시작하기
전에 꼭 김밥을 사서 먹어요.
我如果没吃早饭就去了学校，那么上课前一定会
买紫菜包饭吃。

常见用法 김치 김밥　泡菜紫菜包饭
김밥 한 줄　一根紫菜包饭
김밥을 말다　卷紫菜包饭
김밥을 싸다　包紫菜包饭
김밥을 썰다　切紫菜包饭

김치 [김치] 名 泡菜　　　　　　　　　　　　　　　　　　关 김장 过冬泡菜

例▶ 김치는 한국의 가장 대표적인 음식이다.
泡菜是韩国最具代表性的食物。
저는 김치가 없어도 밥을 잘 먹지만 오빠는 김치가
없으면 밥을 잘 먹지 못해요.
我没有泡菜也可以好好吃饭，但是哥哥没有泡菜
的话就不爱吃饭。

常见用法 물김치　水泡菜
김치가 익다　泡菜腌好了
김치를 담다　腌泡菜

냉면 (冷麪) [냉면] 名 冷面

关 국수 面条

例▶ 냉면은 원래 여름에 먹는 음식이 아니라 겨울에 먹는 음식
이었다고 해요.

听说冷面原来不是夏天吃的食物，而是冬天吃的食物。

날씨가 더우니까 냉면이 생각나네요. 우리 점심에 시원한
냉면을 먹으러 갈까요?

天气很热，因此我想起了冷面。我们中午去吃爽口的
冷面怎么样？

常见用法 물냉면　带汤冷面
비빔냉면　拌冷面
냉면 한 그릇　一碗冷面
냉면을 말다　泡冷面

돈가스 [돈까스] 名 炸猪排

例▶ 돈가스는 일본 사람들이 즐겨 먹는 음식이라고 해요.

听说炸猪排是日本人喜欢吃的食物。

남산에 돈가스로 유명한 음식점이 있는데 값이 싸고 양도 정말 많아요.

南山有家以炸猪排出名的饭馆。那里的炸猪排价钱便宜，量也很大。

뜨겁다 [뜨겁따] 形 烫，热

反 차갑다 凉

例▶ 여름 햇빛이 참 뜨겁네요.

夏天的阳光真是炙热啊！

국물이 뜨거우니까 조심하세요.

汤很热，请小心。

活用结构 名이/가 뜨겁다
常见用法 뜨거운 물　热水
몸이 뜨겁다　身体发烫

라면 [라면] 名 方便面

例▶ 어제 라면을 먹고 자서 얼굴이 부었다.

我因为昨天吃了方便面后睡的觉，所以脸肿了。

음식을 못한다고요? 라면도 끓일 줄 몰라요?

你说你不会做菜？你连方便面也不会煮吗？

常见用法 라면 한 봉지　一包方
便面
라면을 끓이다　煮方
便面

반찬 [반찬] 名 菜，菜肴

例▶ 제가 제일 좋아하는 반찬은 나물이에요.

我最喜欢吃的菜是凉拌菜。

한국 식당에서는 반찬을 공짜로 계속 줘서 신기했

어요.

韩国饭馆里无限量免费赠送小菜，这非常新奇。

常见用法 고기반찬　肉菜

반찬을 만들다　做菜

밥 [밥] 名 ①米饭 ②（每顿吃的）饭

①米饭

例▶ 밥이 없으니까 쌀을 씻어서 밥부터 해라.

米饭没了，你淘一下米，先蒸米饭吧。

常见用法 쌀밥　米饭

보리밥　大麦饭

밥 한 그릇　一碗米饭

밥이 되다　米饭好了

밥을 하다　蒸米饭

②（每顿吃的）饭

近 식사 吃饭，用餐

例▶ 밥이 다 됐으니까 어서 밥을 먹으러 와라.

饭做好了，你快来吃饭吧。

常见用法 밥상　饭桌

밥을 먹다　吃饭

불고기 [불고기] 名 烤肉

例▶ 저는 한국 음식 중에서 불고기를 제일 좋아합니다.

韩餐中我最喜欢烤肉。

불고기에다가 밥을 비벼서 주면 아이가 맛있게 먹을 거예요.

在饭里拌上烤肉的话，孩子会吃得很香。

삼계탕 (蔘鷄湯) [삼계탕/삼게탕] 名 参鸡汤

例▶ 삼계탕이 싱거우면 소금을 넣어서 드세요.

如果参鸡汤淡了，就请放点儿盐食用吧。

한국 사람들은 더운 여름에 삼계탕을 먹습니다.

韩国人在炎热的夏天食用参鸡汤。

샌드위치 [샌드위치] 名 三明治

例▶ 밤에 공부할 때 어머니는 간식으로 샌드위치를 만들어 주셨다.

我夜里学习的时候，妈妈给我准备了三明治作为消夜。

아침에 식사할 시간이 없을 때는 간단하게 샌드위치를 사서 먹어요.

早上没时间吃饭时，我会买三明治简单地吃点儿。

샐러드 [샐러드] 名 沙拉

例▶ 샐러드를 다 드시면 요리가 나옵니다.

等您吃完沙拉就上菜。

저는 과일 샐러드보다 야채 샐러드를 더 좋아해요.

与水果沙拉相比，我更喜欢吃蔬菜沙拉。

常见用法 과일 샐러드　水果沙拉
　　　　샐러드드레싱　沙拉酱

스테이크 [스테이크] 名 牛排

例▶ 오랜만에 스테이크를 먹고 싶은데, 우리 먹으러 갈까요?

我想吃牛排，很久没吃了，我们去吃怎么样?

집에서 스테이크를 구워서 먹었는데 레스토랑에서 먹는 것처럼 맛있었다.

我在家烤牛排吃了。在家烤的牛排和饭馆里的一样好吃。

常见用法 스테이크를 썰다　切牛排
　　　　스테이크를 굽다　烤牛排

스파게티 [스파게티] 名 意大利面

例▶ 학교 근처에 스파게티가 아주 맛있는 식당이 있는데 같이 가시겠어요?

学校附近有家饭馆的意大利面非常好吃，我们一起去吃意大利面怎么样?

이탈리아의 대표적인 음식으로는 스파게티가 있다.

意大利面是意大利具有代表性的美食。

우동 [우동] 名 乌冬面

例 우동 국물이 아주 맛있어요.

乌冬面汤非常美味。

날씨가 추우니까 따뜻한 우동이 먹고 싶어요.

天气很冷，因此我想吃热腾腾的乌冬面。

죽 (粥) [죽] 名 粥   关 밥 饭，米饭

例 아침에 입맛이 없으면 죽을 먹어요.

我早上没胃口的话就喝粥。

속이 안 좋으면 밥보다는 죽을 먹는 게 좋겠어요.

胃不好的话，喝粥比吃饭更好。

常见用法 호박죽　南瓜粥
죽을 쑤다　熬粥

짜장면 [짜장면] 名 炸酱面   关 짬뽕 炒码面　탕수육 糖醋肉

例 한국 짜장면과 중국 짜장면은 좀 달라요.

韩国的炸酱面和中国的炸酱面有点儿不同。

너는 짜장면을 먹을 거야? 짬뽕을 먹을 거야?

你要吃炸酱面还是炒码面?

常见用法 짜장면 한 그릇　一碗炸酱面

초밥 (醋-) [초밥] 名 寿司   关 회 生鱼片

例 점심에 일식집에 가서 초밥하고 우동을 시켜서 먹었다.

我中午去日餐馆点寿司和乌冬面吃了。

밤늦게까지 일하는 직원들을 위해서 사장님께서 초밥을 배달시켜 주셨다.

社长为工作到很晚的职员们叫了寿司外卖。

카레 [카레] 名 咖喱　　　　　　　　　　　　　关 인도 음식 印度食物

例▶ 카레라이스는 만들기가 간단해서 반찬이 없을 때
　　자주 해서 먹는다.
　　因为咖喱饭的做法很简单，所以没有菜肴的时候
　　我经常做来吃。
　　저는 카레 냄새를 별로 좋아하지 않아서 카레가
　　들어간 음식은 잘 먹지 않아요.
　　我因为不怎么喜欢咖喱的味道，所以不太爱吃加
　　了咖喱的食物。

常见用法 카레 가루　咖喱粉
　　　　　카레라이스　咖喱饭

피자 [피자] 名 比萨

例▶ 저는 해산물이 들어간 피자를 좋아해요.
　　我喜欢海鲜比萨。
　　오늘 점심에는 피자를 한 판 시켜서 먹읍시다.
　　咱们今天中午点一个比萨吃吧。

常见用法 피자 한 판　一个比萨
　　　　　피자 한 조각　一块比萨

한식 (韓食) [한식] 名 韩餐

例▶ 한식 중에서 갈비와 불고기를 제일 좋아합니다.
　　韩餐中我最喜欢排骨和烤肉。
　　학교 근처에 한식집이 하나 생겼는데 점심 때 가
　　볼까?
　　学校附近开了家韩餐馆，我们中午去吃怎么样?

常见用法 한식집　韩餐馆

有如下以 "-식" 形式表示某个国家食物的单词:
중국 음식 中餐, 한식(한국 음식) 韩餐, 일식(일본 음식) 日餐, 양식(서양
음식) 西餐

햄버거 [햄버거] 名 汉堡

例▶ 밥을 해 먹을 시간이 없어서 햄버거를 하나 사서 먹었다.

我因为没有时间做饭吃，所以买了一个汉堡吃。

가게에서 파는 햄버거보다 엄마가 직접 만들어 주시는 햄버거가 더 맛있다.

妈妈亲手给我做的汉堡比店里卖的汉堡更好吃。

6 식사 (用餐)

고프다 [고프다] 形 饿   反 부르다² (肚子) 饱

例▶ 배가 고프면 배에서 꼬르륵 소리가 납니다.

肚子饿的话，肚子里会发出咕噜咕噜的响声。

아침을 안 먹어서 배가 고파요. 뭐 먹을 게 없어요?

我因为没吃早饭，所以肚子饿了。你没什么可以

吃的东西吗?

活用结构 名이/가 고프다
常见用法 배가 고프다　肚子饿

덜다 [덜다] 动 减，减少，省

例▶ 아줌마, 밥이 많아요. 좀 덜어 주세요.

阿姨，饭太多了，请给我弄少一点儿吧。

뷔페에 가면 접시에 음식을 덜어서 먹어요.

去吃自助餐时要用碟子一点一点地盛食物吃。

活用结构 名을/를 덜다
常见用法 밥을 덜다　减少饭

따로 [따로] 副 另外，单独   反 같이 一块，一起

例▶ 빨래를 할 때 하얀색 옷은 따로 빨아야 한다.

洗衣服时，白衣服应该单独洗。

여러 사람이 같이 찌개를 먹을 때는 보통 따로 덜어서 먹어요.

许多人一起食用炖菜的时候一般都单独把菜盛出来吃。

①菜单

例 아주머니, 여기 메뉴 좀 갖다 주세요.

阿姨，请给我菜单看一下。

常见用法 메뉴판　菜单

②饭菜的种类

例 오늘 저녁 메뉴는 뭐지? 엄마가 무슨 음식을 만들어
놓으셨을까?

今天晚上吃什么呢？妈妈做了什么食物呢？

常见用法 세트 메뉴　套餐
저녁 메뉴　晚餐时吃的饭菜
오늘의 메뉴　今天要吃的饭菜

배달 (配達) [배달] 名 投递，送

例 집 앞 슈퍼마켓은 손님이 산 물건들을 집까지 배달해
줍니다.

家前面的超市提供帮客人把买的东西送回家的
服务。

오늘은 음식하기가 귀찮아서 그냥 중국 음식을 배달
시켜서 먹으려고 해요.

我今天不想做饭，因此打算叫中餐外卖吃。

常见用法 음식 배달　送餐
배달하다　送
배달시키다　让……送

붓다 [붇따] 动 倒，倾倒，浇　　　　　　　　关 담다 盛，装

例 국이 좀 짜다. 물을 좀 더 붓고 끓여야겠다.

汤有点儿咸，得再倒点儿水煮一下。

국수를 삶을 때 물이 끓으면 찬물을 한 컵 정도 부으
세요. 그러면 면이 더 맛있어요.

煮面条时，请在水开了后倒入一杯左右凉水。那
样的话面更好吃。

活用结构 名을/를 붓다
常见用法 물을 붓다　倒水

뷔페 [뷔페] 名 自助餐

例 결혼식 피로연은 뷔페로 합시다.　　　　　**常见用法** 뷔페 식당　自助餐厅
我们办自助餐形式的婚宴吧。

뷔페는 여러 가지 음식을 다 먹을 수 있어서 좋아요.
吃自助餐时可以吃到各种食物，因此我很喜欢自
助餐。

시키다 [시키다] 动 ①点（菜）②使，让，使唤　　　　**近** 주문하다 预订，预约

①点（菜）

例 음식을 시켜야 하는데 왜 종업원이 안 오지?　　**活用结构** 名을/를 시키다
我要点餐了，可为什么服务员不过来？

②使，让，使唤

例 설탕이 없어서 아이에게 설탕을 사 오라고 시켰다.　　**活用结构** 名에게 动으라고/라고 시
因为糖没有了，所以我让孩子去买了。　　　　　　　　　키다

외식하다 (外食-) [외시카다] 动 到外面用餐，到外面吃饭

例 가끔 외식하는 게 아내를 위해서 좋은 것 같아요.
偶尔到外面用餐好像对妻子比较好。

오늘은 어머니 생신이라서 부모님을 모시고 외식하려고 해요.
今天是妈妈的生日，因此我想陪父母到外面用餐。

중국집 (中國-) [중국찝] 名 中餐馆

例 친구들이 놀러 와서 중국집에서 음식을 시켜서 먹었다.
因为朋友来玩儿，所以我在中餐馆点了食物吃。

어렸을 때 나와 형의 생일날이 되면 우리 가족은 중국집에 가서 외식을 했다.
小时候我和哥哥过生日的时候，我们全家人就去中餐馆吃饭。

> **tip** ★ ★ ★
>
> 有如下以 "-집" 形式表示饭馆的单词:
> 중국집 中餐馆，한식집 韩餐馆，일식집 日餐馆，양식집 西餐馆

연습 문제 (练习题)

[1 ~ 15] 다음 단어를 한국어로 바꿔 쓰십시오. 请写出下列汉语意思对应的韩国语单词。

1. 谷物，粮食 (   )   2. 冷面   (   )   3. 豆腐   (   )

4. 大酱   (   )   5. 方便面 (   )   6. 奶酪   (   )

7. 寿司   (   )   8. 烤   (   )   9. 炸猪排 (   )

10. 香油   (   )   11. 巧克力 (   )   12. 汉堡   (   )

13. 剁，弄碎 (   )   14. 三明治 (   )   15. 冰激凌 (   )

[16 ~ 20] 그림을 보고 (   )에 알맞은 것을 고르십시오. 请看图选择正确的答案。

16. 가: 맛이 어때요?

　　나: 아주 (   )어요/아요/여요.

　　① 달다　　② 맵다　　③ 시다　　④ 짜다

17. 가: 달걀을 어떻게 했어요?

　　나: (   )었어요/았어요/였어요.

　　① 굽다　　② 볶다　　③ 삶다　　④ 비비다

18. 가: 뭘 샀어요?

　　나: (   ) 다섯 마리를 샀어요.

　　① 닭　　② 쌀　　③ 고추　　④ 생선

19. 가: 맥주를 얼마나 마셨어요?

　나: 두 (　　) 마셨어요.

　① 병　　② 잔　　③ 그릇　　④ 인분

20. 가: 오이를 어떻게 해야 해요?

　나: (　　)어야/아야/여야 해요.

　① 썰다　　② 씻다　　③ 젓다　　④ 다지다

[21~30] 다음 문장을 읽고 알맞은 어휘를 골라 쓰십시오. 어휘는 한 번만 쓰십시오. 请阅读下列句子，然后选择合适的单词填空，每个单词只能使用一次。

국	술	간식	과일	김치	소금	우유	피자	달다	볶다
삶다	썰다	짜다	뜨겁다	싱싱하다					

21. 요구르트는 (　　　　)으로/로 만든다.

22. 싱거우니까 (　　　　)을/를 조금 더 넣으세요.

23. 스파게티와 (　　　　)은/는 이탈리아 음식이다.

24. 당근을 기름에 (　　　　)었어요/았어요/였어요.

25. 삼계탕은 (　　　　)을/ㄹ 때 먹어야 맛있습니다.

26. 어제 저녁에 친구들을 만나서 (　　　　)을/를 한잔했다.

27. (　　　　)은/ㄴ 음식을 너무 많이 먹으면 충치가 생길 수 있다.

28. 저는 사과, 바나나, 오렌지, 수박 같은 (　　　　)을/를 좋아합니다.

29. 간장을 많이 넣으면 음식이 (　　　　)으니까/니까 조금만 넣으세요.

30. 점심과 저녁 사이에 무슨 (　　　　)을/를 만들어서 아이에게 주는 게 좋을까?

[31~35] (　　) 안에 알맞은 것을 고르십시오. 请选择合适的答案。

31. 아이들은 기름에 (　　)은/ㄴ 요리를 좋아한다.

　① 삶다　　② 찌다　　③ 다지다　　④ 튀기다

32. 바다에서 나는 싱싱한 (　　)을/를 여러 가지 사 왔다.

　　① 과일　　　② 채소　　　③ 불고기　　　④ 해산물

33. 한국 사람들은 매운 마늘을 또 매운 (　　)에 찍어 먹는다.

　　① 간장　　　② 소금　　　③ 고추장　　　④ 참기름

34. 한국 사람들의 밥상에는 밥, 국이나 찌개, 그리고 (　　)이/가 있다.

　　① 간식　　　② 과일　　　③ 반찬　　　④ 요리

35. 소화가 잘 되지 않아서 (　　)을/를 끓여 먹었다.

　　① 빵　　　　② 죽　　　　③ 과일　　　④ 오이

[36~40] 밑줄 친 부분과 반대되는 뜻을 가진 것을 고르십시오. 请选择与画线部分意义相反的单词。

36. 가: 음식이 <u>맛있어요</u>?

　　나: 아니요, (　　)어요/아요/여요.

　　① 맛없다　　② 모르다　　③ 아니다　　④ 재미없다

37. 가: 배가 <u>고파요</u>?

　　나: 아니요, 배가 아주 (　　)어요/아요/여요.

　　① 붓다　　　② 크다　　　③ 부르다　　　④ 아프다

38. 가: 밥을 <u>더 담아</u> 드릴까요?

　　나: 아니요, 너무 많으니까 좀 (　　)어/아/여 주세요.

　　① 덜다　　　② 벗다　　　③ 빼다　　　④ 더하다

39. 가: 이 음식은 그릇 하나에 <u>같이</u> 먹을까요?

　　나: 아니요, (　　) 먹읍시다.

　　① 바로　　　② 따로　　　③ 함께　　　④ 혼자

40. 가: 맛이 <u>짜요</u>?

　　나: 아니요, (　　)어요/아요/여요.

　　① 달다　　　② 맵다　　　③ 맛없다　　　④ 싱겁다

[41~45] 밑줄 친 부분과 의미가 가장 가까운 것으로 고르십시오. 请选择与画线部分意义最相近的单词。

41. 가: 음식 재료가 모두 <u>싱싱해요</u>?

　　나: 그럼요. 얼마나 (　　)은지/ㄴ지 몰라요.

① 많다　　　② 깨끗하다　　③ 선선하다　　④ 신선하다

42. 가: 뭘 <u>주문할까요</u>?

　　나: 피자하고 콜라를 (　　)읍시다/ㅂ시다.

　　① 먹다　　　② 마시다　　③ 만들다　　④ 시키다

43. 가: 무슨 <u>음식을</u> 만들까요?

　　나: 오늘은 중국 (　　)을/를 만듭시다.

　　① 밥　　　② 과일　　③ 요리　　④ 찌개

44. 가: 목이 말라요. <u>마실 것</u> 좀 없어요?

　　나: 이 (　　)을/를 드세요.

　　① 간식　　　② 과일　　③ 과자　　④ 음료수

45. 가: <u>찬 물</u> 좀 주세요.

　　나: 여기 있어요. 아주 (　　)어요/아요/여요.

　　① 춥다　　　② 뜨겁다　　③ 따뜻하다　　④ 시원하다

[46 ~ 50] 밑줄 친 단어의 쓰임이 잘못된 것을 고르십시오. 请选择画线部分单词使用错误的一项。

46. ① 직접 가구를 <u>만드신다고요</u>? (　　)

　　② 오늘은 뭘 <u>만들어서</u> 먹을까?

　　③ 이번에 <u>만든</u> 노래는 참 듣기 좋았다.

　　④ 양파하고 당근을 기름에 같이 <u>만들었다</u>.

47. ① 소금으로 <u>간을</u> 해라. (　　)

　　② 이 음식은 <u>간이</u> 딱 맞네요.

　　③ <u>간을</u> 넣으니까 매워졌어요.

　　④ <u>간을</u> 좀 봐 주세요. 어때요?

48. ① 이 고추는 별로 <u>맵지</u> 않네요. (　　)

　　② 소금을 많이 넣어서 음식이 <u>짜요</u>.

　　③ 식초가 너무 많이 들어가서 맛이 <u>달다</u>.

　　④ 약이 <u>쓰니까</u> 아이가 먹으려고 하지 않아요.

49. ① 메뉴를 보고 음식을 <u>지켜라</u>. (　　)

　　② <u>배달시킨</u> 음식이 왜 이렇게 안 오지?

　　③ 이 음식은 따뜻할 때 <u>드셔야</u> 맛있어요.

④ <u>외식하면</u> 음식을 안 해도 되니까 편하다.

50. ① 라면을 <u>끓여서</u> 먹었다. (   )

② 밥에 고추장을 넣고 <u>비볐다</u>.

③ 고기를 <u>굽는</u> 냄새가 아주 좋다.

④ 물이 적으니까 물을 더 <u>저어라</u>.

第十二课 교통 (交通)

1 탈것, 타는 곳 (交通工具，乘坐交通工具的地方)

공항 (空港) [공항] 名 机场
关 비행기 飞机　항공사 航空公司

例▶ 오늘 친구가 한국에 와서 공항에 마중을 가야 해요.
今天朋友来韩国，因此我要去机场接他。
선생님이 타신 비행기가 몇 시에 공항에 도착한대요?
老师乘坐的飞机几点到机场？

기차 (汽車) [기차] 名 火车

例▶ 서울에서 부산까지 기차로 몇 시간 걸려요?
从首尔到釜山坐火车需要几个小时？
차를 타고 가는 여행도 좋지만 기차를 타고 가는 여
행이 더 좋을 것 같아.
虽然坐汽车去旅行也很好，但是坐火车去旅行可
能会更好。

常见用法 기차표　火车票
기차역　火车站
기차를 타다　乘坐火车

배¹ [배] 名 船
关 항구 港口

例▶ 부산에서 제주도까지 배를 타고 왔어요.
我从釜山坐船来了济州岛。
배로 소포를 보내면 비행기로 보내는 것보다 느리
지만 값이 싸요.
海运包裹比空运包裹速度慢，但是价钱便宜。

常见用法 배를 타다　乘船

버스 [버스] 名 公共汽车
关 정류장 车站

例 아저씨, 이 버스가 신촌으로 갑니까?

大叔，这辆公共汽车开往新村吗？

여기에서 경복궁에 가려면 지하철보다 버스를 타는

것이 더 빨라요.

要从这里去景福宫的话，坐公共汽车比坐地铁更快。

常见用法 시내버스　市内公共汽车
고속버스　高速公共汽车
버스 요금　公共汽车费
버스를 타다　乘坐公共汽车

비행기 (飛行機) [비행기] 名 飞机

例 북경에서 서울까지 비행기로 2(두)시간쯤 걸려요.

从北京到首尔坐飞机需要大约两个小时。

오빠가 탄 비행기는 아직 도착하지 않았어요. 1(한)

시간 더 기다려야 한다고 해요.

哥哥乘坐的飞机还没有到。我还要再等一个小时。

常见用法 비행기 표　机票
비행기 한 대　一架飞机
비행기가 출발하다　飞机起飞

역 (驛) [역] 名 站

例 친구가 기차역으로 마중 나왔다.

朋友来火车站接我了。

신촌 지하철역 1(일)번 출구에서 기다리기로 했어요.

我决定在新村地铁站1号出口等。

常见用法 기차역　火车站
지하철역　地铁站

정류장 (停留場) [정뉴장] 名 车站

例 아저씨, 명동에 가려고 하는데 어느 정류장에서 내

려야 해요?

大叔，我想去明洞，应该在哪一站下车？

이번 정류장은 연세대학교입니다. 다음 정류장은 세

브란스 병원입니다.

这一站是延世大学站。下一站是赛普兰斯医院站。

常见用法 버스 정류장　公共汽车站
택시 정류장　出租车站

지하철 (地下鐵) [지하철] 名 地铁

例▶ 출퇴근 시간에는 지하철을 타는 게 더 좋습니다.

上下班时间乘坐地铁会更好。

광화문에 가려면 지하철 5(오)호선을 타야 합니다.

如果要去光化门，应该乘坐地铁5号线。

常见用法 지하철역　地铁站

차² (車) [차] 名 车

关 운전 驾驶　카센터 汽车维修中心

例▶ 차가 고장이 나서 수리하려고 카센터에 맡겼어요.

车出故障了，因此我把车送到了汽车维修中心修理。

차가 오래 되어서 바꾸려고 하는데 요즘 인기가 있는 차가 뭐예요?

车开的时间太久了，因此我想换一辆车。最近什么样的车受欢迎?

常见用法 차 한 대　一辆车
차를 타다　坐车
차를 수리하다　修车
차에 태우다　让……乘车

택시 [택시] 名 出租车

关 승객 乘客

例▶ 오늘 늦게 일어나서 택시를 타고 출근했어요.

我今天起晚了，因此坐出租车上的班。

여기에서는 택시를 잡기가 어려우니까 좀 더 큰 길로 갑시다.

这里很难打到出租车，咱们到更宽阔的路上去吧。

常见用法 빈 택시　空出租车
택시 요금　出租车费
택시 기사　出租车司机
택시를 잡다　打出租车

터미널 [터미널] 名 终点站，长途车站

例▶ 기차표가 없으면 고속버스 터미널로 가서 고속버스를 타고 가자.

如果火车票没了，咱们就去高速长途汽车站坐高速长途车走吧。

常见用法 고속버스 터미널　高速长途汽车站
시외버스 터미널　远郊公共汽车站

거기는 시골이라서 여기서 직접 가는 버스는 없어요.
시외버스 터미널에 가야 될 거예요.

那里是农村，因此这里没有去那里的直达车。可能得去远郊公共汽车站才行。

❷ 승차, 탑승 (乘车, 搭乘)

갈아타다 [가라타다] 动 改乘, 换乘

例▶ 버스를 갈아타도 버스 요금을 더 내지 않으니까 참 좋아요.

即使换乘公共汽车也不需要再交车费, 这非常不错。

종합운동장으로 가려면 3(삼)호선을 타고 가다가 교대역에서 2(이)호선으로 갈아타세요.

如果想去综合运动场, 请乘坐地铁3号线, 然后在教大站换乘地铁2号线。

活用结构 名을/를 갈아타다
名에서 내려서 名으로/로 갈아타다

常见用法 버스를 갈아타다　换乘公共汽车
버스에서 내려서 지하철로 갈아타다　下了公共汽车后换乘地铁

교통카드 (交通–) [교통카드] 名 交通卡

例▶ 세상이 참 편리해졌다. 교통카드만 있으면 서울 어디든지 갈 수 있구나.

现在的生活变得非常便利了。只要有交通卡, 就可以去首尔的任何地方。

요금 할인을 받으려면 내리실 때도 교통카드를 꼭 단말기에 대셔야 합니다.

要想享受折扣优惠, 下车的时候也一定要在刷卡机上刷一下交通卡。

常见用法 후불제 교통카드　后付费交通卡
교통카드를 충전하다　给交通卡充值
교통카드를 단말기에 대다　在刷卡机上刷交通卡

교통편 （交通便） [교통편] 名 ①交通工具 ②交通情况

①交通工具

关 차편 乘车　배편 坐船

例▶ 서울에서 부산까지 어떤 교통편을 이용하는 것이 좋을까요?

从首尔到釜山乘坐什么交通工具好呢?

常见用法 교통편을 이용하다　乘坐交通工具

②交通情况

例▶ 여기는 교통편이 나빠서 시내에 가려면 버스를 갈아타야 한다.

这里的交通情况不好，因此你想去市内的话，必须换乘公共汽车。

常见用法 교통편이 나쁘다　交通情况不好

내리다 [내리다] 动 ①落，下（交通工具）②下（雨、雪等）

①落，下（交通工具）

例▶ 버스에서 내리면 빵집이 보일 거예요. 그 건물의 2층에 커피숍이 있어요.

下公共汽车后会看到面包店。在那栋建筑物的二楼有咖啡馆。

活用结构 名에 내리다
名에서 내리다

常见用法 공항에 내리다　在机场降落
버스에서 내리다　下公共汽车

②下（雨、雪等）

例▶ 날씨가 많이 흐려요. 곧 비가 내릴 것 같아요.

天阴得很厉害，好像马上要下雨了。

活用结构 名이/가 내리다

常见用法 비가 내리다　下雨

노선도 （路線圖） [노선도] 名 路线图

关 환승역 换乘站

例▶ 지하철 노선도를 보면 어디에서 갈아타야 하는지 알 수 있을 거예요.

看一下地铁路线图的话，就会知道应该在哪里换乘了。

常见用法 버스 노선도　公共汽车路线图
지하철 노선도　地铁路线图

버스 정류장에 노선도가 있으니까 동대문쪽으로 가
는 버스가 있는지 알아보자.

公共汽车站有路线图，咱们看一下有没有去东大门
那边的公共汽车吧。

노약자석 (老弱者席) [노약짜석] 名老幼病残孕专座

例▶ 버스에 있는 노란색 좌석이 노약자석이에요?

公共汽车里的黄色座椅是为老幼病残孕人群准备的吗？

보통 중고등학생들은 지하철 노약자석에 앉지 않아요.

中学生一般不坐地铁里的老幼病残孕专座。

도착하다 (到着-) [도차카다] 动 到达，到   反 출발하다 出发

例▶ 비행기가 몇 시에 도착하니?   活用结构 名에 도착하다

飞机几点到?   常见用法 학교에 도착하다 到学校

축구 대표팀이 탑승한 비행기가 벌써 도착했다고 해요.

听说国家足球队乘坐的飞机已经到达。

방법 (方法) [방법] 名 方法，办法

例▶ 영수를 도와줄 방법이 없을까?   常见用法 사용 방법 使用方法

没有帮助英洙的办法吗？   방법이 없다 没有办法

학교까지 한 시간이나 걸린다고요? 더 빨리 가는 방   방법을 찾다 寻找方法

법은 없을까요?

你是说去学校需要一个小时吗? 没有更快的方法吗？

불편하다 (不便-) [불편하다] 形①（某东西用起来）不方便，不舒服 ②（身体）不方便，
（内心）不舒坦，（关系）不方便

① （某东西用起来）不方便，不舒服   反 편하다 方便，舒服 편리하다 方便，便利 🖊

例▶ 집에서 학교까지 거리는 멀지 않은데 직접 가는 버   活用结构 名이/가 불편하다

스가 없어서 불편해요.   常见用法 교통이 불편하다 交通不方便

264

从家到学校距离不远，但是因为没有直达的公共
汽车，所以我觉得很不方便。

의자가 불편하다　椅子坐着不
舒服

② （身体）不方便，（内心）不舒坦，（关系）不方便　　　　反 편하다 舒坦 ✎

例▶ 영수하고 싸운 후에는 영수를 만나는 것이 불편
하다.
和英洙吵架后，我再见他会觉得不方便。

活用结构 名이/가 불편하다
常见用法 불편한 관계　不方便的关系
다리가 불편하다　腿不方便
마음이 불편하다　内心不舒坦

승강장 (昇降場) [승강장] 名 站台

例▶ 여자친구가 기차 승강장까지 나와서 나를 배웅했다.
女朋友一直送我到火车站台。
출퇴근 시간이 아니니까 지하철 승강장에 사람이
별로 없어요.
因为不是上下班时间，所以地铁站台上没什么人。

常见用法 지하철 승강장　地铁站台

안전선 (安全線) [안전선] 名 安全线

例▶ 애야, 위험하다. 안전선 가까이 가지 마라.
孩子，危险，不要靠近安全线。
열차가 들어오고 있습니다. 안전선 뒤로 한 걸음 물러서시기 바랍니다.
列车正在进站，请大家向安全线外后退一步。

왕복 (往復) [왕복] 名 往返

关 편도 单程

例▶ 유학을 갈 때 왕복표를 살 계획이에요.
去留学的时候我打算买往返票。
산 정상까지 왕복 1(한)시간 반쯤 걸려요.
往返山顶大约需要一个半小时的时间。

常见用法 왕복표　往返票
왕복 요금　往返费用

요금 (料金) [요금] 名 费，费用

例 ▶ 한 달에 전화 요금이 얼마나 나와요?

一个月的电话费是多少？

이제 곧 버스 요금이 오를 것 같아요.

公共汽车费好像马上要上涨。

常见用法 버스 요금　公共汽车费

주차 요금　停车费

전화 요금　电话费

요금이 나오다　产生费用

요금을 내다　缴费

자리 [자리] 名 位置，座位

近 좌석 座位，座席

例 ▶ 자리에 앉아 있다가 할머니가 버스에 타셔서 자리를 양보해 드렸다.

我在公共汽车上坐着时，一位老奶奶上来了，于是我就把座位让给了她。

한 시간이나 가야 하는데 지하철 안에 자리가 없어서 계속 서서 갔다.

坐地铁去需要一个小时，可是因为地铁里没有座，所以我一直站着。

常见用法 자리를 양보하다　让座

직접 (直接) [직쩝] 副 直接

反 간접 间接

例 ▶ 여기에서 신촌 기차역까지 직접 가는 버스가 없어요.

从这里到新村火车站没有直达的公共汽车。

우리 전화로만 얘기할 게 아니라 직접 만나서 얘기하는 게 어때요?

我们不要只在电话里聊天，直接见面聊天怎么样？

活用结构 직접 动

常见用法 직접 가다　直接去

직접 만나다　直接见面

출구 (出口) [출구] 名 出口

例 ▶ 세종문화회관에 가려면 1(일)번 출구로 나가세요.

想去世宗文化会馆的话，请从1号出口出去。

活用结构 数 번 출구

常见用法 출구로 나가다　从出口出去

화장실은 앞쪽 출구로 나가서 왼쪽으로 가시면 됩니다.

从前面的出口出去向左拐就是卫生间。

하차하다 (下車-) [하차하다] 动 下车　　　　　　　　反 승차하다 乘车

例 명동에서 하차해서 길을 건너세요.

请从明洞下车，然后过马路。

이번에 정차할 역은 수원입니다. 하차하실 분은 미리
준비하시기 바랍니다.

列车即将停靠的车站是水原站，请下车的乘客提
前做好准备。

活用结构 名에서 하차하다

---

③ 길, 운전 (路，驾驶)

건너다 [건너다] 动 过，越过

例 쭉 가다가 횡단보도로 건너가면 은행이 보일 거예요.

一直往前走，过人行横道后就能看到银行。

아이들이 한 손을 들고 길을 건너는 모습이 참 귀여
워요.

孩子们举着一只手过马路的样子非常可爱。

活用结构 名을/를 건너다
　　　　 名으로/로 건너다
常见用法 건너가다　越过
　　　　 길을 건너다　过马路
　　　　 육교를 건너다　过天桥
　　　　 지하도로 건너다　过地下通道

교통 (交通) [교통] 名 交通

例 서울이 복잡하기는 하지만 교통이 편리해서 좋아요.

首尔很拥挤，但是交通便利，因此我很喜欢首尔。

지금 이 시간에는 교통이 복잡하니까 지하철을
탑시다.

现在这个时间交通很拥挤，我们坐地铁吧。

常见用法 교통편　交通情况
　　　　 교통사고　交通事故
　　　　 교통이 복잡하다　交通拥挤
　　　　 교통이 편리하다　交通便利

길 [길] 名 ①路，道路，马路 ②路上，过程

①路，道路，马路

近 거리 大街，街道

例 ▶ 길이 막혀서 안 되겠어요. 다른 길로 돌아가야겠
　　어요.

　　不行，路上太堵了。得绕其他的路走才行。

常见用法 길거리　大街，街道
　　　　 길이 넓다　路宽
　　　　 길이 막히다　堵车
　　　　 길이 복잡하다　道路拥挤

②路上，过程

例 ▶ 친구를 만나러 가는 길에 은행에 잠깐 들렀다.

　　我去见朋友的路上顺便去了趟银行。

活用结构 动 는 길에
　　　　 动 는 길이다

돌아가다 [도라가다] 动 ①绕行，绕路 ②回，返回

①绕行，绕路

例 ▶ 차가 밀리니까 다른 길로 돌아가야겠다.

　　路上太堵了，得绕其他的路走才行。

活用结构 名으로/로 돌아가다
常见用法 옆길로 돌아가다　从旁边的路
　　　　 绕过去

②回，返回

例 ▶ 이번 방학에는 바빠서 고향으로 돌아가지 않을 생각
　　이에요.

　　我因为这个假期太忙，所以不打算回家乡了。

活用结构 名으로/로 돌아가다
常见用法 고향으로 돌아가다　回家乡

동 (東) [동] 名 东，东边

关 방향 方向

例 ▶ 동쪽 하늘에 해가 떠올랐다.

　　太阳从东边的天空升起来了。

　　제 집은 학교 동문 근처에 있어요.

　　我家在学校东门附近。

常见用法 동쪽　东边
　　　　 동문　东门
　　　　 동서남북　东西南北

똑바로 [똑빠로] 副 端正，直

<近 쭉 一直，直>

例 의자에 똑바로 앉아라.
你在椅子上坐直了。
이 길로 똑바로 가면 지하철역이 나올 거예요.
沿着这条路直走的话会看到地铁站。

常见用法 똑바로 가다　直走
똑바로 놓다　端正地放
똑바로 보다　直视

막히다 [마키다] 动 堵塞，不通

<关 막다 封，堵塞　밀리다 挤，堵>

例 길이 막힐까 봐 집에서 일찍 출발했다.
我怕堵车，就早点儿从家里出发了。
앞에 사고가 났나 봐요. 길이 갑자기 막히네요.
前面好像出事故了，路上突然变得很堵。

活用结构 名이/가 막히다
常见用法 길이 막히다　堵车
코가 막히다　鼻子不通气

맞은편 (-便) [마즌편] 名 对面

<近 건너편 对面>

例 학교 맞은편에 우리 아파트가 있어요.
我们的公寓在学校对面。
맞은편에 있는 교실에서 노래 소리가 들린다.
对面的教室里传来唱歌的声音。

멀다 [멀다] 形 ① (距离) 远 ② (关系) 疏远

① (距离) 远

<反 가깝다 (距离) 近>

例 집에서 학교까지 너무 멀어서 아침마다 힘들어요.
从家到学校距离很远，因此我每天早上都觉得很累。

活用结构 名이/가 멀다
常见用法 먼 산　远处的山
집이 멀다　家远

② (关系) 疏远

<反 가깝다 (关系) 亲密>

例 친구가 아무 말도 하지 않고 앉아 있으니까 멀게 느껴진다.
朋友一句话都不说就那么坐着，我感觉自己跟他的关系变得疏远了。

常见用法 멀게 느껴지다　感觉关系变得疏远了

밀리다 [밀리다] 動 ①挤，堵 ②积压，堆积

①挤，堵

关 막히다 堵塞，不通 ✐

例 차가 많이 밀리니까 가까운 지하철역에서 그냥 내릴게요.

因为车堵得很厉害，所以我要在附近的地铁站下车。

活用结构 名이/가 밀리다

常见用法 차가 밀리다　堵车

②积压，堆积

关 쌓이다 堆积，积累 ✐

例 일이 많이 밀려서 오늘은 퇴근이 늦을 것 같아요.

我手头积压了很多工作，因此今天可能会晚下班。

活用结构 名이/가 밀리다

常见用法 밀린 빨래　积攒下来的脏衣服

일이 밀리다　工作积压在一起

방향 (方向) [방향] 名 方向

例 지하철역은 이쪽 방향이 아닌 것 같은데요?

地铁站好像不在这个方向?

이 버스는 반대 방향으로 가니까 저쪽으로 가서 버스를 타세요.

这辆公共汽车开往相反方向，请去那边乘坐公共汽车吧。

常见用法 방향 감각　方向感

반대 방향　反方向

방향을 잃다　迷失方向

복잡하다 (複雜-) [복짜파다] 形 拥挤，杂乱

例 명동 거리는 언제나 사람들로 복잡하다.

明洞街因为人多总是很拥挤。

세일 기간이라서 백화점이 아주 복잡하군요.

因为百货商店在打折，所以里面非常拥挤。

活用结构 名이/가 名으로/로 복잡하다

비키다 [비키다] 動 躲，避，躲避，让

例 머리를 좀 비켜 봐. 텔레비전이 안 보인다.

活用结构 名을/를 비키다

你把头偏一下，我看不见电视了。

사진을 찍으려고 하는데요. 옆으로 좀 비켜 주시겠어요?

我想拍照，您能往旁边让一下吗？

名으로/로 비키다

常见用法 길을 비키다　让路
옆으로 비키다　向旁边躲避

사거리 (四–) [사거리] 名 十字路口　近 십자로 十字路口　关 삼거리 丁字路口　교차로 交叉路口

例 저기 사거리에서 좌회전해 주세요.

请在那边的十字路口处往左转。

두 번째 사거리를 지나서 바로 세워 주세요.

请过第二个十字路口后停车。

신호등 (信號燈) [신호등] 名 红绿灯，交通信号灯

例 신호등이 초록색으로 바뀌었으니까 길을 건너가자.

交通信号灯变绿了，咱们过马路吧。

우회전할 때는 교차로의 신호등뿐만 아니라 횡단보도의 신호등도 잘 확인해야 해요.

右转的时候，不仅要注意交叉路口处的红绿灯，而且要注意人行横道处的红绿灯。

常见用法 신호등이 바뀌다　交通信号灯变了

약도 (略圖) [약또] 名 略图，简易地图　关 지도 地图

例 약도를 보고 식당을 찾아 갔어요.

我看着略图找到了饭馆。

집에서부터 학교까지 어떻게 가야 하는지 약도로 그려 주세요.

请给我把从家到学校应该怎么走画成略图。

常见用法 약도를 그리다　画略图

우회전 (右回轉) [우회전] 名 右转　　　　　　　　反 좌회전 左转　关 직진 直行　유턴 U形转弯

例 ▶ 아까 사거리에서 우회전을 해야지. 직진하면 어떻게
　　하니?

　　你刚才应该在十字路口处右转的，怎么能直行呢？

　　우회전할 때에는 오른쪽 횡단보도의 신호등을 잘
　　확인해야 해요.

　　右转的时候，应该仔细留意右边人行横道处的红
　　绿灯。

常见用法 우회전하다　右转

운전 (運轉) [운전] 名 驾驶，开车

例 ▶ 오늘도 안전 운전하시기 바랍니다.

　　希望您今天也要安全驾驶。

　　음주 운전을 하면 안 돼요. 차는 그냥 두고 택시를
　　타고 가세요.

　　不可以酒后驾驶。请别开车了，乘坐出租车走吧。

常见用法 운전석　驾驶席
　　　　 음주 운전　酒后驾驶
　　　　 운전면허증　驾照
　　　　 운전하다　驾驶

위험하다 (危險-) [위험하다] 形 危险　　　　　　　　反 안전하다 安全

例 ▶ 음주 운전만큼 위험한 것은 없다.

　　没有比酒后驾驶更危险的事情。

　　공사장 근처는 위험하니까 가까이 가지 마라.

　　工地附近很危险，因此请不要靠近那里。

活用结构 名이/가 위험하다

육교 (陸橋) [육꾜] 名 天桥

例 ▶ 아저씨, 앞에 보이는 육교 아래에서 세워 주세요.

　　大叔，请在前面天桥下面停车。

　　다리가 아파서 계단을 오르기가 어려운데 여기는
　　육교밖에 없네요.

常见用法 육교를 건너다　过天桥

我因为腿疼，所以爬楼梯有些困难。可是这里只
有天桥。

조심하다 (操心−) [조심하다] 形 谨慎，小心，当心　　　　　　近 주의하다 注意，小心

例 ▶ 다른 사람들과 이야기할 때에는 말을 조심해야 해.
和别人聊天时要慎言。
아침저녁으로 날씨가 많이 추워졌어요. 감기에 걸리
지 않게 조심하세요.
早晚天气变得很冷了。请小心别感冒了。

活用结构 名을/를 조심하다
　　　　名에 조심하다
常见用法 감기를 조심하다　当心感冒
　　　　매사에 조심하다　事事小心

주의하다 (注意−) [주의하다/주이하다] 动 ①注意，小心 ②（对某事情）留意，留心

①注意，小心　　　　　　　　　　　　　　　　　　近 조심하다 谨慎，小心，当心 ✎

例 ▶ 길을 건널 때는 항상 주의해야 한다.
过马路时时刻要小心。

活用结构 名에 주의하다
常见用法 건강에 주의하다　注意身体
　　　　행동에 주의하다　注意行动

②（对某事情）留意，留心　　　　　　　　　　　　　　　　　　　　　　　　✎

例 ▶ 선생님께서 무슨 말씀을 하시는지 주의해서 들어야
한다.
应该留意听一下老师在说什么。

活用结构 名에 주의하다
　　　　주의해서 动
常见用法 주의해서 듣다　留意听

주차 (駐車) [주차] 名 停车

例 ▶ 영화관에 주차장이 없으면 어디에 주차하지?
电影院没有停车场的话，要把车停在哪里呢？
여기에는 주차하실 수 없습니다. 다른 곳에다가
주차하세요.
这里不可以停车，请您把车停到别的地方吧。

常见用法 주차장　停车场
　　　　주차 금지　禁止停车
　　　　주차하다　停车

지도 (地圖) [지도] 名 地图

例 서울 시내 지도를 보면서 서울을 구경했다.

我看着首尔市内地图参观了首尔。

인터넷에서 지도를 찾아보면 길을 쉽게 찾을 수 있을 거야.

在网上查地图的话，很容易就能找到路的。

지하도 (地下道) [지하도] 名 地下通道

例 길을 건너려면 지하도로 건너세요.

想过马路的话，请走地下通道。

명동에 있는 지하도에는 상가가 많아서 아주 재미있어요.

明洞的地下通道里有很多商店，我觉得这非常有意思。

직진 (直進) [직찐] 名 直行，直走　　　　　　　　　　反 유턴 U形转弯

例 여기서부터는 계속 직진해. 그리고 사거리가 나오면　常见用法 직진하다　直行

우회전을 해.

从这里一直往前走，在前面十字路口处右转。

이번 사거리에서는 직진해 주시고요, 그 다음 사거

리에서 세워 주세요.

请沿着这个十字路口直行，在下一个十字路口处

停车。

쪽² [쪽] 名 边，方向

例 어느 쪽으로 가야 해요?　　　　　　　　　　常见用法 이쪽　这边

应该往哪边走?　　　　　　　　　　　　　　　　왼쪽　左边

이쪽으로 가면 안 되고 반대쪽으로 가세요.　　　　반대쪽　反方向

不可以往这边走，请往反方向走吧。

쭉 [쭉] 副 一直, 直

例► 여기서 10(십)분쯤 쭉 가면 큰 병원이 보일 거예요.

从这里一直往前走大约十分钟就会看到一家大

医院。

횡단보도를 건너서 쭉 가다가 오른쪽 첫 번째 골목

으로 가세요.

请过人行横道后一直往前走，然后拐进右边第一

个胡同。

常见用法 쭉 가다 一直走

호선 (號線) [호선] 名 （地铁的线路号）号线，（地铁的线路数）条线   关 지하철 地铁

例► 서울의 지하철은 모두 몇 호선이 있어요?

首尔的地铁一共有几条线？

우리 집에서 제일 가까운 지하철역은 지하철 2(이)

호선 시청역이에요.

离我家最近的地铁站是地铁2号线的市政府站。

活用结构 数 호선

횡단보도 (橫斷步道) [횡단보도] 名 人行横道

例► 횡단보도의 신호등이 이상하게 계속 빨간불이에요.

人行横道处的红绿灯有些异常，一直显示红灯。

초등학교 앞에 횡단보도가 있으니까 천천히 운전하

세요.

小学前面有人行横道，因此请慢点儿开车。

常见用法 횡단보도를 건너다 过人行横
道

연습 문제 (练习题)

[1~15] 다음 단어를 한국어로 바꿔 쓰십시오. 请写出下列汉语意思对应的韩国语单词。

1. 车 ( )　　2. (火车、地铁)站 ( )　　3. 远 ( )

4. 方向 ( )　　5. 往返 ( )　　6. 出口 ( )

7. 出租车 ( )　　8. 安全线 ( )　　9. 地下通道 ( )

10. 端正，直 ( )　　11. 渡，过 ( )　　12. 挤，压 ( )

13. 到达 ( )　　14. 回去 ( )　　15. 下车 ( )

[16~20] 그림을 보고 ( )에 알맞은 것을 고르십시오. 请看图选择正确的答案。

16. 가: 뭘 타고 갔어요?

　　나: ( )을/를 타고 갔어요.

　　① 배　　② 기차　　③ 비행기　　④ 자동차

17. 가: 이번 사거리에서 어느 쪽으로 갈까요?

　　나: ( )으세요/세요.

　　① 유턴하다　　② 직진하다

　　③ 우회전하다　　④ 좌회전하다

18. 가: 무엇으로 길을 건널까요?

　　나: ( )으로/로 건너세요.

　　① 육교　　② 사거리　　③ 지하도　　④ 횡단보도

19. 가: 길을 모르는데 어떻게 찾아가지요?

　　나: ( )을/를 보면 돼요.

　　① 책　　② 거리　　③ 지도　　④ 컴퓨터

20. 가: 어디에서 아빠를 기다렸어요?

　　나: (　　　)에서 기다렸어요.

　　① 공항　　　　　② 지하철역

　　③ 버스 정류장　　④ 택시 승강장

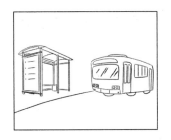

[21 ~ 30] 다음 문장을 읽고 알맞은 어휘를 골라 쓰십시오. 어휘는 한 번만 쓰십시오. 请阅读下列句子，然后选择合适的单词填空，每个单词只能使用一次。

길	공항	기차	방법	약도	요금	호선	노선도
사거리	승강장	신호등	지하철	위험하다	주의하다	하차하다	

21. 이 앞 (　　　　)에서 우회전해 주세요.

22. 저쪽은 물이 깊어서 (　　　　)으니까/니까 가지 마세요.

23. 지하철을 타려고 사람들이 (　　　　)에서 기다리고 있다.

24. 이번에는 서울역에 가서 (　　　　)을/를 타고 부산에 가자.

25. (　　　　)이/가 초록색으로 바뀌었으니까 길을 건너갑시다.

26. 신촌에 가려고 하는데 지하철 몇 (　　　　)을/를 타야 해요?

27. 이 버스가 어디로 가는지 알고 싶으면 (　　　　)을/를 보세요.

28. 우리 집까지 오는 길을 그린 (　　　　)을/를 친구에게 주었다.

29. 이 주차장은 한 시간 주차하면 주차 (　　　　)이/가 얼마예요?

30. 할아버지께서 스마트폰을 어떻게 사용하는지 모르겠다고 하셔서 사용 (　　　　)을/를 가르쳐 드렸어요.

[31 ~ 35] (　　　) 안에 알맞은 것을 고르십시오. 请选择合适的答案。

31. 지난 주말에 고속버스 (　　) 에서 고속버스를 타고 설악산에 갔습니다.

　　① 역　　　　　② 공항　　　　　③ 정류장　　　　　④ 터미널

32. 이 길로 (　　) 가세요.

　　① 쪽　　　　　② 같이　　　　　③ 보통　　　　　④ 일찍

33. 젊은 사람들은 보통 (　　)에 앉지 않아요.

　　① 의자　　　　　② 자리　　　　　③ 노선도　　　　　④ 노약자석

34. 내립니다. 좀 (   )어/아/여 주세요.

① 앉다 　　　 ② 내리다 　　 ③ 비키다 　　 ④ 승차하다

35. (   )을/를 못해서 아직 차를 살 계획이 없어요.

① 돈 　　　　 ② 공부 　　 ③ 방향 　　　 ④ 운전

[36～40] 밑줄 친 부분과 반대되는 뜻을 가진 것을 고르십시오. 请选择与画线部分意义相反的单词。

36. 가: 공항에 <u>도착했다고</u> 해요?

나: 아니요, 이제 집에서 (   )었다고/았다고/였다고 하는데요.

① 오다 　　　 ② 내려가다 　　 ③ 돌아가다 　　 ④ 출발하다

37. 가: 버스에서 <u>내렸다고</u> 해요?

나: 아니요, 조금 전에 버스를 (   )었다고/았다고/였다고 해요.

① 타다 　　　 ② 나오다 　　 ③ 들어오다 　　 ④ 올라가다

38. 가: 이곳은 교통이 <u>불편해요</u>?

나: 아니요, (   )어요/아요/여요.

① 쉽다 　　　 ② 따뜻하다 　　 ③ 편리하다 　　 ④ 편안하다

39. 가: 집이 <u>멀어요</u>?

나: 아니요, (   )어요/아요/여요.

① 높다 　　　 ② 좁다 　　 ③ 가깝다 　　 ④ 두껍다

40. 가: <u>위험하지</u> 않아요?

나: 아니요, (   )어요/아요/여요.

① 건너다 　　　 ② 안전하다 　　 ③ 주의하다 　　 ④ 편안하다

[41～45] 밑줄 친 부분과 의미가 가장 가까운 것으로 고르십시오. 请选择与画线部分意义最相近的单词。

41. 가: 여기에서 신촌으로 <u>직접</u> 가는 버스가 있어요?

나: 아니요, (   ) 가는 건 없어요.

① 곧 　　　　 ② 바로 　　 ③ 건너서 　　 ④ 들러서

42. 가: 지금 <u>차가 밀려요</u>?

나: 네, (   )네요.

① 바쁘다 　　 ② 길이 넓다 　　 ③ 한가하다 　　 ④ 길이 막히다

43. 가: 학교 맞은편에 병원이 있어요?

　　나: 네, (　　)에 있어요.

　　① 동쪽　　　　② 저쪽　　　　③ 건너편　　　④ 같은 편

44. 가: 여기에다가 차를 세울까요?

　　나: 네, 여기에 (　　)읍시다/ㅂ시다.

　　① 갈아타다　　② 세차하다　　③ 유턴하다　　④ 주차하다

45. 가: 다음부터는 조심하세요!

　　나: 네, (　　)겠습니다.

　　① 긴장하다　　② 소심하다　　③ 위험하다　　④ 주의하다

[46~50] 밑줄 친 단어의 쓰임이 잘못된 것을 고르십시오. 请选择画线部分单词使用错误的一项。

46. ① 신발이 좀 작아서 불편해요. (　　)

　　② 지하철역이 좀 멀어서 불편하다.

　　③ 몸은 편하지만 마음은 불편하다.

　　④ 날마다 늦게까지 일해서 건강이 불편해졌다.

47. ① 내일 한국으로 돌아간다. (　　)

　　② 집에 빨리 돌아가 보세요.

　　③ 갔다가 언제 돌아갈 거예요?

　　④ 이 길은 복잡하니까 옆길로 돌아갑시다.

48. ① 늦었으니까 택시를 탑시다. (　　)

　　② 기차 몇 호선을 타야 해요?

　　③ 집에서 학교까지 버스를 타고 다닙니다.

　　④ 비행기가 늦게 도착해서 공항에서 오래 기다렸어요.

49. ① 왕복 비행기 표를 샀다. (　　)

　　② 택시 요금이 모두 얼마예요?

　　③ 버스에 자리가 없어서 서서 갔다.

　　④ 지하철에서 내려서 3번 입구로 나가세요.

50. ① 시청역에서 1호선으로 갈아타세요. (　　)

　　② 횡단보도를 걸어서 똑바로 가세요.

　　③ 여기는 시골이라서 교통편이 나쁘다.

　　④ 시내에는 사람도 많고 차도 많아서 복잡하다.

第十三课 자연과 계절 (自然和季节)

1 동식물 (动植物)

강아지 [강아지] 名 小狗   关 개 狗

例▶ 강아지가 작고 참 귀엽네요.

小狗长得既小巧又可爱啊。

엄마, 우리도 강아지를 한 마리 사서 키워요.

妈妈，我们也买一只小狗养吧。

常见用法 강아지 한 마리 一只小狗
강아지를 키우다 养小狗

고래 [고래] 名 鲸

例▶ 한국에서는 고래를 잡아도 돼요?

在韩国人们可以捕鲸吗?

고래 고기 맛이 소고기 맛과 비슷하다고 해요.

听说鲸肉和牛肉的味道相似。

常见用法 고래 한 마리 一条鲸

고양이 [고양이] 名 猫

例▶ 고양이가 쥐를 잡아서 먹었어요.

猫捉老鼠吃了。

우리 아이는 강아지보다 고양이를 더 기르고 싶어

해요.

与小狗相比，我家孩子更想养猫。

常见用法 고양이 한 마리 一只猫
고양이를 기르다 养猫

꽃 [꼳] 名 花

例▶ 예쁜 꽃이 많이 피는 봄이 왔어요.
百花盛开的春天来了。
남자친구가 꽃 한 다발을 선물했어요.
男朋友送了我一束花作为礼物。

常见用法 꽃잎 花瓣
꽃바구니 花篮
꽃 한 송이 一朵花
꽃 한 다발 一束花
꽃이 피다 花开

 tip ★★

有如下表示花的单词：
개나리 迎春花，진달래 金达莱花，벚꽃 樱花，무궁화 木槿花，장미 玫瑰花，카네이션 康乃馨

나무 [나무] 名 树，树木，木头　　　　　　　　　　　　　　关 숲 树丛

例▶ 우리 집에는 감나무가 한 그루 있다.
我家有一棵柿子树。
산에 나무가 많아야 공기가 좋아져요.
山上树多，空气才会变好。

活用结构 名나무
常见用法 나뭇잎 树叶
나뭇가지 树枝
사과나무 苹果树
나무 한 그루 一棵树
나무를 심다 植树

단풍 (丹楓) [단풍] 名 枫叶，红叶　　　　　　　　　　　　　　关 가을 秋天

例▶ 단풍이 들어서 산이 아름다워요.
因为枫叶红了，所以山上很漂亮。
가을이 되어서 설악산으로 단풍 구경을 갔다.
因为秋天到了，所以我去了雪岳山观赏枫叶。

常见用法 단풍 구경 观赏枫叶
단풍이 아름답다 枫叶漂亮
단풍이 들다 枫叶红了

닭 [닥] 名 鸡　　　　　　　　　　　　　　关 달걀 鸡蛋　병아리 小鸡，雏鸡

例▶ 시골에 계신 할머니는 닭을 기르신다.

常见用法 닭고기 鸡肉

282

在农村生活的奶奶养鸡。 닭 한 마리 一只鸡

오늘 우리 닭 한 마리를 배달시켜서 먹을까?

我们今天叫外卖，点一只鸡吃怎么样？

동물 (動物) [동물] 名 动物

例▶ 우리 오빠는 무슨 동물이든지 다 좋아한다.

我哥哥什么动物都喜欢。

어린이날 동물원에 가서 여러 가지 동물들을 구경
했다.

儿童节的时候，我去动物园看了各种动物。

常见用法 동물원 动物园
동물 병원 动物医院

돼지 [돼지] 名 猪

例▶ 어제 돼지꿈을 꿔서 아주 기분이 좋아요.

我昨天做好梦了，因此心情非常好。

친구에게 농담으로 돼지라고 했는데 친구가 아주
크게 화를 냈다.

我开玩笑说朋友是猪，朋友非常生气。

常见用法 돼지고기 猪肉
돼지 한 마리 一头猪

마리 [마리] 名 (数动物等的数量单位) 头, 只, 条

例▶ 오늘은 물고기를 몇 마리 잡았어요?

你今天捕到几条鱼？

위층에 사는 사람들은 개를 두 마리 키워요.

住在楼上的人养了两只狗。

常见用法 생선 한 마리 一条鲜鱼

새 [새] 名 鸟

例▶ 새들이 하늘을 날고 있다.

常见用法 새 소리 鸟叫声

鸟在天空中飞翔。

새 소리가 참 듣기 좋네요.

鸟叫声听起来真悦耳。

새 한 마리　一只鸟

새가 날다　鸟飞

소 [소] 名 牛

例▶ 불고기는 소고기로 만듭니다.

烤肉是用牛肉做的。

오늘 저녁에는 소고기를 사다가 구워 먹어야겠다.

我今天晚上要买牛肉烤着吃。

常见用法 소고기　牛肉

소 한 마리　一头牛

송이 [송이] 名 (数花、果实的数量单位) 朵，嘟噜，把

例▶ 바나나 한 송이에 삼천 원입니다.

一把香蕉3000韩元。

여자친구의 스무 살 생일에 장미꽃 스무 송이를 선물했다.

女朋友过二十岁生日的时候，我送给她二十朵玫瑰花作为礼物。

常见用法 꽃 한 송이　一朵花

포도 한 송이　一嘟噜葡萄

바나나 한 송이　一把香蕉

양 (羊) [양] 名 羊

例▶ 양고기를 먹어 본 적이 있어요?

你吃过羊肉吗?

양 한 마리가 길을 잃었나 봐요. 보이지 않아요.

一只羊好像走丢了，我没看到它。

常见用法 양털　羊毛

양고기　羊肉

양 한 마리　一只羊

오리 [오리] 名 鸭子

例▶ 저는 북경 오리 고기를 정말 좋아해요.

常见用法 오리고기　鸭肉

我真的非常喜欢北京烤鸭。

저기 호수 위에 오리가 몇 마리 있어요.

那边湖面上有几只鸭子。

오리 한 마리　一只鸭

피다 [피다] 励（花）开　　　　　　　　　　　　　　反 지다 凋谢

例▶ 이 나무는 언제쯤 꽃이 피어요?

这棵树大约什么时候开花?

여자친구에게 꽃이 많이 피어 있는 화분을 하나 사

주었다.

我给女朋友买了一盆花，花盆里鲜花盛开。

活用结构 名이/가 피다
常见用法 꽃이 피다　花开

호랑이 [호랑이] 名 老虎

例▶ 동물의 왕은 호랑이라고 생각해요.

我认为老虎是动物之王。

옛날에는 산에 호랑이가 많이 살았다고 한다.

据说以前山里生活着很多老虎。

常见用法 호랑이 한 마리　一只老虎

---

2 색깔（颜色）

갈색 (褐色) [갈쌕] 名 褐色

例▶ 우리 집 자동차 색깔은 갈색이다.

我家的汽车是褐色的。

가을이 되면 여자들은 갈색과 까만색 옷을 많이 입는다.

到了秋天，女子们大多穿褐色衣服和黑色衣服。

까맣다 [까마타] 形 乌黑，漆黑　　　　　　　　　　　　　　　　　　　近 검다 黑，黑色

例 그 여자의 머리 색깔과 눈은 밤하늘처럼 까맣다.

那个女子的头发和眼睛像夜空一样乌黑发亮。

바닷가에서 재미있게 놀아서 좋았지만 얼굴은 아주
까맣게 탔다.

我因为在海边玩儿得很有意思，所以很喜欢在海
边玩，但是脸被晒得非常黑了。

活用结构 名이/가 까맣다

常见用法 까만색　黑色

까만 눈　黑亮的眼睛

얼굴이 까맣다　脸黑

까맣게 타다　晒黑

노랗다 [노라타] 形 黄

例 노랗고 빨간 단풍이 아름답다.

黄色和红色的枫叶非常漂亮。

저는 노란색 장미꽃을 제일 좋아해요.

我最喜欢黄玫瑰。

活用结构 名이/가 노랗다

常见用法 노란색　黄色

노란 은행잎　黄色的银杏叶

잎이 노랗다　叶子黄了

분홍색 (粉红色) [분홍색] 名 粉红色

例 여자 아이들은 보통 분홍색을 좋아해요.

女孩子一般喜欢粉红色。

결혼식을 한 후에 피로연 드레스는 분홍색으로 하는 것이 어때요?

结婚典礼后在婚宴上穿粉红色的裙子怎么样?

빨갛다 [빨가타] 形 红

例 사랑하는 사람에게는 보통 빨간 장미를 선물합니다.

我一般送爱人红玫瑰作为礼物。

한국 국가 대표 축구팀을 응원하려고 빨간색 티셔
츠를 입었다.

为了给韩国国家足球队加油，我穿了红色的T恤。

活用结构 名이/가 빨갛다

常见用法 빨간색　红色

얼굴이 빨갛다　脸红

색깔 (色-) [색깔] 名 颜色

例 디자인은 좋은데 색깔은 마음에 들지 않아요.

设计好，但是颜色令我不满意。

봄이 되니까 여자들이 밝은 색깔 옷을 많이 입었다.

到了春天，女子们大多穿亮色的衣服。

常见用法 밝은 색깔　明亮的颜色

어두운 색깔　暗淡的颜色

색깔이 예쁘다　颜色漂亮

주황색 (朱黃色) [주황색] 名 橘黄色

例 어두운 거리에 주황색 불빛이 보였다.

黑暗的街道里透出橘黄色的光。

너한테 주황색이 참 잘 어울리는구나.

橘黄色真的很适合你啊。

초록색 (草綠色) [초록쌕] 名 草绿色, 翠绿色

例 초록색 불로 바뀔 때까지 움직이지 말고 기다려라.

交通信号灯变成绿灯前，你不要动，就那样等着。

눈이 아플 때 초록색을 보면 눈의 피로가 풀린다고 해요.

听说眼睛疼的时候看一下草绿色的东西能缓解眼睛的疲劳。

파랗다 [파라타] 形 绿, 蓝

例 여름이라서 그런지 파란색이 아주 시원해 보인다.

可能因为现在是夏天，所以蓝色给人非常凉爽的感觉。

오랜만에 파란 하늘을 보니까 기분이 아주 좋아집니다.

我很久没有见到蓝天了，一看见蓝天，心情变得非常好。

活用结构 名이/가 파랗다

常见用法 파란색　绿色, 蓝色

하늘이 파랗다　天蓝

하얗다 [하야타] 形 白, 雪白　　　　　　　　　　　　近 희다 白

例 눈이 와서 세상이 하얗게 변했어요.

下雪了, 天下一片银装素裹。

어떻게 피부가 이렇게 하얘요? 특별한 피부 관리

방법이 있어요?

你的皮肤怎么这么白? 你有什么特别的皮肤护理

方法吗?

活用结构 名이/가 하얗다

常见用法 하얀색　白色

하얀 피부　雪白的皮肤

세상이 하얗다　天下一片银装

素裹

---

③ 자연, 경치 (自然, 风景)

강 (江) [강] 名 江, 河

例 강이 정말 맑고 깨끗하군요.

江水真清澈啊!

옛날부터 사람들은 강 근처에 모여서 살았어요.

人们从很久以前开始就聚在江边生活。

常见用法 한강　汉江

강물　江水

강이 흐르다　江水流淌

강을 건너다　过河

경치 (景致) [경치] 名 景致, 风景, 景色

例 나중에 경치가 좋은 곳에서 살고 싶어요.

我以后想在风景优美的地方生活。

이번 휴가에는 경치가 좋은 곳으로 여행을 갑시다.

这次休假我们去风景优美的地方旅行吧。

常见用法 자연 경치　自然风景

그림 같은 경치　像画一样的

风景 (风景如画)

경치가 아름답다　风景美丽

공기 (空氣) [공기] 名 空气

例 산에 오니까 공기가 정말 상쾌합니다.

我来到山里, 发现这儿的空气真凉爽。

常见用法 상쾌한 공기　凉爽的空气

공기가 좋다　空气好

공기가 맑다　空气清新

여기는 좀 답답하네요. 맑은 공기를 마시러 밖에 잠

간 나갑시다.

这里有点儿闷。咱们去外面呼吸一下新鲜空气吧。

높다 [놉따] 形 ① (山、建筑物) 高 ② (温度、湿度) 高

① (山、建筑物) 高　　　　　　　　　　　　　　反 낮다 (山、建筑物) 低

例 여기는 시내라서 높은 고층빌딩이 많아요.

这里是市内，因此有很多高层建筑。

活用结构 名이/가 높다
常见用法 높은 산　高山
　　　　　높은 고층빌딩　高层建筑
　　　　　하늘이 높다　天高

② (温度、湿度) 高　　　　　　　　　　　　　　反 낮다 (温度、湿度) 低

例 습도가 높으면 사람들이 쉽게 짜증을 냅니다.

湿度高的话，人们容易发脾气。

活用结构 名이/가 높다
常见用法 높은 온도　高温度
　　　　　습도가 높다　湿度高

돌 [돌] 名 石头

例 사람들이 다칠 수 있으니까 돌을 던지지 마라.

因为扔石头会伤到人，所以你不要那么做。

삼겹살을 돌 위에다가 구워서 먹는 식당이 있어요.

在有的饭馆，人们在石头上烤五花肉吃。

常见用法 돌을 던지다　扔石头

모래 [모래] 名 沙子　　　　　　　　　　　　　　　　　关 바다 大海

例 바닷가에 있는 하얀 모래가 참 예뻐요.

海边的白沙非常漂亮。

놀이터에서 모래 놀이를 해서 손발이 모두 더러워졌구나.

因为在游乐场玩儿沙子游戏了，所以手脚都脏了啊。

常见用法 모래 사장　沙滩

바다 [바다] 名 大海   关 해변 海边   해수욕장 海水浴场

例▶ 이번 여름휴가 때 바다로 놀러 가려고 해요.

这次夏季休假我打算去海边玩儿。

설악산으로 여행을 가면 산과 바다를 같이 구경할

수 있어서 좋아요.

去雪岳山旅行的话，可以同时看到山和海，因此

我喜欢去雪岳山。

常见用法 바닷가　海边
시원한 바다　给人凉爽感觉
的大海
바다가 넓다　大海宽广

별 [별] 名 星星

例▶ 시골에 오니까 별빛이 참 밝아요.

我来到农村，发现这儿的星光非常明亮。

저기 저 별 좀 봐. 진짜 크고 밝다.

你看那颗星星，它真是又大又亮。

常见用法 별빛　星光
별이 빛나다　星光闪烁

산 (山) [산] 名 山

例▶ 한국은 산이 아주 많아요.

韩国山非常多。

집 근처에 높지 않은 산이 있어서 시간이 있을 때마다

등산을 해요.

因为家附近有座不太高的山，所以有时间的时候

我就去爬山。

常见用法 등산　登山
산이 높다　山高
산을 오르다　爬山

섬 [섬] 名 岛

例▶ 이 바다 근처에는 크고 작은 섬이 많아서 경치가 참 좋아요.

大海附近有很多大大小小的岛，因此这里的景色非常美。

사람이 살지 않는 섬도 있지만 일본처럼 한 나라가 섬인 곳도 있어요.

有的岛上无人生活，但是也有的岛成了一个国家，像日本就是一个岛国。

아름답다 [아름답따] 形 美丽，漂亮，美妙

例 노래하는 목소리가 참 아름다워요. 가수를 해도 되겠어요.

你的歌声真美妙。你都可以当歌手了。

집이 아름다울 뿐만 아니라 집 주위의 경치도 참 아름다워요.

不仅房子漂亮，而且房子周围的景色也非常优美。

活用结构 名이/가 아름답다

常见用法 아름다운 목소리　美妙的声音

경치가 아름답다　景色漂亮

폭포 (瀑布) [폭포] 名 瀑布

例 더운 여름날 폭포 아래에서 수박을 먹으니까 진짜 시원하다.

炎热的夏天在瀑布下面吃西瓜真的让人感觉很凉爽。

폭포에 가까워질수록 폭포에서 떨어지는 물소리도 점점 커집니다.

离瀑布越近，听到的瀑布流水声也就越大。

常见用法 폭포수　瀑布

하늘 [하늘] 名 天，天空　　　　　　　　　　　　关 구름 云，云彩

例 가을이 되니까 하늘이 더 높고 더 파래요.

秋天到了，天变得更高、更蓝了。

날씨가 아주 맑아요. 하늘에 구름이 하나도 없어요.

天气非常晴朗。天空万里无云。

常见用法 하늘색　天蓝色

하늘이 맑다　天空晴朗

하늘을 날다　在天空飞翔

호수 (湖水) [호수] 名 湖，湖泊

例 천지(天池)는 바다처럼 넓고 깊은 호수이다.

天池是像大海一样又宽又深的湖泊。

우리 오늘 호수 공원으로 자전거를 타러 가요.

我们今天去环湖公园骑自行车。

常见用法 넓은 호수　宽广的湖泊

4 날씨 (天气)

구름 [구름] 名 云, 云彩
关 흐리다 阴天

例▶ 구름이 많이 졌어요. 비가 올 것 같아요.

天空乌云密布，好像要下雨了。

오늘 날씨가 참 맑아요. 하늘에 구름이 하나도 없어요.

今天天气真晴朗。天空万里无云。

常见用法 구름이 끼다　多云

끼다² [끼다] 动 (雾、烟) 弥漫，笼罩

例▶ 안개가 끼어서 앞이 잘 보이지 않는다.

因为有雾，所以我看不太清前面。

오늘은 낮에 구름이 끼다가 조금씩 개겠습니다.

今天白天多云转晴。

活用结构 名이/가 끼다
常见用法 구름이 끼다　多云
안개가 끼다　有雾

날씨 [날씨] 名 天气
关 일기예보 天气预报

例▶ 아침저녁으로는 날씨가 꽤 춥네요.

早晚天气相当冷啊。

이번 주말에 날씨가 좋으면 어디로 놀러 갈까요?

这周末天气好的话，我们去哪里玩儿呢?

常见用法 맑은 날씨　晴朗的天气
날씨가 좋다　天气好

눈¹ [눈] 名 雪
关 겨울 冬天

例▶ 이번 겨울에는 첫눈이 언제쯤 올까요?

今年冬天什么时候下第一场雪呢?

어렸을 때 눈이 많이 오면 친구들하고 눈사람도 만들고 눈싸움도 했어요.

小时候下大雪的话，我就和朋友们堆雪人、打雪仗。

常见用法 첫눈　初雪，第一场雪
눈사람　雪人
눈싸움　打雪仗
눈이 오다　下雪
눈이 쌓이다　积雪

덥다 [덥따] 形 热 　　　　　　　　　　　反 춥다 冷　关 여름 夏天

例▶ 밤에도 너무 더워서 잠을 잘 잘 수가 없어요.
因为晚上也太热, 所以我睡不好觉。
날씨가 더우니까 시원한 팥빙수를 시켜서 먹을까요?
天气太热了, 我们点爽口的红豆冰吃怎么样?

活用结构 名이/가 덥다
常见用法 더운 날씨　炎热的天气
무덥다　炎热, 闷热
몸이 덥다　身上热

따뜻하다 [따뜨타다] 形 ①（温度合适）温暖 ②（感情、氛围）温暖

①（温度合适）温暖 　　　　　　　　　　　　　　　　关 봄 春天

例▶ 오늘은 날씨가 따뜻해서 산책하기가 참 좋아요.
今天天气温暖, 非常适合散步。

活用结构 名이/가 따뜻하다
常见用法 따뜻한 날씨　温暖的天气
방이 따뜻하다　房间温暖
손이 따뜻하다　手温暖

②（感情、氛围）温暖

例▶ 여자친구가 직접 만든 목도리를 선물로 받았을 때 여
자친구의 따뜻한 마음을 느낄 수 있었다.
当女朋友把亲手织的围巾送给我作为礼物时, 我
可以感受到她温暖的内心。

活用结构 名이/가 따뜻하다
常见用法 따뜻한 분위기　温暖的氛围
마음이 따뜻하다　内心温暖

맑다 [막따] 形 ①（天）晴朗 ②清新, 清澈

①（天）晴朗

例▶ 맑은 하늘을 보고 있으니까 마음도 깨끗해집니다.
我看着晴朗的天空, 发现自己的内心也变得很纯净。

活用结构 名이/가 맑다
常见用法 하늘이 맑다　天空晴朗

②清新, 清澈 　　　　　　　　　　　　关 깨끗하다 干净, 纯净

例▶ 제가 사는 곳은 근처에 큰 산이 있어서 공기가 맑
아요.
我住的地方附近有高山, 因此这里的空气很清新。

活用结构 名이/가 맑다
常见用法 맑은 물　清澈的水
공기가 맑다　空气清新

바람 [바람] 名 风　　　　　　　　　关 폭풍 暴风　태풍 台风　황사 黄沙

例 바람이 차요. 이제 창문을 닫고 자야겠어요.

风很凉。现在得关窗睡觉了。

한국은 봄에 날씨가 따뜻하지만 바람이 좀 많이

불어요.

韩国春天天气温暖，但是经常刮风。

常见用法 차가운 바람　凉风
　　　　　바람이 세다　风大
　　　　　바람이 불다　刮风

비 [비] 名 雨

例 내일 비가 와도 등산을 할 거예요.

明天即使下雨，我也要去爬山。

오늘 오후에 비가 온다고 하니까 우산을 꼭 가져가라.

据说今天下午会下雨，因此你一定要带上雨伞。

常见用法 비가 오다　下雨
　　　　　비를 맞다　淋雨

선선하다 [선선하다] 形 凉快，凉爽

例 저는 선선한 가을 날씨를 좋아합니다.

我喜欢秋天凉爽的天气。

이제 아침저녁에는 날씨가 꽤 선선해요.

现在早晚天气非常凉快。

活用结构 名이/가 선선하다

습하다 (濕-) [스파다] 形 湿，潮湿　　　反 건조하다 干燥　关 무덥다 炎热，闷热

例 한국의 여름 날씨는 덥고 습해요.

韩国夏天的天气既炎热又潮湿。

오늘은 날씨가 습해서 빨래가 잘 마르지 않아요.

今天天气潮湿，因此衣服不太容易干。

活用结构 名이/가 습하다
常见用法 습한 공기　潮湿的空气
　　　　　날씨가 습하다　天气潮湿

시원하다 [시원하다] 形 ①凉快，凉爽 ②（心情）痛快，舒畅

①凉快，凉爽

例▶ 시원한 바람이 부니까 기분이 상쾌해요.

天刮着凉爽的风，因此我的心情很畅快。

活用结构 名이/가 시원하다

常见用法 시원한 맥주　清凉的啤酒
바람이 시원하다　风凉爽

②（心情）痛快，舒畅

例▶ 오랫동안 나를 힘들게 했던 일이 끝나서 정말 속이
시원하다.

艰难地完成了很长时间都没做完的工作，我心里
真的很痛快。

活用结构 名이/가 시원하다

常见用法 마음이 시원하다　内心痛快

쌀쌀하다 [쌀쌀하다] 形 凉飕飕

例▶ 쌀쌀한 바람을 맞으면 감기에 걸리니까 조심해라.
吹了凉飕飕的风会感冒，因此你小心一点儿。
아직 날씨가 쌀쌀하니까 겉옷을 하나 가지고 가라.
天气还凉飕飕的，你带件外套出去吧。

活用结构 名이/가 쌀쌀하다

常见用法 쌀쌀한 공기　凉飕飕的空气
바람이 쌀쌀하다　风凉嗖嗖的

안개 [안개] 名 雾，雾气

例▶ 안개가 껴서 앞이 잘 보이지 않는다.
因为有雾，所以我看不太清前面。
오늘은 안개가 낀다고 하니까 운전을 조심해라.
听说今天有雾，因此你要小心点儿开车。

常见用法 안개가 끼다　有雾

장마 [장마] 名 雨季

例▶ 한국은 6(유)월 말부터 장마가 시작된다.
韩国从六月末开始进入雨季。

常见用法 장마철　雨季
장마가 들다　雨季开始，进
入雨季

장마가 언제 끝난대요? 맑은 하늘이 정말 그리워요.

雨季什么时候结束? 我真的很怀念晴朗的天空。

흐리다 [흐리다] 形 阴, 阴沉　　　　　　　　　　　关 구름 云, 云彩

例 ▶ 날씨가 흐리면 기분도 우울해져요.

阴天时心情也会变得忧郁。

하늘이 흐린 걸 보니까 금방 비가 올 것 같아요.

阴天了, 好像马上要下雨了。

活用结构 名이/가 흐리다

常见用法 날씨가 흐리다　阴天

---

⑤ 계절 (季节)

가을 [가을] 名 秋天

例 ▶ 가을이 되니까 하늘이 점점 높아집니다.

秋天到了, 天空渐渐变高了。

저는 날씨가 선선한 가을을 제일 좋아합니다.

我最喜欢天气凉爽的秋天。

常见用法 선선한 가을　凉爽的秋天
　　　　　가을이 오다　秋天来了
　　　　　가을이 되다　秋天到了

겨울 [겨울] 名 冬天　　　　　　　　　　　关 눈¹ 雪　스키 滑雪

例 ▶ 겨울이 되면 저는 자주 스키를 타러 가요.

冬天我经常去滑雪。

이번 겨울은 작년보다 더 추울 거라고 해요.

听说今年冬天会比去年冬天更冷。

常见用法 겨울방학　寒假
　　　　　추운 겨울　寒冷的冬天

계절 (季節) [계절/게절] 名 季, 季节　　　关 봄 春天　여름 夏天　가을 秋天　겨울 冬天

例 ▶ 계절이 바뀔 때 건강을 조심해야 합니다.

换季时应该注意身体。

常见用法 사계절　四季
　　　　　계절이 바뀌다　换季

봄, 여름, 가을, 겨울 중에서 어느 계절을 좋아하세요?

春、夏、秋、冬四季中您喜欢哪一个季节?

봄 [봄] 名 春天

例▶ 봄바람이 따뜻해요.

春风很温暖。

우리 할머니는 봄에는 꽃구경을 가시고 가을에는

단풍 구경을 가십니다.

我奶奶春天去赏花,秋天去赏枫叶。

常见用法 봄꽃　春天开的花

봄바람　春风

따뜻한 봄　温暖的春天

얼다 [얼다] 动 冻,结冰　　　　　　　　　反 녹다 融化

例▶ 몸이 다 얼었구나. 어서 안으로 들어와라.

身体都冻僵了啊! 快点儿进来吧。

눈이 온 후에 내린 눈이 얼어서 땅이 미끄러워요.

下雪后,雪结了冰,地面变得很滑。

活用结构 名이/가 얼다

常见用法 물이 얼다　水结冰

손이 얼다　手冻僵

몸이 얼다　身体冻僵

여름 [여름] 名 夏天

例▶ 봄이 가고 여름이 오고 있다.

春天过去,夏天来到。

여름을 즐기러 온 사람들로 바닷가가 복잡하다.

来欢度夏天的人们使海边变得很拥挤。

常见用法 여름휴가　夏季休假

여름방학　暑假

무더운 여름　闷热的夏天

철 [철] [명사] 名 ①季,季节 ②好时候,好季节

①季,季节

例▶ 여름철에는 모기가 많으니까 물리지 않게 조심해야

한다.

常见用法 봄철　春季

夏天蚊子很多，因此应该小心不要被蚊子叮咬。　　　　　　　철이 바뀌다　换季

②好时候，好季节

例▶ 보통 봄 학기와 가을 학기가 시작될 때쯤이 이사　**常见用法** 제철　当季
철이다.　　　　　　　　　　　　　　　　　　　　　　　휴가철　休假季
一般春季学期和秋季学期要开始的时候是搬家季。　　　　딸기 철　草莓季
　　　　　　　　　　　　　　　　　　　　　　　　　　　철이 지나다　过季

피서 (避暑) [피서] 图避暑　　　　　　　　　　　　　　　　　　关 여름 夏天

例▶ 이번 여름에 어디로 피서를 갈 계획이에요?　　　　**常见用法** 피서를 가다　去避暑
今年夏天你打算去哪里避暑?　　　　　　　　　　　　　피서를 떠나다　去避暑
피서 철에는 사람들이 산이나 바다로 놀러 가기 때문
에 서울 시내가 복잡하지 않아요.
避暑季人们都去山里或海边玩儿，因此首尔市内
并不拥挤。

환절기 (換節期) [환절기] 图换季　　　　　　　　　　　　　关 봄 春天　가을 秋天

例▶ 환절기여서 병원에 감기 환자가 많아요.
因为现在正是换季时节，所以医院里感冒患者很多。
환절기에는 어떻게 건강을 관리해야 할까요?
换季时应该怎样保持身体健康呢?

연습 문제 (练习题)

[1~15] 다음 단어를 한국어로 바꿔 쓰십시오. 请写出下面汉语意思对应的韩国语单词。

1.石头　　　（　　）　　2.季节　　　（　　）　　3.只，头　　　（　　）

4.朵，嘟噜（　　）　　5.雾　　　　（　　）　　6.鸭子　　　（　　）

7.风　　　　（　　）　　8.瀑布　　　（　　）　　9.海　　　　（　　）

10. 换季　　(　　)　　11. 粉红色　(　　)　　12. 草绿色　　(　　　)
13. 黄　　　(　　)　　14. 凉飕飕　(　　)　　15. 美丽，漂亮 (　　　)

[16~20] 그림을 보고 (　　)에 알맞은 것을 고르십시오. 请看图选择正确的答案。

16. 가: 뭘 보고 있어요?

　　나: 예쁘게 핀 (　　)을/를 보고 있어요.

　　① 꽃　　② 새　　③ 과일　　④ 나무

17. 가: 무슨 계절을 좋아하세요?

　　나: 저는 (　　)을/를 좋아해요.

　　① 봄　　② 여름　　③ 가을　　④ 겨울

18. 가: 날씨가 어때요?

　　나: (　　)이/가 많이 오고 있어요.

　　① 눈　　② 비　　③ 구름　　④ 안개

19. 가: 이번 여름에 어디에 놀러 갔다 왔어요?

　　나: (　　)에 가서 놀았어요.

　　① 산　　② 섬　　③ 바다　　④ 호수

20. 가: 무슨 동물을 길러요?

　　나: (　　)을/를 한 마리 길러요.

　　① 새　　② 소　　③ 강아지　　④ 고양이

[21~30] 다음 문장을 읽고 알맞은 어휘를 골라 쓰십시오. 어휘는 한 번만 쓰십시오. 请阅读下列句子，然后选择合适的单词填空，每个单词只能使用一次。

꽃	고래	겨울	경치	나무	모래	색깔	여름	피서
호수	고양이	불다	춥다	따뜻하다	쌀쌀하다			

21. 수박은 (   )에 먹는 과일이에요.

22. (   )이/가 바다처럼 크고 넓어요.

23. 엄마, 저 (   )을/를 한 마리 사고 싶어요.

24. 이번 여름에는 산으로 (   )을/를 갑시다.

25. 바닷가의 (   )이/가 하얗고 부드럽습니다.

26. 제가 제일 좋아하는 (   )은/는 파란색입니다.

27. (   )이/가 좋은 곳에 집이 있으면 정말 좋겠다.

28. 바람이 (   )으니까/니까 빨리 집으로 들어가자.

29. 우리 하숙집 아주머니는 마음이 아주 (   )습니다/ㅂ니다.

30. 봄에는 날씨가 따뜻하지만 바람이 많이 (   )어요/아요/여요.

[31~35] (   ) 안에 알맞은 것을 고르십시오. 请选择合适的答案。

31. 봄이 되니까 꽃이 많이 (   )는군요/군요.

　　① 지다　　　　② 피다　　　　③ 예쁘다　　　　④ 키우다

32. 새 한 마리가 (   )을/를 날고 있다.

　　① 물　　　　② 공기　　　　③ 바람　　　　④ 하늘

33. 밤하늘에 (   )이/가 빛나고 있다.

　　① 강　　　　② 눈　　　　③ 별　　　　④ 해

34. (   )이/가 시작되면 이제 비가 많이 올 거예요.

　　① 철　　　　② 구름　　　　③ 습도　　　　④ 장마

35. 가을 하늘이 (   )고 파랗습니다.

　　① 깊다　　　　② 낮다　　　　③ 높다　　　　④ 멀다

[36~40] 밑줄 친 부분과 반대되는 뜻을 가진 것을 고르십시오. 请选择与画线部分意义相反的单词。

36. 가: 집 뒤에 있는 산이 <u>높아요</u>?

　　나: 아니요, (　　)어요/아요/여요.

　　① 깊다　　　② 낮다　　　③ 얇다　　　④ 적다

37. 가: 그곳 날씨는 <u>더워요</u>?

　　나: 아니요, (　　)어요/아요/여요.

　　① 춥다　　　② 흐리다　　　③ 따뜻하다　　④ 선선하다

38. 가: 오늘 날씨가 <u>흐려요</u>?

　　나: 아니요, 아주 (　　)어요/아요/여요.

　　① 덥다　　　② 맑다　　　③ 시원하다　　④ 쌀쌀하다

39. 가: 눈이 <u>녹았어요</u>?

　　나: 아니요, 아직도 (　　)어/아/여 있어요.

　　① 끼다　　　② 얼다　　　③ 피다　　　④ 내리다

40. 가: 오늘은 날씨가 좀 <u>건조하군요</u>.

　　나: 네, 어제는 비가 와서 좀 (　　)었는데요/았는데요/였는데요.

　　① 춥다　　　② 무덥다　　　③ 습하다　　　④ 흐리다

[41~45] 밑줄 친 부분과 의미가 가장 가까운 것으로 고르십시오. 请选择与画线部分意义最相近的单词。

41. 가: 경치가 <u>예뻐요</u>?

　　나: 네, 아주 (　　)어요/아요/여요.

　　① 좋다　　　② 귀엽다　　　③ 깨끗하다　　④ 아름답다

42. 가: 하늘에 까만 <u>구름이 끼었군요</u>.

　　나: 네, 날씨가 (　　)어요/아요/여요.

　　① 춥다　　　② 무덥다　　　③ 흐리다　　　④ 쌀쌀하다

43. 가: 강물이 아주 <u>맑군요</u>.

　　나: 네, 진짜 (　　)지요?

　　① 넓다　　　② 깨끗하다　　③ 따뜻하다　　④ 시원하다

44. 가: 바람이 부니까 조금 <u>선선하군요</u>.

　　나: 네, 날씨가 많이 (　　)어졌어요/아졌어요/여졌어요.

　　① 춥다　　　　② 흐리다　　　③ 따뜻하다　　④ 시원하다

45. 가: <u>계절이</u> 바뀌었으니까 집 좀 청소해 볼까?

　　나: 그래, 우리 (　　)이/가 지난 옷부터 정리하자.

　　① 철　　　　　② 날씨　　　　③ 시간　　　　④ 유행

[46～50] 밑줄 친 단어의 쓰임이 잘못된 것을 고르십시오. 请选择画线部分单词使用错误的一项。

46. ① 정말 <u>아름다운</u> 분이시군요. (　　)

　　② 단풍이 든 산이 아주 <u>아름답습니다</u>.

　　③ 날씨가 <u>아름다우니까</u> 기분이 상쾌하다.

　　④ 목소리가 <u>아름다워서</u> 가수가 되면 좋겠다.

47. ① 샤워를 하니까 참 <u>시원하다</u>. (　　)

　　② <u>시원한</u> 물을 한 잔 마셔야겠다.

　　③ 날씨가 더우니까 <u>시원한</u> 삼계탕을 먹자.

　　④ 머리가 아팠던 일이 잘 끝나서 마음이 <u>시원하다</u>.

48. ① 추워서 입술이 <u>노랗다</u>. (　　)

　　② 눈이 오니까 세상이 <u>하얗다</u>.

　　③ 햇빛 때문에 얼굴에 <u>까매졌다</u>.

　　④ 좋아하는 사람을 만나니까 얼굴이 <u>빨개졌다</u>.

49. ① 공기가 <u>맑고</u> 시원하다. (　　)

　　② <u>낮은</u> 신발을 신으면 발이 편하다.

　　③ 제 남자친구는 키가 정말 <u>높아요</u>.

　　④ <u>추우니까</u> 옷을 하나 더 입는 게 좋겠다.

50. ① 꽃이 많이 <u>피어서</u> 아름다워요. (　　)

　　② 비가 <u>오니까</u> 우산을 가지고 가세요.

　　③ 단풍이 <u>든</u> 산을 구경하러 갈 거예요.

　　④ 안개가 <u>내렸으니까</u> 운전을 조심해야 해요.

第十四课 주거(居住)

1 건물(建筑物)

건물 (建物) [건물] 图建筑物, 建筑　　　　　　　　　　　近 빌딩 建筑物, 大厦

例 제 사무실은 은행 옆 건물 2(이)층이에요.

我的办公室在银行旁边那栋建筑物的二楼。

한국에서 제일 높은 건물은 롯데월드타워입니다.

韩国最高的建筑物是乐天塔。

계단 (階段) [계산/계단] 图楼梯, 阶梯

例 다리를 다쳐서 계단으로 올라갈 수 없다.　　　常见用法 계단으로 올라가다　走楼梯

我因为腿受伤了, 所以无法走楼梯上去。　　　　　　　　上去

계단을 내려가서 왼쪽으로 가면 미용실이 있어요.　　계단으로 내려가다　走楼梯

下楼梯后往左走就是美容院。　　　　　　　　　　　　下去

빌딩 [빌딩] 图建筑物, 大厦　　　　　　　　　　　近 건물 建筑物, 建筑

例 시내에는 빌딩이 많습니다.　　　　　　　　常见用法 높은 빌딩　高层建筑物

市内有很多大厦。

서울에서 제일 높은 빌딩이 어디에 있어요?

首尔最高的建筑物在哪里?

아파트 [아파트] 图公寓　　　　　　　　关 数 동 数 호 几栋几号　주택 独立式住宅

例 한강 근처에 있는 아파트는 아주 비싸요.

汉江附近的公寓价格很贵。

아파트는 주택보다 살기 편해서 젊은 사람들에게 인기가 많다.

公寓比独立式住宅住起来更方便，因此非常受年轻人欢迎。

엘리베이터 [엘리베이터] 名 电梯

例 엘리베이터 안에서 뛰면 안 된다.　　　　　　　常见用法 엘리베이터를 타다　乘电梯

不可以在电梯里蹦跳。

엘리베이터가 고장이 나서 계단으로 올라왔어요.

电梯出故障了，因此我是走楼梯上来的。

오피스텔 [오피스텔] 名 商住两用楼房

例 여기가 사무실로 사용할 오피스텔이에요.

这里是可以用作办公室的商住两用楼房。

오피스텔은 집으로도 쓸 수 있고 사무실로도 쓸 수 있다.

商住两用楼房可以用作居住的房子，也可以用作办公室。

정문 (正門) [정문] 名 正门　　　　　　　　　　　　　　关 후문 后门

例 학교 정문 옆에 있는 커피숍에서 만나자.

咱们在学校正门旁边的咖啡馆里见面吧。

회사 정문에서 오른쪽으로 가면 우체국이 있어요.

从公司正门往右走就是邮局。

주택 (住宅) [주택] 名 独立式住宅　　　　　关 집 房子，房屋　아파트 公寓

例 노인들은 주택에서 사는 것을 좋아한다.　　　　　常见用法 주택가　住宅区，居民区

老人们喜欢住独立式住宅。

주택은 아파트보다 관리하기가 어려워요.

独立式住宅比公寓难管理。

지하 (地下) [지하] 名 地下　　　　　　　　　　　　　　　　　　反 지상 地上，地面

例▶ 지하 주차장에 차를 주차하세요.

请把车停在地下停车场。

식당은 지하 1(일)층에 있습니다.

食堂在地下一层。

常见用法 지하 2(이)층　地下二层
　　　　　지하 주차장　地下停车场

층 (層) [층] 名 层

例▶ 우리 집은 12(십이)층에 있어요.

我家在十二层。

63(육삼)빌딩은 몇 층 건물일까요?

六三大厦一共多少层？

活用结构 数 층

호 (號) [호] 名 号

例▶ 우리 교실은 520(오백이십)호입니다.

我们的教室是520号。

우리 집은 한국 아파트 2(이)동 103(백삼)호입니다.

我家是韩国公寓2号楼103号。

活用结构 数 호

② 집 (家)

거실 (居室) [거실] 名 客厅

例▶ 거실에 있는 창문이 커서 집이 아주 밝군요.

客厅的窗户很大，因此房子非常明亮。

가족들이 모두 거실에서 텔레비전을 보고 있었다.

家人都在客厅里看电视。

거울 [거울] 名镜子

例▶ 옷장 옆에 큰 거울이 있어서 편해요.

衣柜旁边有面大镜子，因此我觉得很方便。

눈은 마음의 거울이라는 말이 있어요.

俗话说："眼睛是心灵的镜子。"

常见用法 거울을 보다　照镜子

난방 (暖房) [난방] 名供暖，暖气

例▶ 온돌은 한국의 난방 시설이에요.

暖炕是韩国的供暖设施。

상해 사람들은 보통 겨울에 난방을 하지 않는다고

합니다.

听说上海冬天一般不供暖。

常见用法 난방비　供暖费
난방하다　供暖
난방이 되다　有暖气

넓다 [널따] 形宽，宽敞，宽广

反 좁다 窄，狭隘

例▶ 우리 학교 운동장은 아주 넓어요.

我们学校的操场很宽敞。

아버지는 마음이 넓어서 나를 잘 이해해 주신다.

爸爸心胸宽广，因此非常理解我。

活用结构 名이/가 넓다
常见用法 집이 넓다　房子宽敞
마음이 넓다　心胸宽广

달력 (-曆) [달력] 名挂历

例▶ 달력을 벽에 걸었어요.

我把挂历挂在墙上了。

달력에 가족들의 생일을 적어 놓았다.

我在挂历上标记了家人的生日。

문 (門) [문] 图 门

例▶ 우체국은 몇 시에 문을 열어요?

邮局几点开门?

밖이 시끄러우니까 문을 닫아 주세요.

外面太吵了，请关上门。

常见用法 문을 열다　开门
　　　　 문을 닫다　关门

방 (房) [방] 图 房间

例▶ 우리 집은 방이 세 개예요.

我家有三个房间。

일주일 동안 청소를 하지 않아서 방이 더럽다.

我一周没有打扫卫生了，因此房间很脏。

常见用法 방 한 개　一个房间
　　　　 방이 좁다　房间窄

베란다 [베란다] 图 阳台

例▶ 오랜만에 베란다를 청소했어요.

我打扫阳台了，很长时间没打扫了。

우리 집 베란다에서 한강이 보여요.

从我家阳台上可以看到汉江。

벽 (壁) [벽] 图 墙，墙壁

例▶ 아이들이 벽에 그림을 그렸다.

孩子们在墙上画画儿了。

교실 벽에 시계를 걸어 주세요.

请把表挂在教室的墙壁上。

常见用法 벽지　壁纸
　　　　 벽에 걸다　挂在墙上

부엌 [부억] 名 厨房 　　　　　　　　　　　　　　　　　　近 주방 厨房

例 냉장고는 부엌에 있어요.

冰箱在厨房里。

어머니는 부엌에서 설거지를 하십니다.

妈妈在厨房里刷碗。

불 [불] 名 灯, 火

例 이제 불을 끄고 자자.

咱们现在关灯睡觉吧。

어두우니까 불을 좀 켜 주세요.

太暗了，请把灯打开。

常见用法 촛불　烛火
전깃불　电灯
불을 켜다　开灯
불을 끄다　关灯

서재 (書齋) [서재] 名 书房

例 책이 많아서 큰 방을 서재로 만들었어요.

因为书太多了，所以我把大房间用作了书房。

아버지는 아침마다 서재에서 책을 읽으신다.

爸爸每天早上都在书房里看书。

열다 [열다] 名 ①开，打开 ②开门，营业

①开，打开 　　　　　　　　　　　　　　反 닫다 关，闭　关 열쇠 钥匙 🖉

例 창문을 여니까 바람이 들어와서 시원하다.

打开窗户后，风吹进来了，因此我觉得很凉快。

活用结构 名을/를 열다

②开门，营业 　　　　　　　　　　　　　反 닫다 关门，停业 🖉

例 백화점은 몇 시에 문을 열어요?

百货商店几点开门？

活用结构 名을/를 열다

옷걸이 [옫꺼리] 图 衣架 　　　　　　　　　　　　　　　　　　　　　　　　　　 关 옷장 衣橱

例▶ 코트는 옷걸이에 걸어 두세요.　　　　　　　　　　　　 常见用法 옷걸이에 걸다　挂在衣架上

请把外套挂在衣架上。

옷을 옷걸이에 걸어 드릴까요?

需要帮您把衣服挂在衣架上吗?

욕실 (浴室) [욕씰] 图 浴室 　　　　　　　　　　　　　　　　　　　　　　　　　　 关 화장실 卫生间

例▶ 욕실에 들어가서 샤워를 했다.

我进浴室淋浴了。

우리 하숙집에는 방마다 욕실이 있어요.

我们住的寄宿家庭的每个房间里都有浴室。

창문 (窓門) [창문] 图 窗户

例▶ 비가 와서 창문을 닫았다.

因为下雨了，所以我关上了窗户。

방 안이 답답하니까 창문을 열어라.

房间里很闷，你把窗户打开吧。

천장 (天障) [천장] 图 天花板，顶棚 　　　　　　　　　　　　　　　　　　　　　 关 바닥 地面

例▶ 천장이 낮으니까 조심하세요.　　　　　　　　　　　　 常见用法 천장이 낮다　天花板低

天花板很低，因此请小心一点儿。　　　　　　　　　　　　　　　　　　 천장이 높다　天花板高

성당 천장에 그림이 그려져 있다.

教堂的天花板上画着画儿。

커튼 [커튼] 名 窗帘, 门帘, 帘子

例 ▶ 집 안이 보이지 않게 커튼을 쳐라.

你拉上窗帘吧，不要让别人看到家里。

날씨가 좋은데 커튼을 걷고 창문을 열어 놓을까?

天气很好，拉开窗帘、打开窗户怎么样？

常见用法 커튼을 걷다　拉开窗帘

커튼을 치다　拉上窗帘

편안하다 (便安-) [펴난하다] 形 舒服　　近 편하다 舒服，舒心　反 불편하다 不舒服

例 ▶ 이 의자에 앉아 보세요. 아주 편안해요.

请坐在这把椅子上试试吧。这把椅子坐着非常舒服。

요즘은 걱정 없이 편안하게 지내고 있어요.

我最近过着无忧无虑的生活，过得很舒服。

活用结构 名이/가 편안하다

常见用法 의자가 편안하다　椅子坐
着舒服

편하다 (便-) [편하다] 形 ①舒服，舒心，舒坦 ②方便，便利

①舒服，舒心，舒坦　　近 편안하다 舒服　反 불편하다 不舒服 ✎

例 ▶ 마음이 편하면 몸도 편해요.

心里舒坦的话，身体也会舒服。

活用结构 名이/가 편하다

常见用法 몸이 편하다　身体舒服

집이 편하다　家里舒服

마음이 편하다　心里舒坦

②方便，便利　　近 편리하다 便利　反 불편하다 不方便 ✎

例 ▶ 이 책은 글씨가 커서 읽기가 편하다.

这本书上的字很大，因此读起来很方便。

活用结构 名이/가 편하다

화장실 (化粧室) [화장실] 名 卫生间

例 ▶ 저는 화장실 청소를 제일 싫어해요.

我最讨厌打扫卫生间。

죄송하지만 화장실이 어디에 있습니까?

不好意思，请问卫生间在哪里？

3 이사 (搬家)

구하다 (求-) [구하다] 动 找，寻找，寻求　　　　　　　　　　　关 찾다 寻找

例▶ 싼 집을 구했어요?

你找到便宜的房子了吗?

일할 사람을 구하고 있어요.

我在招聘员工。

活用结构 名을/를 구하다

부동산 소개소 (不動産 紹介所) [부동산소개소] 名 房产中介公司

例▶ 이 근처에 부동산 소개소가 있나요?

这附近有房产中介公司吗?

하숙집을 구하려면 부동산 소개소에 가세요.

如果想找寄宿家庭，就请去房产中介公司吧。

사다리차 (-車) [사다리차] 名 云梯车

例▶ 사다리차를 빌리려면 얼마가 필요해요?

想借云梯车的话需要多少钱?

아파트의 높은 층으로 이사할 때에는 사다리차를 사용하세요.

要搬家到公寓高层时请使用云梯车。

이사 (移徙) [이사] 名 搬家

例▶ 내가 내일 이사를 하는데 도와줄 수 있어?

我明天搬家，你能帮我一下吗?

나는 고등학교를 졸업한 후에 서울로 이사했다.

我高中毕业后搬到了首尔生活。

常见用法 포장이사　打包搬家

이사하다　搬家

이사를 가다　搬家

집들이 [집뜨리] 名 乔迁喜宴，搬家请客

例 이번 주말에 집들이를 할 거예요.

我这周末要办乔迁喜宴。

한국에서는 집들이 선물로 휴지나 비누를 많이 해요.

在韩国，很多人送手纸或肥皂作为乔迁礼物。

常见用法 집들이 선물　乔迁礼物
　　　　集들이를 하다　办乔迁喜宴

4 집안일 (家务活)

걸레 [걸레] 名 抹布

例 방을 걸레로 닦았다.

我用抹布擦房间了。

식탁은 걸레로 닦으면 안 돼요.

不可以用抹布擦饭桌。

常见用法 걸레를 빨다　洗抹布
　　　　걸레로 닦다　用抹布擦

다림질 [다림질] 名 熨衣服　　　　　　　　　　　　　　　关 다리미 熨斗

例 더운 여름에는 다림질을 하기가 힘들어요.

在炎热的夏天熨衣服很吃力。

아내는 아침마다 남편의 셔츠를 다림질했다.

妻子每天早上都给丈夫熨衬衣。

常见用法 다림질을 하다　熨衣服

닦다 [닥따] 动 刷，擦　　　　　　　　　　　　　　　　　关 씻다 洗

例 하루에 3(세)번, 3(삼)분 동안 이를 닦아야 해요.

一天应该刷三次牙，每次刷三分钟。

미선이는 손수건으로 눈물을 닦으면서 이야기했다.

美善一边用手绢擦着眼泪一边说。

活用结构 名을/를 닦다

더럽다 [더럽따] 形 脏　　　　　　　　　　　　　　　　　反 깨끗하다 干净

例▶ 오랫동안 청소를 안 해서 방이 더럽다.　　　　　　　活用结构 名이/가 더럽다

我很长时间没打扫卫生了，因此房间很脏。

옷이 너무 더러워서 세탁소에 맡겨야겠다.

衣服太脏了，我得把它送到洗衣店。

드라이클리닝 [드라이클리닝] 名 干洗　　　　　　　　关 빨래 洗衣服　세탁소 洗衣店

例▶ 겨울 코트를 드라이클리닝했어요.　　　　　　　　常见用法 드라이클리닝하다　干洗

我干洗了冬天的外套。

이 옷은 드라이클리닝하지 말고 물로 빠세요.

这件衣服不要干洗，请水洗吧。

말리다 [말리다] 动 干，晾干，晒干　　　　　　　　　　　　　关 마르다 干

例▶ 고춧가루는 말린 고추로 만들어요.　　　　　　　　活用结构 名을/를 말리다

辣椒面是用干辣椒做成的。

비가 오는 날에는 빨래를 잘 말리기가 어려워요.

下雨的日子衣服很难晾干。

맡기다 [맏끼다] 动 交给，交由　　　　　　　　　　　　关 맡다 承担，负责

例▶ 돈을 은행에 맡겼어요.　　　　　　　　　　　　活用结构 名을/를 名에 맡기다

我把钱存银行了。　　　　　　　　　　　　　　　　　　　名을/를 名에게 맡기다

친구에게 가방을 맡기고 화장실에 갔다.

我把包交给朋友后去了卫生间。

버리다 [버리다] 动 扔，倒，扔掉

例 ▶ 쓰레기는 쓰레기통에 버려야 합니다.

应该把垃圾扔进垃圾桶里。

음식을 남기면 버려야 하니까 다 먹어라.

剩下的食物会被扔掉，因此你把食物全吃光吧。

活用结构 名을/를 버리다

常见用法 쓰레기를 버리다　扔垃圾

빨다 [빨다] 动 洗

关 빨래하다 洗衣服　세탁하다 洗衣物

例 ▶ 운동화를 빠니까 새 운동화 같지?

运动鞋洗了后像新的吧?

손으로 빤 후에 세탁기로 빨면 더 깨끗해져요.

（衣服）手洗后再机洗会更干净。

活用结构 名을/를 빨다

빨래 [빨래] 名 ①洗衣服 ②（要洗或洗过的）衣服

①洗衣服

例 ▶ 너무 바빠서 일주일 동안 빨래를 못 했어요.

我因为太忙了，所以一个星期没能洗衣服。

常见用法 빨래하다　洗衣服

②（要洗或洗过的）衣服

例 ▶ 주말에 밀린 빨래를 해야 해요.

我周末要洗积攒下来的衣服。

常见用法 빨래가 밀리다　（要洗的）衣服积攒下来

설거지 [설거지] 名 刷碗

例 ▶ 저는 요리를 하고 남편은 설거지를 해요.

我做菜，丈夫刷碗。

밥을 다 먹었으면 남은 반찬은 냉장고에 넣고 그릇은

설거지하세요.

吃完饭后请把剩下的菜放到冰箱里，然后刷一下碗。

常见用法 설거지가 쌓이다　要刷的碗堆积着

설거지를 하다　刷碗

세제 (洗劑) [세제] 名 洗衣粉，洗涤剂　　　　关 비누 肥皂

例 세제를 많이 쓰지 말고 적당히 써라.

不要用太多洗涤剂，要适量。

이 세제는 향도 좋고 빨래도 깨끗하게 돼서 인기가

많아요.

这种洗衣粉不仅味道香，而且能把衣服洗得很干

净，因此非常受人们欢迎。

常见用法 주방 세제　厨房专用洗涤剂

세제로 닦다　用洗涤剂擦

쓰레기 [쓰레기] 名 垃圾　　　　关 휴지 废纸

例 쓰레기는 쓰레기통에 버립시다.

咱们把垃圾扔进垃圾桶里吧。

음식물 쓰레기는 따로 버려야 해요.

食物垃圾应该单独扔。

常见用法 쓰레기통　垃圾桶

음식물 쓰레기　食物垃圾

쓰레기를 버리다　扔垃圾

쓸다 [쓸다] 动 扫，打扫

例 방을 쓰니까 먼지가 아주 많았다.

我打扫房间了，房间里尘土非常多。

눈이 오면 집 앞의 눈을 쓸어야 한다.

下雪时要扫房前的雪。

活用结构 名을/를 쓸다

常见用法 방을 쓸다　打扫房间

눈을 쓸다　扫雪

빗자루로 쓸다　用扫帚扫

얼룩 [얼룩] 名 斑点，斑痕

例 옷에 얼룩이 생겨서 입을 수 없어요.

衣服被弄上斑点了，因此没法穿了。

여러 번 세탁해도 얼룩이 없어지지 않는다.

我洗了很多遍也没把斑点洗掉。

常见用法 얼룩이 생기다　出现斑点

얼룩을 지우다　擦掉斑点

정리 (整理) [정니] 名 整理，整顿

例▶ 공부하기 전에 책상 정리부터 한다.

我学习前会先整理书桌。

손님이 오시기 전에 빨리 방을 정리해라.

客人来之前快点儿整理一下房间吧。

常见用法 책상 정리　整理书桌
교통 정리　整顿交通
정리하다　整理

지우다 [지우다] 动 擦掉，抹掉，去掉

例▶ 칠판 좀 지워 주세요.

请擦一下黑板。

피곤해도 자기 전에 꼭 화장을 지워야 해.

即使再疲劳，睡前也一定要卸妆。

活用结构 名을/를 지우다

집안일 [지반닐] 名 家务活

例▶ 우리 남편은 집안일을 잘 도와줘요.

我丈夫经常帮我干家务活。

빨래, 청소, 설거지 등 집안일은 끝이 없다.

洗衣服、打扫卫生、刷碗等家务活是做不完的。

常见用法 집안일을 하다　干家务活

청소 (淸掃) [청소] 名 打扫，清扫

例▶ 저는 집안일 중에서 청소를 제일 싫어해요.

家务活中我最讨厌打扫卫生。

더러운 방을 청소한 후에 깨끗해진 방을 보면 기분이
좋아진다.

打扫完脏房间后，看着干净的房间，我的心情会
变得很好。

常见用法 청소기　吸尘器
청소하다　打扫

> 휴지 (休紙) [휴지] 名 ①废纸 ②手纸

①废纸

关 쓰레기 垃圾 ✏

例▶ 길에 휴지를 버리지 마십시오.

　　请不要把废纸扔在路上。

常见用法 휴지통　废纸桶
　　　　휴지를 버리다　扔废纸

②手纸

近 티슈 纸巾 ✏

例▶ 콧물을 휴지로 닦았다.

　　我用手纸擦鼻涕了。

常见用法 휴지로 닦다　用手纸擦

연습 문제 (练习题)

[1~15] 다음 단어를 한국어로 바꿔 쓰십시오. 请写出下面汉语意思对应的韩国语单词。

1. 门　　　　(　　　)　　2. 房间　　　(　　　)　　3. 客厅　　　(　　　)

4. 供暖　　(　　　)　　5. 挂历　　　(　　　)　　6. 洗涤剂　　(　　　)

7. 斑点　　(　　　)　　8. 搬家　　　(　　　)　　9. 窗帘　　　(　　　)

10. 公寓　　(　　　)　　11. 衣架　　　(　　　)　　12. 搬家请客 (　　　)

13. 电梯　　(　　　)　　14. 洗　　　　(　　　)　　15. 交给　　　(　　　)

[16~20] 그림을 보고 (　　　)에 알맞은 것을 고르십시오. 请看图选择正确的答案。

16. 가: 어머니가 뭘 하고 계시니?

　　나: 부엌에서 (　　　)을/를 하고 계십니다.

　　① 빨래　　② 다림질　　③ 설거지　　④ 드라이클리닝

17. 가: 비가 오는군요.

　　나: 비가 방에 들어오지 않게 (　　　)을/를 닫읍시다.

　　① 난방　　② 창문　　③ 천장　　④ 커튼

317

18. 가: 꽃이 어디에 있어요?

　　나: (　　)에 있어요.

　　① 거실　　② 서재　　③ 주방　　④ 베란다

19. 가: 뭘 하고 있어요?

　　나: (　　)을/를 보면서 화장하고 있어요.

　　① 벽　　② 거울　　③ 달력　　④ 시계

20. 가: 수업이 끝난 후에 같이 공부할까요?

　　나: 아니요, 저녁에 손님이 오시기 때문에 (　　)어야/아야/
　　여야 해요.

　　① 구하다　　② 버리다　　③ 붙이다　　④ 청소하다

[21～30] 다음 문장을 읽고 알맞은 어휘를 골라 쓰십시오. 어휘는 한 번만 쓰십시오. 请
阅读下列句子，然后选择合适的单词填空，每个单词只能使用一次。

벽	불	호	거울	걸레	계단	서재	천장	아파트
닦다	쓸다	열다	버리다	편안하다	정리하다			

21. 거실 (　　　　)에 그림을 걸었어요.

22. 먹고 남은 음식을 (　　　　)었다/았다/였다.

23. 바닥을 걸레로 (　　　　)었어요/았어요/였어요.

24. 아버지께서 (　　　　)에서 책을 읽고 계십니다.

25. 열쇠가 없어서 문을 (　　　　)지 못하고 있어요.

26. 우리는 (　　　　)은/ㄴ 의자에 앉아서 차를 마셨다.

27. 엘리베이터가 고장나서 (　　　　)으로/로 올라왔어요.

28. 눈이 오면 집 앞의 눈을 (　　　　)어야/아야/여야 해요.

29. 외출할 때에는 방의 (　　　　)을/를 꼭 끄고 나가야 한다.

30. 외출하기 전에 먼저 방을 깨끗하게 (   )어라/아라/여라.

[31 ~ 35] (   ) 안에 알맞은 것을 고르십시오. 请选择合适的答案。

31. 옷에 생긴 얼룩을 (   )었어요/았어요/였어요.

   ① 닫다   ② 쓸다   ③ 버리다   ④ 지우다

32. 설날이 무슨 요일인지 알고 싶어서 (   )을/를 찾아봤다.

   ① 달력   ② 사전   ③ 천장   ④ 책장

33. 어머니는 날마다 빨래, 설거지, 청소 등 (   )을/를 하십니다.

   ① 이사   ② 다림질   ③ 집들이   ④ 집안일

34. 사무실은 2(   )에 있으니까 옆에 있는 계단으로 올라가세요.

   ① 방   ② 층   ③ 호   ④ 지하

35. 빨래는 햇빛에 (   )는 것이 좋아요.

   ① 구하다   ② 말리다   ③ 맡기다   ④ 붙이다

[36 ~ 40] 밑줄 친 부분과 반대되는 뜻을 가진 것을 고르십시오. 请选择与画线部分意义相反的单词。

36. 가: 오늘 학교 <u>후문에서</u> 만날까?

   나: 아니, 후문은 복잡하니까 (   )에서 만나자.

   ① 정문   ② 주택   ③ 지하   ④ 창문

37. 가: 신발이 너무 <u>더러워졌어</u>.

   나: 응, (   )게 빨아야겠다.

   ① 넓다   ② 편하다   ③ 깨끗하다   ④ 조용하다

38. 가: 학생은 많은데 교실은 좀 <u>좁아요</u>.

   나: 네, 좀 더 (   )은/ㄴ 교실에서 공부하면 좋겠어요.

   ① 넓다   ② 밝다   ③ 구하다   ④ 말리다

39. 가: 더워서 문을 <u>열었는데</u> 너무 시끄러워요.

   나: 그럼 문을 (   )고 에어컨을 켭시다.

   ① 닫다   ② 붙이다   ③ 지우다   ④ 편안하다

40. 가: 구두를 신으면 발이 아프고 <u>불편해요</u>.

   나: 운동화를 신어 보세요. 발이 (   )고 아프지 않을 거예요.

   ① 크다   ② 맡기다   ③ 버리다   ④ 편하다

[41～45] 밑줄 친 부분과 의미가 가장 가까운 것을 고르십시오. 请选择与画线部分意义最相近的单词。

41. 가: 네가 일하는 회사는 어느 <u>빌딩이야</u>?

　　나: 이 (　　) 2층이야.

　　① 방　　　　② 건물　　　③ 계단　　　④ 엘리베이터

42. 가: 조용하고 깨끗한 하숙집을 <u>찾고</u> 있는데요.

　　나: 부동산 소개소에 가면 (　　)을/ㄹ 수 있을 거예요.

　　① 살다　　　② 쓸다　　　③ 구하다　　④ 소개하다

43. 가: 이 옷을 <u>세탁했어요</u>?

　　나: 네, 직접 손으로 (　　)었어요/았어요/였어요.

　　① 닦다　　　② 빨다　　　③ 쓸다　　　④ 청소하다

44. 가: <u>쓰레기는</u> 어디에 버리면 돼요?

　　나: (　　)은/는 여기에 있는 봉지에 버리세요.

　　① 걸레　　　② 휴지　　　③ 다림질　　④ 사다리차

45. 가: 언니는 <u>주방에</u> 있어요?

　　나: 네, (　　)에서 저녁 식사 준비를 하고 있어요.

　　① 부엌　　　② 천장　　　③ 아파트　　④ 오피스텔

[46～50] 밑줄 친 단어의 쓰임이 잘못된 것을 고르십시오. 请选择画线部分单词使用错误的一项。

46. ① 집이 <u>넓어서</u> 마음에 들어요. (　　)

　　② 아버지는 마음이 <u>넓어서</u> 화를 내시지 않아요.

　　③ 이 옷이 좀 <u>넓어서</u> 다른 옷으로 바꾸고 싶어요.

　　④ 내 방은 <u>넓지만</u> 물건이 많지 않아서 복잡하지 않다.

47. ① 방이 더러우니까 <u>편하지요</u>? (　　)

　　② 이 신발을 신으면 발이 <u>편할</u> 겁니다.

　　③ 중요한 일을 모두 끝내서 마음이 <u>편하다</u>.

　　④ 지금 살고 있는 집은 회사와 가까워서 아주 <u>편해요</u>.

48. ① <u>욕실에서</u> 목욕을 했어요. (　　)

　　② 이 집은 <u>천장이</u> 아주 높군요.

③ <u>창문에</u> 가족사진을 걸어 놓았어요.

④ 가족들이 모두 <u>거실에</u> 모여서 TV를 보고 있어요.

49. ① 이 셔츠를 <u>다림질해야겠어요</u>. (   )

② 바닥이 더러우니까 <u>걸레하세요</u>.

③ 손님이 오시니까 방을 <u>정리해라</u>.

④ 저녁 식사를 한 후에 <u>설거지했다</u>.

50. ① 여기에 휴지를 <u>버리지</u> 마세요. (   )

② 너무 시끄러워서 <u>이사가려고</u> 합니다.

③ 드라이클리닝을 할 옷을 세탁소에 <u>빨았어요</u>.

④ 하숙집이 학교에서 멀어서 새 하숙집을 <u>구하고</u> 있어요.

第十五课 건강(健康)

1 신체(身体)

가슴 [가슴] 名 ①胸，胸脯，胸膛 ②心

---

①胸，胸脯，胸膛

例▶ 아이는 인형을 가슴에 꼭 안았다.

孩子把玩具紧紧抱在怀里。

常见用法 가슴이 넓다　胸膛宽阔

②心

例▶ 슬픈 영화를 보고 가슴이 아파서 눈물이 났어요.

我看了令人悲伤的电影后，心痛得流下了眼泪。

常见用法 가슴이 아프다　心痛
가슴이 답답하다　心里闷
가슴이 따뜻하다　心里温暖

건강 (健康) [건강] 名 健康，健康状况

例▶ 담배를 많이 피우면 건강이 나빠져요.

人吸烟太多的话，健康状况会越来越差。

규칙적으로 운동을 하면 건강이 좋아질 거야.

如果有规律地做运动，健康状况就会变好。

常见用法 건강 상태　健康状态
건강이 좋다　健康状况好
건강에 좋다　对健康好
건강하다　健康

굵다 [국따] 形 粗，粗大　　　　反 가늘다 细

例▶ 어머니는 일을 많이 하셔서 손가락이 굵어졌다.

妈妈干了很多活，因此她的手指变粗了。

나는 다리가 굵어서 고민이야. 치마를 입어도 예쁘지 않아.

我因为腿粗而苦闷。我即使穿裙子也不漂亮。

活用结构 굵은 名
名이/가 굵다
常见用法 굵은 손가락　粗手指
다리가 굵다　腿粗

귀 [귀] 名 耳朵

例 요즘은 귀에 귀걸이를 한 남자들이 많아요.

最近很多男子在耳朵上戴耳环。

음악 소리가 너무 시끄러워서 손으로 귀를 막았다.

音乐声太吵了，因此我用手堵住了耳朵。

눈² [눈] 名 眼, 眼睛

例 눈을 감고 이야기를 들어 보세요.

请闭上眼睛听一下这个故事。

어제 밤에 울고 자서 눈이 부었어요.

我昨天夜里哭过后睡的觉，因此眼睛肿了。

常见用法 눈물　眼泪

다리 [다리] 名 腿

例 미선이는 다리가 길고 예뻐요.

美善的腿又长又漂亮。

영수는 축구 경기를 하다가 넘어져서 다리를 다쳤다.

英洙在足球比赛中摔伤了腿。

등 [등] 名 背, 后背

例 할머니는 손주를 등에 업고 가게에 가셨다.

奶奶背着孙子去了商店。

군인들이 등에 배낭을 메고 걸어가고 있습니다.

军人们正背着背包行进。

땀 [땀] 名 汗, 汗水

例 날씨가 더워서 땀이 많이 납니다.

常见用法 땀이 나다　出汗

天气太热了，因此我出了很多汗。   땀을 흘리다   流汗

학생들이 땀을 흘리면서 운동장을 뛰고 있어요.

学生们正流着汗在操场上跑步。

머리 [머리] 名 ①头，脑袋 ②头发 ③头脑，脑筋

①头，脑袋

例▶ 머리가 아파서 공부를 할 수 없어요.   **常见用法** 머리가 아프다   头疼

我因为头疼，所以没法学习。   머리를 다치다   伤了头

②头发

例▶ 머리를 자르려고 미용실에 가요.   **常见用法** 머리카락   头发

我去美容院剪头发。   머리가 길다   头发长

                                              머리를 감다   洗头发

③头脑，脑筋

例▶ 그 사람은 머리가 좋아서 한 번 들으면 잊어버리지   **常见用法** 머리가 좋다   头脑好

않아요.

那个人头脑好，因此事情听一遍就能记住。

목 [목] 名 ①脖子，颈 ②喉咙，嗓子

①脖子，颈

例▶ 미선이는 목이 가늘고 길어서 목걸이가 잘 어울려요.   **常见用法** 목이 길다   脖子长

美善的脖子又细又长，因此她很适合戴项链。

②喉咙，嗓子

例▶ 목이 말라서 물을 마셨어요.   **常见用法** 목감기   感冒（症状是嗓子

我因为喉咙干，所以喝水了。   肿痛）

몸 [몸] 名 身体，身躯

例▶ 제 친구는 몸이 약해서 병원에 자주 갑니다.

我朋友身体很虚弱，因此经常去医院。

지금 입은 양복이 아까 입은 양복보다 몸에 더 잘 맞네요.

现在穿的西装比刚才穿的西装更合体。

常见用法 몸이 좋다　身体好
몸이 약하다　身体弱
몸이 건강하다　身体健康
몸에 좋다　对身体好

무릎 [무릅] 名 膝，膝盖

例▶ 아이가 놀다가 넘어져서 무릎을 다쳤어요.

孩子玩儿的时候摔伤了膝盖。

무릎을 꿇고 앉아서 할아버지 말씀을 들었다.

我跪坐着听爷爷说话。

常见用法 무릎을 꿇다　跪下

발 [발] 名 脚，足

例▶ 새 구두를 신어서 발이 아파요.

因为我穿着新鞋，所以脚疼。

지하철에 사람이 너무 많아서 다른 사람의 발을 밟았다.

因为地铁里人太多了，所以我踩到了别人的脚。

常见用法 발등　脚背
발목　脚腕子
발가락　脚趾
발바닥　脚掌
발이 크다　脚大

배² [배] 名 腹部，肚子

例▶ 아침을 못 먹어서 배가 고파요.

我因为没吃早饭，所以肚子饿。

나이가 들면 점점 배가 나오니까 운동을 해야 한다.

上了年纪的话，就会出现啤酒肚，因此应该运动一下。

常见用法 배가 고프다　肚子饿
배가 부르다　肚子饱
배가 아프다　肚子疼
배가 나오다　出现啤酒肚

뼈 [뼈] 名 骨头

例 우유를 많이 먹어야 뼈가 튼튼해진다.

只有多喝牛奶，骨头才会变得强壮。

형이 계단에서 떨어져서 뼈가 부러졌어요.

哥哥从楼梯上摔下来骨折了。

常见用法 뼈가 굵다　骨头粗
뼈가 약하다　骨头脆弱
뼈가 부러지다　骨折

살² [살] 名 肉，肌肉

例 저는 스트레스를 받으면 음식을 많이 먹어서 살이

쪄요.

我有压力时就会吃很多食物，从而变胖。

기숙사 방 친구는 살을 빼려고 저녁마다 30(삼십)분

씩 운동장을 뛴다.

舍友为了减肥每天晚上都在操场上跑三十分钟。

常见用法 살이 찌다　长肉，变胖
살이 빠지다　减肥，变瘦
살을 빼다　减肥

속² [속] 名 胃

例 매운 음식을 먹은 후에는 속이 아프다.

我吃完辣的食物就会胃疼。

어제 술을 많이 마셔서 속이 안 좋아요.

因为我昨天喝了很多酒，所以胃不舒服。

常见用法 속이 아프다　胃疼
속이 안 좋다　胃不舒服

손 [손] 名 手

例 밥을 먹기 전에 손을 씻어야 한다.

吃饭前应该洗手。

데이트하는 커플들이 손을 잡고 걸어간다.

约会的情侣牵着手走路。

常见用法 손등　手背
손바닥　手掌
손가락　手指
손목　手腕
손을 들다　举手

신체 (身體) [신체] 图 身体   近 몸 身体, 身躯

 이 일은 신체가 건강한 사람은 누구든지 할 수 있는   常见用法 신체검사 体检

일입니다.

任何身体健康的人都可以做这件事情。

초등학교, 중학교, 고등학교에서는 1(일)년에 한

번씩 신체검사를 합니다.

小学、初中、高中的学生们一年进行一次体检。

tip ★ ★ ★

有关"身体部位"的名词如下所示：
머리 头, 어깨 肩膀, 가슴 胸, 배 肚子, 팔² 胳膊, 다리 腿, 무릎 膝
盖, 발 脚, 등 后背, 허리 腰, 엉덩이 屁股, 머리카락 头发, 이마 额
头, 눈썹 眉毛, 귀 耳朵, 눈² 眼睛, 코 鼻子, 뺨 脸颊, 입 嘴

어깨 [어깨] 图 肩, 肩膀

 가방을 어깨에 메고 학교에 갔다.   常见用法 어깨가 넓다   肩宽

我肩上背着包去学校了。   어깨가 좁다   肩窄

요즘에는 어깨가 넓어 보이는 옷이 유행이에요.   어깨를 펴다   放松肩膀

最近流行显肩宽的衣服。

얼굴 [얼굴] 图 脸

 같은 반 친구는 항상 얼굴이 밝아요.   常见用法 예쁜 얼굴   漂亮的脸

同班同学的表情总是那么明朗。   잘생긴 얼굴 长得好看的脸

미선이는 얼굴이 아주 작아서 주먹만해요.   얼굴이 예쁘다 脸漂亮

美善的脸非常小，跟拳头差不多大。   얼굴을 씻다   洗脸

엉덩이 [엉덩이] 名 臀部，屁股

例 ▶ 엉덩이에 주사를 맞았어요.

我打屁股针了。

눈길을 걷다가 넘어져서 엉덩이가 너무 아파요.

我因为走雪路时摔倒了，所以屁股很疼。

입 [입] 名 嘴

例 ▶ 엄마와 아빠가 아이 얼굴에 입을 맞췄어요.

妈妈和爸爸亲小孩儿的脸了。

입 안에 음식이 있을 때에는 이야기하면 안 됩니다.

嘴里有食物的时候不可以说话。

常见用法 입맛　胃口，食欲
입이 크다　嘴大

코 [코] 名 鼻子

例 ▶ 서양 사람들은 코가 높아요.

西方人鼻子高。

감기 때문에 코가 막혀서 숨을 잘 쉴 수 없어요.

我因为感冒鼻子不通气，所以无法顺畅地呼吸。

常见用法 콧물　鼻涕
코감기　感冒（症状是鼻子不
通气、流鼻涕）
코를 풀다　擤鼻涕

키 [키] 名 身高，个子

例 ▶ 키가 몇 cm(센티미터)예요?

你的身高是多少厘米?

아버지는 키가 크신데 저는 키가 작아요.

爸爸个子高，可是我个子矮。

常见用法 키가 크다　个子高
키가 작다　个子矮

튼튼하다 [튼튼하다] 形 结实，坚固

例▶ 이 가방은 튼튼해서 물건을 많이 넣어도 괜찮아요.

这个包很结实，因此在里面放很多东西也没关系。

몸이 튼튼해야 공부도 열심히 할 수 있으니까 공부만

하지 말고 운동도 해야 한다.

只有让身体变得结实，才能努力学习，因此不要

只学习，也应该做做运动。

活用结构 名이/가 튼튼하다

팔² [팔] 名 胳膊

例▶ 무거운 짐을 들어서 팔이 아프다.

我因为提着很重的行李，所以胳膊疼。

한국에서는 식사할 때 식탁 위에 팔을 올리면 안 됩니다.

在韩国吃饭的时候，不可以把胳膊抬到饭桌上面。

허리 [허리] 名 腰

例▶ 한 달 전부터 다이어트를 해서 허리가 가늘어졌어요.

我因为从一个月前就开始减肥，所以腰变细了。

무거운 것을 들면 허리를 다칠 수 있으니까 조심하

세요.

提重物容易伤到腰，因此请小心一点儿。

常见用法 허리띠　腰带
허리가 가늘다　腰细

힘 [힘] 名 力气，力量

例▶ 우리 집에서 가장 힘이 센 사람은 아빠입니다.

我家力气最大的人是爸爸。

지고 있는 우리 팀이 힘을 낼 수 있도록 응원합시다!

咱们给正落后的我们队加油吧!

常见用法 힘이 세다　力气大
힘이 들다　费力
힘을 내다　用力，加油

2 병, 증상 (疾病, 症状)

가래 [가래] 名 痰

例 담배를 피우면 가래가 많이 생긴다.

吸烟的话就会有很多痰。

목감기에 걸려서 기침을 하면 가래가 나와요.

得了感冒咳嗽的话就会咳出痰来。

常见用法 가래를 뱉다　吐痰

가렵다 [가렵따] 形 痒, 发痒　　　　　　　　　　　关 긁다 搔, 挠

例 모기에 물려서 가려워요.

我被蚊子咬了, 因此觉得很痒。

배낭여행을 하는 동안 샤워를 자주 하지 못해서 머리

가 가려웠다.

我因为背包旅行期间没能经常淋浴, 所以头很痒。

活用结构 名이/가 가렵다

常见用法 머리가 가렵다　头痒

　　　　 피부가 가렵다　皮肤痒

감기 [감기] 名 感冒

例 약국에서 약을 사 먹고 감기가 나았어요.

我从药店买药吃了后, 感冒好了。

날씨가 추워져서 감기에 걸린 사람들이 많다.

因为天气变冷了, 所以很多人得了感冒。

常见用法 감기약　感冒药

　　　　 감기가 낫다　感冒好了

　　　　 감기에 걸리다　得感冒

기침 [기침] 名 咳嗽

例 기침이 심해서 밤에 잠을 잘 자지 못했어요.

我因为咳嗽得厉害, 所以夜里没睡好觉。

다른 사람 앞에서는 입을 가리고 기침해야 한다.

在别人面前应该捂着嘴咳嗽。

常见用法 기침이 심하다　咳嗽得厉害

　　　　 기침이 나다　咳嗽

　　　　 기침을 하다　咳嗽

나다 [나다] 動 ①患病，生病 ②（身体）长出 ③（兴趣、勇气等）产生 ④（声音、气味等）出现，产生 ⑤（汗水、眼泪等液体）流出

①患病，生病

例▶ 아기가 열이 많이 나요. 39(삼십구)도예요.

孩子发烧很厉害，发烧到39度。

活用结构 名이/가 나다

常见用法 병이 나다　生病

몸살이 나다　得了风寒

배탈이 나다　腹泻

②（身体）长出

例▶ 사춘기가 되면 남자들은 턱에 수염이 난다.

男子到了青春期在下巴上会长出胡子。

活用结构 名이/가 나다

常见用法 수염이 나다　长胡子

여드름이 나다　长青春痘

③（兴趣、勇气等）产生

例▶ 거짓말하는 사람을 보면 화가 난다.

我一看到说谎的人就生气。

活用结构 名이/가 나다

常见用法 겁이 나다　害怕

화가 나다　生气

용기가 나다　产生勇气

짜증이 나다　闹心

신경질이 나다　发神经

④（声音、气味等）出现，产生

例▶ 방에서 이상한 소리가 나는데 무슨 소리이지?

房间里传出奇怪的声音，那是什么声音呢?

活用结构 名이/가 나다

常见用法 냄새가 나다　产生气味

향기가 나다　产生香味

연기가 나다　产生烟

소리가 나다　发出声音

⑤（汗水、眼泪等液体）流出

例▶ 급하게 뛰어가다가 넘어져서 무릎에 피가 났다.

我跑得太急摔倒了，因此膝盖流血了。

活用结构 名이/가 나다

常见用法 피가 나다　流血

땀이 나다　流汗

눈물이 나다　流眼泪

다치다 [다치다] 动 受伤, 碰伤

例 축구를 하다가 다리를 다쳤다.

我踢足球时把腿弄伤了。

교통사고가 나서 많은 사람들이 다쳤습니다.

很多人因为交通事故受伤了。

活用结构 名이/가 다치다

名을/를 다치다

常见用法 사람들이 다치다 人们受伤

다리를 다치다 把腿弄伤

두통 (頭痛) [두통] 名 头痛

例 두통이 심해서 책을 읽을 수 없다.

我因为头痛得厉害, 所以无法读书。

아버지가 두통이 난다고 하셔서 두통약을 드렸어요.

因为爸爸说头痛, 所以我就给了爸爸头痛药。

常见用法 두통약 头痛药

두통이 심하다 头痛得厉害

두통이 나다 头痛

따갑다 [따갑따] 形 针扎似的, 火辣辣

例 앗! 따가워! 바늘로 손을 찔렀어!

啊! 痛死了! 我用针扎到手了!

눈병에 걸리면 눈이 아주 따갑다.

患了眼疾的话眼睛会非常痛。

活用结构 名이/가 따갑다

몸살 [몸살] 名 伤寒, 四肢酸痛

例 몸살이 나서 출근하지 못했어요.

我因为得了伤寒, 所以没能去上班。

몸살이 심하면 병원에 가 보세요.

伤寒很严重的话, 就请去医院看看吧。

常见用法 감기몸살 重感冒

몸살이 심하다 伤寒很严重

몸살이 나다 得了伤寒

배탈 (-頉) [배탈] 名 腹泻，肚子痛，闹肚子

关 설사 腹泻，闹肚子

例 상한 음식을 먹고 배탈이 났어요.

我吃了变质的食物后闹肚子了。

여름에 찬 음식을 많이 먹으면 배탈이 나니까 조심하
세요.

夏天吃多了凉的食物会闹肚子，因此请小心一
点儿。

常见用法 배탈약　腹泻药

배탈이 나다　腹泻

변비 (便祕) [변비] 名 便秘

例 저는 스트레스가 쌓이면 변비가 심해져요.

我压力大时会出现便秘。

물을 많이 마시는 것이 변비에 좋다고 한다.

听说多喝水对治疗便秘有好处。

常见用法 변비약　便秘药

변비가 있다　出现便秘

변비가 심하다　便秘严重

변비가 생기다　出现便秘

병² (病) [병] 名 病，毛病

例 일을 너무 많이 해서 병이 났다.

我因为做了太多工作，所以生病了。

병원에서 수술을 받고 병이 다 나았어요.

我在医院做手术后痊愈了。

活用结构 名병

常见用法 심장병　心脏病

병이 낫다　病好了

병이 나다　生病

병을 고치다　治病

병에 걸리다　患病

부러지다 [부러지다] 动 断，断裂，折断

例 나뭇가지가 부러져서 떨어졌다.

树枝断了，掉了下来。

다리가 부러져서 병원에서 치료를 받았어요.

因为我的腿断了，所以我在医院里接受了治疗。

活用结构 名이/가 부러지다

常见用法 다리가 부러지다　腿断了

빠지다 [빠지다] 动 掉，脱落

关 빼다 减去，去掉

例 ▶ 요즘 아버지께서 머리카락이 빠져서 걱정을 많이
하십니다.
最近父亲因为掉头发而很担心。
1(일)층부터 6(육)층까지 계단으로 올라오니까
다리의 힘이 빠져서 걸을 수가 없다.
我从一楼爬到了六楼，腿都软了，因此没法走路了。

活用结构 名이/가 빠지다
常见用法 살이 빠지다　减肥，变瘦
힘이 빠지다　懈气，发软
머리카락이 빠지다　掉头发

상처 (傷處) [상처] 名 伤口，伤疤

例 ▶ 상처가 깊어서 피가 많이 나니까 빨리 병원에 갑시다.
伤口很深，流了很多血，咱们快点儿去医院吧。
팔에 있는 상처는 어렸을 때 친구와 놀다가 넘어져서
생긴 상처예요.
我胳膊上的伤疤是小时候和朋友玩儿时摔倒而留
下的。

常见用法 상처가 깊다　伤口深
상처가 나다　受伤
상처를 치료하다　治疗伤口

소화 (消化) [소화] 名 消化

例 ▶ 그저께부터 소화가 잘 되지 않아요. 소화제 좀 주세요.
我从前天开始就消化不良。请给我一点儿消化药吧。
점심을 먹은 후에 먹은 것을 잘 소화하기 위해서
산책을 했어요.
午饭后为了消化吃掉的东西我去散步了。

常见用法 소화제　消化药
소화하다　消化
소화가 되다　消化好

식중독 (食中毒) [식쭝독] 名 食物中毒

例 ▶ 여름에는 식중독에 걸리기 쉬우니까 음식을 조심해
서 먹어야 합니다.
夏天很容易食物中毒，因此吃东西时应该小心一
点儿。

常见用法 식중독에 걸리다　食物中毒

음식이 상했군요. 상한 음식을 먹으면 식중독에 걸리
니까 이 음식을 버립시다.

食物变质了啊！吃变质的食物会食物中毒的，我们
把这食物扔了吧。

심하다 (甚-) [심하다] 形 严重，厉害，过分

例▶ 어제 컴퓨터 게임 때문에 형과 심하게 싸웠다.

昨天因为电脑游戏我和哥哥大吵了一架。

친구와 싸우다가 제가 심한 말을 해서 친구가 화가
많이 났어요.

和朋友吵架时我说了很过分的话，因此朋友非常
生气。

活用结构 名이/가 심하다
　　　　심하게 动
常见用法 병이 심하다　病情严重
　　　　말이 심하다　话过分

쓰리다 [쓰리다] 形 火辣辣地痛，刺痛，难受

例▶ 눈에 비눗물이 들어가서 쓰려요.

肥皂水进眼里了，因此我的眼睛火辣辣地痛。

어제 회식에서 술을 많이 마셔서 속이 쓰리다.

我昨天聚餐时喝了很多酒，因此胃难受。

活用结构 名이/가 쓰리다

아프다 [아프다] 形 痛，不舒服

例▶ 몸이 아파서 일찍 퇴근했다.

我因为身体不舒服，所以提前下班了。

컴퓨터를 오래 해서 머리도 아프고 눈도 아파요.

我因为上了很长时间网，所以头也痛，眼睛也痛。

活用结构 名이/가 아프다
常见用法 다리가 아프다　腿痛
　　　　마음이 아프다　心痛

알레르기 [알레르기] 名 过敏

例 ▶ 저는 매년 봄이 되면 꽃가루 알레르기 때문에 너무
힘들어요.

我每年春天都会因为花粉过敏而非常难受。

환경이 나빠져서 한두 가지의 알레르기가 있는 사람
들이 많다.

因为环境变差了，所以很多人会对一两种东西过敏。

活用结构 名 알레르기
常见用法 꽃가루 알레르기　花粉过敏
알레르기가 있다　过敏

여드름 [여드름] 名 青春痘，粉刺

例 ▶ 여드름에 좋은 약이 있어요?

有对治疗青春痘比较好的药吗?

얼굴에 여드름이 많이 나서 고민이에요.

我因为脸上长了很多青春痘而苦闷。

常见用法 여드름이 나다　长青春痘

열² (熱) [열] 名 热，发烧

例 ▶ 열이 많이 나는데 해열제가 있어요?

我发高烧了，你有退烧药吗?

이번 감기는 열이 높고 몸살이 심한 것이 특징입니다.

这次感冒的症状是发高烧、四肢酸痛。

常见用法 열이 있다　发烧
열이 높다　发高烧
열이 나다　发烧
열이 내리다　退烧
열이 떨어지다　退烧

충혈되다 (充血-) [충혈되다] 动 充血

例 ▶ 눈이 충혈된 걸 보니까 눈병이 난 것 같아요.

从眼睛充血这点来看，你好像患了眼疾。

밤을 새워서 일을 한 후에 거울을 보니까 두 눈이
빨갛게 충혈되어 있었다.

我熬夜工作后照镜子发现自己两眼充血、发红。

常见用法 눈이 충혈되다　眼睛充血

코피 [코피] 名 鼻血

例▶ 앗, 코피가 나요. 휴지 좀 주세요.

啊，流鼻血了。请给我点儿手纸。

제 하숙집 친구는 요즘 시험공부 때문에 잠을 많이 못 자서 코피를 자주 흘려요.

跟我同住在寄宿家庭的朋友最近在准备考试，没能保证充足的睡眠，因此经常流鼻血。

常见用法
코피가 나다　流鼻血
코피가 멈추다　止住鼻血
코피를 흘리다　流鼻血

토하다 (吐-) [토하다] 动 呕吐，吐

例▶ 저녁에 먹은 음식이 소화가 잘 되지 않아서 다 토했어요.

因为晚上吃的食物不好消化，所以我都吐出来了。

의사 선생님, 아기가 자꾸 우유를 토해요. 왜 그런 거예요?

医生，孩子一个劲儿吐奶。为什么会那样呢?

活用结构 名을/를 토하다

통증 (痛症) [통쯩] 名 疼痛　　　　　　关 진통제 止痛药

例▶ 허리 통증 때문에 진통제를 먹었어요.

我因为腰痛，所以吃了止痛药。

낮에는 괜찮은데 밤이 되면 통증이 심해져서 잠을 잘 수 없다.

白天还好，可是到了夜里我就会因为痛得厉害而没法睡觉。

常见用法
통증이 있다　疼痛
통증이 없다　不痛
통증이 심하다　痛得厉害
통증을 느끼다　感到疼痛

피 [피] 名 血　　　　　　近 혈액 血液

例▶ 바늘에 찔려서 피가 났다.

我因为被针扎了一下，所以流血了。

常见用法
피 한 방울　一滴血
피가 나다　流血

코피를 너무 많이 흘렸어요. 빨리 병원에 가야겠어요.　　　피가 멈추다　止血
我流了太多鼻血，得快点儿去医院才行。　　　　　　　　　피를 흘리다　流血

피곤하다 (疲困-) [피곤하다] 形 疲劳，疲倦

例▶ 사장님, 피곤해 보이시는데 좀 쉬세요.　　　　　　 活用结构 名이/가 피곤하다

社长，您看起来很疲劳，请休息一会儿吧。

오랜만에 운동을 하니까 피곤해서 일찍 잤다.

我很长时间没做运动了，做运动后感觉很疲倦，

因此早早就睡觉了。

---

③ 병원, 치료 (医院，治疗)

금연 (禁煙) [그면] 名 ①戒烟 ②禁止吸烟，禁烟

①戒烟　　　　　　　　　　　　　　　　　　　　　　　　　关 담배 香烟 ✏

例▶ 아버지는 1(일)월 1(일)일부터 금연하기로 하셨　　常见用法 금연하다　戒烟

어요.

爸爸决定从1月1日开始戒烟。

②禁止吸烟，禁烟　　　　　　　　　　　　　　反 흡연 吸烟　关 담배 香烟 ✏

例▶ 이곳에는 어린 아이들이 많기 때문에 금연하셔야 합니다.　常见用法 금연석　禁烟席

这地方有很多小孩子，因此应该禁烟。　　　　　　　　　　　금연 구역　禁烟区

깁스 [깁쓰] 名 石膏

例▶ 다리를 깁스해서 혼자 걸을 수 없어요.　　　　　　 常见用法 깁스하다　打石膏

我因为腿上打了石膏，所以无法自己走路。　　　　　　　　 깁스를 풀다　拆石膏

팔을 깁스하니까 공부하기가 불편하다.

我因为胳膊上打了石膏，所以学习的时候会感到不方便。

낫다 [낟따] 动 好，痊愈

例 ▶ 병이 나으면 우리 같이 여행을 가자.

你病好了的话，我们就一起去旅行吧。

감기가 나으려면 무리하지 말고 푹 쉬어야 한다.

要想让感冒好起来，就不要硬撑着，而应该好好休息。

活用结构 名이/가 낫다
常见用法 병이 낫다　病好了
감기가 낫다　感冒好了

내과 (内科) [내꽈] 名 内科

例 ▶ 감기에 걸려서 내과에 갔습니다.

我因为感冒了，所以去了内科。

배가 아프면 내과에 가야 해. 빨리 가 봐.

肚子痛应该去内科。你快点儿去吧。

常见用法 내과 의사　内科医生
내과에 가다　去内科

---

tip ⭐⭐⭐

有如下表示医院诊疗科目的单词：
내과 内科，산부인과 妇产科，소아과 儿科，안과 眼科，외과 外
科，이비인후과 耳鼻喉科，피부과 皮肤科，치과 牙科，성형외과 整形外科

다이어트 [다이어트] 名 减肥

例 ▶ 음식의 양만 줄이고 운동을 하지 않으면 다이어트가
되지 않는다.

只减少摄入食物的量而不运动的话不能减肥。

저는 요즘 다이어트 중이어서 저녁 6(여섯)시가
지나면 아무것도 먹지 않아요.

我最近在减肥，因此晚上六点以后不吃任何东西。

常见用法 다이어트하다　减肥

例▶ 병원에 문병을 갈 때 뭘 사 가지고 가면 좋을까요?

去医院探病的时候买什么好呢?

문병을 가서 너무 오랫동안 있으면 환자의 건강에

좋지 않습니다.

去探病时待太长时间的话不利于病人的健康。

常见用法　문병하다　探病

　　　　　문병을 가다　去探病

붕대 (繃帶) [붕대] 名 绷带

例▶ 간호사들은 피가 나는 동생의 머리를 붕대로 감았다.

护士们用绷带缠住了弟弟的头，他的头在流血。

다친 다리에 붕대를 감기 전에 우선 소독을 하고

약을 바르세요.

在给受伤的腿上缠绷带之前，请先消毒，然后再

抹药。

常见用法　붕대를 하다　缠绷带

　　　　　붕대를 감다　缠绷带

　　　　　붕대를 풀다　拆绷带

　　　　　붕대로 감다　用绷带缠

비타민 [비타민] 名 维生素

例▶ 오렌지 주스와 귤에는 비타민C가 많다.

橙汁和橘子中含有丰富的维生素C。

과일과 채소에 비타민이 많으니까 고기만 먹지 말고 과일이나 채소도 많이 먹어야 해요.

水果和蔬菜中含有丰富的维生素，因此不要只吃肉，也应该多吃水果和蔬菜。

수술 (手術) [수술] 名 手术

例▶ 그 여배우는 코를 수술한 것 같아. 예전보다 코가 높아졌어.

那名女演员好像做了隆鼻手术。她的鼻子比以前高了。

할아버지는 8(여덟)시간 동안 수술을 받고 수술실에서

나오셨다.

爷爷接受了手术，八个小时后才从手术室里出来。

活用结构　名 수술

常见用法　수술실　手术室

　　　　　심장 수술　心脏手术

　　　　　수술하다　做手术

　　　　　수술을 받다　接受手术

약 (藥) [약] 名 药

例▶ 이 약은 하루 세 번 식후 30(삼십)분에 드세요.

这药请于饭后三十分钟服用，一天服用三次。

쓴 약이 몸에 좋으니까 맛이 없어도 다 먹어라.

良药苦口，因此即使不好吃你也要全吃完。

常见用法 약국 药店

약사 药剂师

약을 짓다 配药

약을 먹다 吃药

약을 바르다 抹药

tip ✦

　　有如下以 "-제" 形式、"-약" 形式和其他形式表示药的单词。
① "-제" 形式: 소화제 消化药, 수면제 安眠药, 진통제 止痛药
② "-약" 形式: 감기약 感冒药, 두통약 头痛药, 소독약 消毒药, 한약 中
　　药, 알약 丸药, 물약 药水
③ 其他形式: 연고 软膏

입원하다 (入院-) [이붠하다] 动 住院　　　　　　　　　　反 퇴원하다 出院

例▶ 할머니가 몇 호실에 입원하셨어요?

奶奶住在几号病房？

선생님께서 교통사고가 나서 2(이)주일 동안 병원에

입원하셔야 한다고 해요.

听说老师出了交通事故，要住院两个星期。

活用结构 名에 입원하다

주사 (注射) [주사] 名 注射, 打针

例▶ 아기가 주사를 맞고 아파서 울었다.

孩子打针时疼得哭了。

주사를 맞으면 약만 먹는 것보다 더 빨리 나을 거예요.

与光吃药相比，打针能使病好得更快。

常见用法 주사 한 대 打一针

주사하다 打针

주사를 놓다 打针（给别人
打针）

주사를 맞다 打针（别人给
自己打针）

진단서 (診斷書) [진단서] 名 诊断书

例▶ 회사에 입사하려면 건강진단서를 제출해야 합니다.

요想进入公司工作，必须提交体检报告。

아파서 휴직하는 경우에는 병원 진단서를 내야 한다.

请病假的时候必须提交医院的诊断书。

진찰 (診察) [진찰] 名 诊察，诊疗

例▶ 오늘 진찰을 받은 결과는 1(일)주일 후에 나올 거예요.

今天的诊疗结果一周后会出来。

집에서 며칠 쉰다고 나을 것 같지 않아요. 병원에

가서 꼭 진찰을 받으셔야겠어요.

您这病好像不是在家里休息几天就会好的。您一

定得去医院诊察一下。

常见用法 진찰실　诊疗室
진찰하다　诊察
진찰을 받다　接受诊察

처방 (處方) [처방] 名 处方

例▶ 처방전을 가지고 가야 약국에서 약을 살 수 있습니다.

只有拿着处方才能去药店买药。

의사 선생님이 어머니를 진찰한 후에 처방을 해 주

었다.

医生给妈妈诊察了一下，之后给她开了药方。

常见用法 처방전　药方
처방하다　开药方
처방을 받다　拿药方

한약 (韓藥) [하냑] 名 中药

关 한의원 中医院　한의사 中医大夫

例▶ 한의원에 가서 2(두)달 동안 먹을 한약을 지었다.

我去中医院取了够两个月吃的中药。

한약이 써서 저는 한약을 먹은 후에 꼭 사탕을 먹어요.

因为中药很苦，所以我吃完中药后一定会吃糖。

常见用法 한약을 먹다　吃中药
한약을 짓다　配中药

343

┌───┐
│ 환자 (患者) [환자] 名 患者，病人   │
└───┘

例 오늘은 수술할 환자가 많아서 하루 종일 바쁠 것   活用结构 名 환자

같다.

我今天要给很多病人做手术，因此一整天可能都

会很忙。

병원에 가니까 요즘 환절기여서 그런지 감기 환자가

많았어요.

我去了医院，发现感冒患者很多，这可能是因为

最近正处于换季的时候。

연습 문제 (练习题)

[1 ~ 15] 다음 단어를 한국어로 바꿔 쓰십시오. 请写出下列汉语意思对应的韩国语单词。

1. 背   (   )   2. 肉   (   )   3. 胳膊   (   )

4. 胸   (   )   5. 风寒   (   )   6. 便秘   (   )

7. 消化   (   )   8. 肩膀   (   )   9. 脸   (   )

10. 维生素   (   )   11. 过敏   (   )   12. 受伤   (   )

13. 刺痛   (   )   14. 吐   (   )   15. 疲倦   (   )

[16 ~ 20] 그림을 보고 (   )에 알맞은 것을 고르십시오. 请看图选择正确的答案。

16. 가: 남자친구와 제 사진이에요.

    나: 남자친구가 (   )이/가 크고 잘생겼군요!

    ① 배   ② 뼈   ③ 키   ④ 다리

17. 가: 어디가 아파서 오셨어요?

    나: (   )이/가 아파요.

    ① 발   ② 손   ③ 어깨   ④ 허리

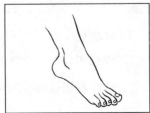

18. 가: 아이가 아파요?

　　나: 네, (　　　)이/가 많이 나요.

　　① 열　　② 두통　　③ 머리　　④ 여드름

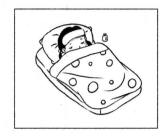

19. 가: 제 조카예요. 귀엽지요?

　　나: 네, (　　　)이/가 아주 크고 예쁘네요.

　　① 귀　　② 눈　　③ 입　　④ 코

20. 가: 다리가 왜 그래요? 다쳤어요?

　　나: 네, 운동을 하다가 (　　　)을/를 다쳤어요.

　　① 목　　② 발　　③ 팔　　④ 무릎

[21 ~ 30] 다음 문장을 읽고 알맞은 어휘를 골라 쓰십시오. 어휘는 한 번만 쓰십시오. 请阅读下列句子，然后选择合适的单词填空，每个单词只能使用一次。

손	약	피	감기	건강	깁스	상처	몸살	배탈
소화	통증	비타민	다치다	빠지다	심하다			

21. (　　　　　)에 걸려서 기침이 나요.

22. 질문이 있으면 (　　　　　)을/를 드세요.

23. 칼에 손을 베어서 (　　　　　)이/가 난다.

24. 진통제를 먹어도 (　　　　　)이/가 심해요.

25. 요즘 할아버지는 (　　　　　)이/가 어떠세요?

26. (　　　　　)이/가 났을 때에는 잘 쉬어야 합니다.

27. 얼굴에 (　　　　　)이/가 있어서 보기에 안 좋아요.

28. 머리가 아파서 약국에 (　　　　　)을/를 사러 갑니다.

29. 여름에 찬 음식을 많이 먹으면 (　　　　　)이/가 나요.

30. 교통사고가 나서 많은 사람들이 (　　　　　)었어요/았어요/였어요.

[31~35] ( ) 안에 알맞은 것을 고르십시오. 请选择合适的答案。

31. 등이 가려우면 이 약을 ( )어/아/여 보세요.

    ① 서다　　　② 쉬다　　　③ 씻다　　　④ 바르다

32. 진찰을 받은 후에 ( )을/를 맞았다.

    ① 깁스　　　② 붕대　　　③ 주사　　　④ 처방

33. 운동을 하니까 이마에서 ( )이/가 납니다.

    ① 땀　　　　② 가래　　　③ 비타민　　　④ 알레르기

34. 계단에서 넘어져서 다리가 ( )었어요/았어요/였어요.

    ① 낫다　　　② 다치다　　　③ 토하다　　　④ 부러지다

35. 중학생이 되니까 얼굴에 ( )이/가 나기 시작했다.

    ① 배탈　　　② 상처　　　③ 여드름　　　④ 알레르기

[36~40] 밑줄 친 부분과 반대되는 뜻을 가진 것을 고르십시오. 请选择与画线部分意义相反的单词。

36. 가: 손가락이 <u>가늘어요</u>?

    나: 아니요, ( )어요/아요/여요.

    ① 굵다　　　② 얇다　　　③ 두껍다　　　④ 튼튼하다

37. 가: 요즘 <u>아픈</u> 사람이 많은 것 같아요.

    나: 네, 몸이 ( )어야/아야/여야 일도 잘 할 수 있지요.

    ① 크다　　　② 마르다　　　③ 건강하다　　　④ 뚱뚱하다

38. 가: 감기에 <u>걸렸어요</u>?

    나: 네, 하지만 거의 ( )었어요/았어요/였어요.

    ① 걸다　　　② 낫다　　　③ 하다　　　④ 내리다

39. 가: 건물 안에서는 <u>담배를 피우면</u> 안 됩니다.

    나: 화장실에서도 ( )어야/아야/여야 되지요?

    ① 닦다　　　② 앉다　　　③ 금연하다　　　④ 청소하다

40. 가: 영수 씨가 지난달에 <u>퇴원했지요</u>?

    나: 네, 그런데 건강이 안 좋아지셔서 어제 다시 ( )었어요/았어요/였어요.

    ① 수술하다　　　② 입원하다　　　③ 진찰하다　　　④ 처방하다

[41～45] 밑줄 친 부분과 의미가 가장 가까운 것을 고르십시오. 请选择与画线部分意义最相近的单词。

41. 가: <u>신체가</u> 건강하지요?

   나: 그럼요. 제 (　　)은/는 아주 건강해요.

   ① 목　　　　　② 몸　　　　　③ 뼈　　　　　④ 속

42. 가: 요즘 감기 때문에 <u>아픈 사람이</u> 많은 것 같아요.

   나: 네, 그래서 병원에 (　　)이/가 많아서 복잡해요.

   ① 상처　　　　② 한약　　　　③ 환자　　　　④ 비타민

43. 가: 선생님, <u>머리가 아파서</u> 집에 일찍 가고 싶어요.

   나: (　　)이/가 심해요? 집에 가서 약을 먹고 쉬세요.

   ① 열　　　　　② 두통　　　　③ 얼굴　　　　④ 충혈

44. 가: 나는 뚱뚱해서 <u>살을 빼야</u> 해. 오늘부터 저녁을 안 먹을 거야.

   나: (　　)을/를 할 때 밥을 안 먹는 것보다 조금 먹고 운동을 하 는 것이 더 좋다고 해.

   ① 변비　　　　② 소화　　　　③ 식중독　　　④ 다이어트

45. 가: 요즘 <u>건강해진</u> 것 같아요.

   나: 네, 운동을 열심히 해서 (　　)었어요/았어요/였어요.

   ① 빠지다　　　② 커지다　　　③ 떨어지다　　④ 튼튼해지다

[46～50] 밑줄 친 단어의 쓰임이 잘못된 것을 고르십시오. 请选择画线部分单词使用错误的一项。

46. ① 옆집에서 이상한 소리가 <u>나요</u>. (　　)

   ② 오늘 갑자기 약속이 <u>났습니다</u>.

   ③ 이 소설책을 읽고 슬퍼서 눈물이 <u>났어요.</u>

   ④ 남자친구가 계속 거짓말을 해서 화가 <u>났다</u>.

47. ① 지난 밤에 열이 <u>심하게</u> 났다. (　　)

   ② 통증이 <u>심하면</u> 진통제를 드리겠습니다.

   ③ 시험이 있어서 공부를 아주 <u>심하게</u> 했다.

   ④ 말이 좀 <u>심한</u> 것 같아요. 다음부터 말조심하세요.

48. ① 이 병은 <u>진찰해야</u> 나을 수 있습니다. (　　)

   ② 병원에 입원한 친구를 <u>문병하러</u> 갔다.

③ 할머니는 병이 다 <u>나으셔서</u> 퇴원하셨어요.

④ 강아지가 병에 <u>걸려서</u> 동물 병원에 데리고 갔다.

49. ① 다리가 <u>굵어서</u> 치마를 잘 입지 않아요. (　　)

② 일주일 동안 샤워를 못해서 몸이 <u>가늘어요</u>.

③ 우유를 먹었는데 속이 <u>쓰려요</u>. 왜 그럴까요?

④ 발바닥이 <u>따가워요</u>. 신발 안에 뭐가 있는 것 같아요.

50 ① 팔이 <u>상해서</u> 깁스를 했어요. (　　)

② 운동을 하다가 다리를 <u>다쳤어요</u>.

③ 저녁에 먹은 음식을 모두 <u>토했어요</u>.

④ 운동을 열심히 해서 살이 <u>빠졌어요</u>.

第十六课 담화 표지（话语标记语）

그래도 [그래도] 副 即使如此也

例 눈이 내렸다. 그래도 날씨는 춥지 않았다.

下雪了。即使如此天气也不冷。

물이 깊지는 않구나. 그래도 물놀이 할 때 조심해라.

水不是很深啊！即使如此玩水时也要小心。

그래서 [그래서] 副 因此，因而　　　　　　　　　　近 그러므로 因此，所以

例 어제 많이 아팠어요. 그래서 학교에 가지 못했어요.

我昨天病得很厉害，因此没能去学校。

요즘 일이 많다. 그래서 늦게까지 남아서 일할 때가 많다.

我最近有很多事情要做，因此经常留下来工作到很晚。

그러게 [그러게] 感 是，就是

例 가: 비가 올 것 같아.

好像要下雨了。

나: 그러게. 하늘이 어두워졌다.

是啊，天色都暗下来了。

가: 제 얼굴 크기에 비해서 안경이 너무 크지 않아요?

跟我的脸相比，这副眼镜是不是太大了啊？

나: 그러게요. 좀 작은 걸 써 보세요.

是啊，请换一副小点儿的眼镜试戴一下吧。

그러나 [그러나] 副 但是，可是，不过　　　　近 그렇지만 但是，可是　하지만 但是，然而

例▶ 뛰어가는 친구의 이름을 크게 불렀다. 그러나 그 친구는 돌아보지 않았다.

我看见朋友在跑，就大声喊了他的名字。可是他没有回头看我。

사람은 누구나 잘못할 수 있습니다. 그러나 잘못을 했으면 사과를 할 줄 알아야 합니다.

任何人都会犯错误。但是如果犯了错误，就应该懂得道歉。

그러니까 [그러니까] 副 因此，所以

例▶ 오늘은 시간이 없어요. 그러니까 내일 만나요.

我今天没有时间。因此，我们明天见面吧。

요즘 늦게 잘 때가 많다. 그러니까 늦잠을 자서 자주 지각하게 된다.

我最近经常晚睡，因此早上会睡懒觉，因而常常迟到。

그러면 [그러면] 副 ①（前面的内容是后面内容的条件）那么 ②（同意前面的内容，并且以此为前提提出新的主张）那么

①（前面的内容是后面内容的条件）那么

例▶ 이쪽으로 쭉 가세요. 그러면 사거리가 나올 거예요.

请沿着这边直走。那么就会看到十字路口。

②（同意前面的内容，并且以此为前提提出新的主张）那么

例▶ 가: 오늘은 시간이 안 되는데요.

我今天没有时间。

나: 그러면 언제 시간이 되세요?

那么您什么时候有时间?

그러므로 [그러므로] 副 因此，所以　　　　近 그래서 因此，因而

例▶ 인간은 불을 사용한다. 그러므로 동물과 다르다.

人类使用火。因此，人类与动物是不同的。

좋은 생각을 하면 기분도 좋아진다. 그러므로 좋은 생각을 많이 해야 한다.

想好的事情也可以使人的心情变好。因此，我们应该多想一些好的事情。

그런데 [그런데] 副 ① (转换话题) 可是，但是 ② (转折) 可是，但是

① (转换话题) 可是，但是

例▶ 비가 많이 오는데요. 그런데 왜 우산을 안 가지고 오셨어요?

下大雨了。可是您怎么没带雨伞过来啊？

② (转折) 可是，但是

例▶ 오늘은 일찍 출근하려고 했다. 그런데 늦잠을 자서 그렇게 할 수 없었다.

我今天想早点去上班，但是因为睡了懒觉，所以没法早去了。

그럼¹ [그럼] 副 ① (前面的内容是后面内容的条件) 那么 ② (同意前面的内容，并且以此为前提提出新的主张) 那么

① (前面的内容是后面内容的条件) 那么

例▶ 이 약을 3일 정도 드셔 보세요. 그럼 목이 좀 좋아지실 거예요.

请您服用大约三天这种药。那么您的喉咙就会好起来。

② (同意前面的内容，并且以此为前提提出新的主张) 那么

例▶ 가: 중국어를 많이 써서 한국말 실력이 좋아지지 않는 것 같아.

因为我经常使用汉语，所以我的韩国语水平好像没有提高。

나: 그럼 이제부터 한국말만 쓰자.

那么我们从现在开始只使用韩国语吧。

그럼² [그럼] 感 当然

例▶ 가: 내 말 잘 알아들었지?

你听懂我说的了吧？

나: 그럼요, 물론이지요.

当然了。我当然听懂了。

가: 꼭 지금 병원에 가야 해요?

你一定要现在去医院吗?

나: 그럼, 지금 바로 가야 돼.

当然了。我现在马上就得去医院。

그렇지만 [그러치만] 副 但是, 可是　　　　　近 그러나 但是, 可是, 不过　하지만 但是, 然而

例 시험을 잘 보려고 열심히 공부했어요. 그렇지만 잘 못 봤어요.

我为了考试能取得好成绩, 努力学习了。可是我没有考好。

어머니는 일찍 일어나신다. 그렇지만 아버지는 늦게 일어나신다.

妈妈很早就起床。可是爸爸起床很晚。

그리고 [그리고] 副 并且, 和

例 오빠는 공부를 잘한다. 그리고 운동도 잘한다.

哥哥学习好, 并且擅长运动。

제 가족은 아버지, 어머니, 형 그리고 저 모두 네 명입니다.

我家有四口人, 分别是爸爸、妈妈、哥哥和我。

글쎄 [글쎄] 感 (对他人的提问或要求表示犹豫) 这个嘛, 也许

例 가: 회의가 왜 연기됐는지 알아?

你知道会议为什么延期举行吗?

나: 글쎄, 나는 잘 모르겠는데.

这个嘛, 我也不是很清楚。

가: 날씨가 좋은데 야외 수업을 하자고 선생님께 말씀드려 봅시다.

天气很好, 我们向老师申请上户外课吧。

나: 글쎄요, 선생님께서 허락하실까요?

这个嘛, 老师会同意吗?

例 주말에 잘 쉴 수 없었다. 왜냐하면 집안일뿐만 아니라 회사 일까지 해야 했기 때문이다.

我周末没能好好休息。因为我周末不仅干了家务活，而且还处理了公司的事情。

어머니께 아버지 이야기를 할 수 없어. 왜냐하면 아버지 얘기를 하면 어머니가 우시니까.

我没法跟妈妈说爸爸的事情。因为我一提爸爸的事情，妈妈就会哭。

하지만 [하지만] 副 但是，然而   近 그러나 但是，可是，不过 그렇지만 但是，可是

例 몸은 편하다. 하지만 마음은 불편하다.

我的身体很舒服，但是我的心里不痛快。

생일 파티에 초대해 줘서 고마워. 하지만 시간이 안 될 것 같아.

谢谢你邀请我参加生日聚会。可是我好像没有时间。

연습 문제 (练习题)

[1 ~ 10] 다음 문장을 읽고 알맞은 어휘를 골라 쓰십시오. 어휘는 한 번만 쓰십시오.

请阅读下列句子，然后选择合适的单词填空，每个单词只能使用一次。

그래서	그러나	그러면	그러니까	그러므로	그래도	그런데
그리고	그렇지만	왜냐하면				

1. 사람은 모두 죽는다. (   ) 나도 언젠가 죽는다.

2. 설거지는 제가 할게요. (   ) 어머니는 좀 쉬세요.

3. 날마다 운동을 좀 하세요. (   ) 살이 빠질 거예요.

4. 회사에 급한 일이 생겼어요. (   ) 약속을 연기했어요.

5. 한 시간이나 친구를 기다렸어요. (   ) 친구는 오지 않았어요.

6. 하늘이 곧 비가 올 것 같이 어두웠다. (   ) 비는 오지 않았다.

7. 어제 숙제를 열심히 했어요. (   ) 오늘 숙제 공책을 집에 놓고 왔어요.

8. 내가 하는 말이 듣기 싫구나. (   ) 너를 위해서 하는 이야기인데 잘 들어야지.

9. 저는 일주일에 세 번 정도 운동을 합니다. (　　　) 한 번 운동할 때마다 한 시간쯤 합니다.

10. 나는 친구에게 불합격 소식을 알릴 수 없었다. (　　　) 친구가 슬퍼하는 모습을 볼 수 없었기 때문이었다.

[11 ~ 20] (　　) 안에 알맞은 것을 고르십시오. 请选择正确的答案。

11. 가: 오늘은 시간이 없는데요.

　　나: (　　) 내일은 어때요?

　　① 그럼　　　② 글쎄　　　③ 그러게　　　④ 그러니까

12. 가: 어머니가 우리를 많이 야단칠 거라고 생각했는데 왜 안 그러셨을까?

　　나: (　　) 어머니는 우리를 사랑하시니까.

　　① 그러게　　　② 그러면　　　③ 왜냐하면　　　④ 그러니까

13. 가: 이번 경기에서 우리 팀이 이길까요?

　　나: (　　), 두 팀의 실력이 비슷해서 어떻게 될지 잘 모르겠네요.

　　① 그럼요　　　② 글쎄요　　　③ 그러게요　　　④ 그러니까요

14. 가: 어떡하지? 선생님이 화가 많이 나신 것 같아.

　　나: (　　), 큰일났다!

　　① 그럼　　　② 글쎄　　　③ 그래서　　　④ 그러게

15. 가: 팀장님, 모든 준비가 끝났습니다.

　　나: (　　) 이제 행사를 시작해 볼까요?

　　① 그러면　　　② 그러게　　　③ 그래도　　　④ 그러니까

16. 가: 책 많이 봤잖니. 그만 보고 자라. 잘 시간 됐다.

　　나: (　　) 조금만 더 볼래요. 몇 장만 읽으면 다 읽어요.

　　① 그러면　　　② 그래서　　　③ 그러나　　　④ 그래도

17. 가: 선생님, 제가 이번 시험을 잘 볼 수 있을까요?

　　나: (　　). 그동안 열심히 준비했잖아요.

　　① 글쎄요　　　② 그럼요　　　③ 그래서요　　　④ 그래도요.

18. 가: 아빠가 갑자기 출장을 가게 돼서 이번 주 토요일에는 같이 놀이공원에 못 가겠구나.
　　　미안하지만 다음 주 토요일에 가자.

　　나: (　　) 아빠는 지난주에도 약속을 미루셨잖아요!

　　① 하지만　　　② 그래서　　　③ 그러면　　　④ 왜냐하면

19. 가: 사실 오늘 친구들하고 부산으로 놀러 가려고 했어요.

나: (　) 왜 놀러 가지 않았어요?

① 그럼　　　② 그러게　　③ 그런데　　④ 그래서

20. 가: 피자 한 판 시켜 먹을까?

나: (　) 살이 안 빠지지. 조금 전에 저녁을 먹었잖아.

① 그러게　　② 그런데　　③ 그렇지만　　④ 그러니까

연습 문제 정답 (练习题答案)

第一课　위치와 장소 (位置和场所)

1. 옆	2. 아래	3. 근처	4. 빵집	5. 병원
6. 백화점	7. 박물관	8. 수영장	9. 대사관	10. 걸다
11. 두다	12. 밝다	13. 조용하다	14. 내려놓다	15. 시끄럽다
16. ④	17. ③	18. ①	19. ④	20. ①
21. 놓으세요	22. 근처	23. 밑으로	24. 있으면	25. 넣으세요
26. 걸어	27. 앞	28. 시끄러운	29. 어두워요	30. 밝군요
31. ①	32. ④	33. ④	34. ②	35. ③
36. ③	37. ④	38. ①	39. ④	40. ①
41. ③	42. ②	43. ①	44. ②	45. ②
46. ②	47. ②	48. ④	49. ①	50. ③

第二课　물건 (东西)

1. 옷	2. 칼	3. 컵	4. 공책	5. 속옷
6. 연필	7. 의자	8. 책상	9. 침대	10. 칫솔
11. 에어컨	12. 컴퓨터	13. 크다	14. 다르다	15. 무겁다
16. ②	17. ④	18. ②	19. ①	20. ③
21. 가위로	22. 냄비	23. 매고	24. 들고	25. 물건
26. 가지고	27. 메고	28. 봉투	29. 고치려고	30. 멋져요
31. ③	32. ①	33. ①	34. ①	35. ④
36. ①	37. ①	38. ②	39. ③	40. ①
41. ③	42. ①	43. ③	44. ③	45. ②
46. ①	47. ④	48. ③	49. ②	50. ③

第三课　시간 1 (时间1)

1. 밤	2. 백	3. 분	4. 날짜	5. 내년
6. 시월	7. 어제	8. 언제	9. 연휴	10. 오전
11. 일곱	12. 일억	13. 하나	14. 금요일	15. 수요일

16. ②	17. ④	18. ③	19. ④	20. ②
21. 아침	22. 밤	23. 올해가	24. 많	25. 늦었다
26. 오전	27. 지났네요	28. 낮	29. 주말	30. 내일
31. ③	32. ①	33. ②	34. ①	35. ④
36. ②	37. ①	38. ④	39. ①	40. ①
41. ②	42. ①	43. ④	44. ①	45. ①
46. ②	47. ③	48. ③	49. ②	50. ①

第四课　시간 2（时间2）

1. 때	2. 보통	3. 며칠	4. 모레	5. 주일
6. 바로	7. 옛날	8. 요즘	9. 자주	10. 열흘
11. 짧다	12. 가끔	13. 틈틈이	14. 갑자기	15. 서두르다
16. ①	17. ④	18. ①	19. ②	20. ①
21. 동안	22. 먼	23. 바로	24. 아직	25. 계속
26. 천천히	27. 갑자기	28. 때	29. 첫	30. 요즘
31. ④	32. ③	33. ④	34. ④	35. ②
36. ④	37. ③	38. ②	39. ④	40. ④
41. ①	42. ③	43. ①	44. ③	45. ③
46. ③	47. ③	48. ③	49. ①	50. ②

第五课　사람 1（人1）

1. 형	2. 결혼	3. 누구	4. 성격	5. 아무
6. 여자	7. 친구	8. 형제	9. 귀엽다	10. 드시다
11. 멋있다	12. 친하다	13. 아가씨	14. 아저씨	15. 룸메이트
16. ①	17. ②	18. ②	19. ③	20. ③
21. 말씀	22. 서로	23. 생신	24. 잡수셨어요	25. 아이
26. 친절합니다	27. 멋있어요	28. 아기	29. 착한	30. 남자
31. ①	32. ④	33. ②	34. ②	35. ①
36. ④	37. ②	38. ②	39. ②	40. ④
41. ②	42. ②	43. ①	44. ①	45. ②
46. ③	47. ③	48. ④	49. ①	50. ③

第六课　사람 2（人2）

1. 걱정	2. 화가	3. 교수	4. 비서	5. 모델
6. 선수	7. 필요	8. 행복	9. 걷다	10. 잊다
11. 기쁘다	12. 외롭다	13. 내려가다	14. 심심하다	15. 재미있다
16. ②	17. ③	18. ①	19. ①	20. ③
21. 아마	22. 생각	23. 기분	24. 물론	25. 누워서
26. 감사합니다	27. 사랑하는	28. 주부예요	29. 배우가	30. 뛰어서
31. ③	32. ①	33. ②	34. ④	35. ③
36. ③	37. ④	38. ③	39. ②	40. ①
41. ①	42. ①	43. ①	44. ③	45. ④
46. ②	47. ④	48. ①	49. ④	50. ③

第七课　일상생활 1（日常生活1）

1. 뉴스	2. 답장	3. 우표	4. 주소	5. 공중전화
6. 놀다	7. 듣다	8. 쉬다	9. 쓰다	10. 씻다
11. 켜다	12. 끊다	13. 누르다	14. 바르다	15. 붙이다
16. ④	17. ①	18. ③	19. ③	20. ③
21. 연락하고	22. 세워	23. 일어나면	24. 듣는	25. 번
26. 놀고	27. 발랐어요	28. 눌러서	29. 통화를	30. 생활이
31. ①	32. ③	33. ①	34. ③	35. ①
36. ②	37. ①	38. ②	39. ③	40. ④
41. ①	42. ④	43. ③	44. ②	45. ③
46. ①	47. ②	48. ③	49. ①	50. ②

第八课　일상생활 2（日常生活2）

1. 돈	2. 꼭	3. 상품	4. 선약	5. 손님
6. 점원	7. 파티	8. 현금	9. 초대	10. 취소
11. 환영	12. 이야기	13. 주다	14. 사다	15. 보이다
16. ①	17. ④	18. ②	19. ③	20. ④
21. 어느	22. 무엇으로	23. 얼마예요	24. 짜리	25. 같이

26. 깎아   27. 송별회를   28. 바꿨다   29. 미뤄야   30. 싸서
31. ④   32. ③   33. ③   34. ④   35. ④
36. ②   37. ④   38. ③   39. ②   40. ②
41. ②   42. ②   43. ①   44. ④   45. ③
46. ②   47. ②   48. ①   49. ②   50. ③

第九课　学校와 직장（学校和工作单位）

1. 발전   2. 분필   3. 방학   4. 사업   5. 사장
6. 선배   7. 소풍   8. 졸업   9. 직원   10. 직장
11. 회의   12. 하숙집   13. 지내다   14. 연습하다   15. 아르바이트
16. ④   17. ③   18. ③   19. ②   20. ②
21. 준비   22. 실례합니다   23. 교과서를   24. 벌고   25. 동기
26. 지각했다   27. 출장을   28. 읽어야   29. 힘든   30. 수학여행을
31. ④   32. ②   33. ③   34. ①   35. ①
36. ③   37. ③   38. ③   39. ③   40. ①
41. ②   42. ②   43. ②   44. ④   45. ①
46. ③   47. ①   48. ③   49. ①   50. ①

第十课　여가（空闲时间）

1. 팀   2. 관광   3. 기념   4. 비자   5. 상영
6. 연극   7. 영화   8. 예매   9. 숙박   10. 산책
11. 드라마   12. 음악   13. 미술   14. 추다   15. 던지다
16. ③   17. ②   18. ③   19. ④   20. ④
21. 보통   22. 표를   23. 노래를   24. 기념으로   25. 사진을
26. 독서를   27. 악기를   28. 비용이   29. 취미는   30. 예약을
31. ①   32. ②   33. ④   34. ③   35. ②
36. ④   37. ④   38. ③   39. ④   40. ④
41. ④   42. ①   43. ①   44. ①   45. ④
46. ④   47. ④   48. ④   49. ①   50. ③

第十一课　음식（饮食）

1. 곡물	2. 냉면	3. 두부	4. 된장	5. 라면
6. 치즈	7. 초밥	8. 굽다	9. 돈가스	10. 참기름
11. 초콜릿	12. 햄버거	13. 다지다	14. 샌드위치	15. 아이스크림
16. ①	17. ③	18. ④	19. ①	20. ①
21. 우유로	22. 소금을	23. 피자는	24. 볶았어요	25. 뜨거울
26. 술을	27. 단	28. 과일을	29. 짜니까	30. 간식을
31. ④	32. ②	33. ③	34. ③	35. ②
36. ①	37. ③	38. ①	39. ②	40. ④
41. ④	42. ④	43. ③	44. ④	45. ④
46. ④	47. ④	48. ③	49. ①	50. ④

第十二课　교통（交通）

1. 차	2. 역	3. 멀다	4. 방향	5. 왕복
6. 출구	7. 택시	8. 안전선	9. 지하도	10. 똑바로
11. 건너다	12. 밀리다	13. 도착하다	14. 돌아가다	15. 하차하다
16. ①	17. ②	18. ②	19. ③	20. ③
21. 사거리	22. 위험하니까	23. 승강장	24. 기차를	25. 신호등이
26. 호선을	27. 노선도를	28. 약도를	29. 요금이	30. 방법을
31. ③	32. ①	33. ④	34. ③	35. ④
36. ④	37. ①	38. ③	39. ③	40. ②
41. ②	42. ④	43. ③	44. ④	45. ④
46. ④	47. ③	48. ②	49. ④	50. ②

第十三课　자연과 계절（自然和季节）

1. 돌	2. 철	3. 마리	4. 송이	5. 안개
6. 오리	7. 바람	8. 폭포	9. 바다	10. 환절기
11. 분홍색	12. 초록색	13. 노랗다	14. 쌀쌀하다	15. 아름답다
16. ①	17. ④	18. ②	19. ③	20. ③
21. 여름	22. 호수가	23. 고양이를	24. 피서를	25. 모래가

26. 색깔	27. 경치가	28. 쌀쌀하니까	29. 따뜻합니다	30. 불어요
31. ②	32. ④	33. ③	34. ④	35. ③
36. ②	37. ①	38. ②	39. ②	40. ③
41. ②	42. ④	43. ②	44. ④	45. ①
46. ③	47. ③	48. ①	49. ③	50. ④

第十四课　주거（居住）

1. 문	2. 방	3. 거실	4. 난방	5. 달력
6. 세제	7. 얼룩	8. 이사	9. 커튼	10. 아파트
11. 옷걸이	12. 집들이	13. 엘리베이터	14. 빨다	15. 맡기다
16. ③	17. ②	18. ④	19. ②	20. ④
21. 벽	22. 버렸다	23. 닦았어요	24. 서재	25. 열지
26. 편안한	27. 계단으로	28. 쓸어야	29. 불을	30. 정리해라
31. ④	32. ①	33. ④	34. ②	35. ②
36. ①	37. ③	38. ①	39. ①	40. ④
41. ②	42. ③	43. ②	44. ②	45. ①
46. ③	47. ①	48. ③	49. ②	50. ③

第十五课　건강（健康）

1. 등	2. 살	3. 팔	4. 가슴	5. 몸살
6. 변비	7. 소화	8. 어깨	9. 얼굴	10. 비타민
11. 알레르기	12. 다치다	13. 쓰리다	14. 토하다	15. 피곤하다
16. ③	17. ①	18. ①	19. ②	20. ④
21. 감기	22. 손	23. 피	24. 통증	25. 건강
26. 몸살	27. 상처	28. 약	29. 배탈	30. 다쳤어요
31. ④	32. ③	33. ①	34. ④	35. ③
36. ①	37. ③	38. ②	39. ③	40. ②
41. ②	42. ③	43. ②	44. ④	45. ④
46. ②	47. ③	48. ①	49. ②	50. ①

第十六课 담화 표지 (话语标记语)

1. 그러므로　　　　　2. 그러니까　　　　　3. 그러면

4. 그래서　　　　　5. 그렇지만/그런데　　　　　6. 그러나/그렇지만/그런데

7. 그런데/그렇지만　　　　　8. 그래도　　　　　9. 그리고

10. 왜냐하면

11. ①　　　12. ③　　　13. ②　　　14. ④　　　15. ①

16. ④　　　17. ②　　　18. ①　　　19. ③　　　20. ④

단어 색인 (单词索引)

ㄱ

가게	006
가격	162
가구	043
가깝다	269
가끔	081
가늘다	323
가다	137
가래	331
가렵다	331
가르치다	178
가방	025
가볍다	046
가수	120
가슴	323
가요	120
가위	035
가을	296
가전제품	038
가족	091
가족 영화	210
가지다	026
간	240
간식	229
간장	234
간접	266
간호사	121
갈색	285

갈아타다	262
감	229
감기	331
감기약	342
감사	113
감상	208
갑자기	081
값	162
강	288
강아지	281
강의실	178
같다	045
같이	157
개	281
개나리	282
개월	075
개학	195
거리	268
거스름돈	162
거실	305
거울	306
걱정	113
건강	323
건너다	267
건너편	269
건물	303
건조하다	294
걷다	127

걸다	001
걸레	312
걸리다	075
검다	286
검사	124
겉	003
게으르다	107
게임	216
겨울	296
결근	199
결석	194
결혼	094
경기	205
경영학	189
경제학	189
경찰	121
경찰서	006
경치	288
계단	303
계란	235
계산	163
계속	081
계시다	099
계절	296
계획	137
고객	165
고기	235
고래	281

고르다	163	괜찮다	114	그러게	349
고맙다	113	교과서	178	그러나	350
고모	091	교사	121	그러니까	350
고양이	281	교수	122	그러면	350
고장	038	교실	178	그러므로	350
고추	235	교통	267	그런데	351
고치다	038	교통카드	262	그럼[1]	351
고프다	250	교통편	263	그럼[2]	351
곡물	235	교환하다	163	그렇다	045
곡식	235	구경	212	그렇지만	352
곧	081	구두	026	그릇	041
골프	206	구름	292	그리고	352
공	205	구백	054	그리다	217
공기	288	구하다	311	그림	127
공무원	121	국	244	그저께	064
공부	178	국내여행	215	극장	006
공부방	016	국수	245	근처	001
공부하다	182	국어국문학	189	글쎄	352
공상 과학 영화	210	국제전화	145	굵다	331
공원	006	군대	122	금년	064
공중전화	145	군인	122	금방	082
공짜	164	굵다	323	금연	339
공책	035	굽다	241	기념	212
공포 영화	210	권	179	기다리다	157
공항	259	귀	324	기분	114
과일	229	귀걸이	026	기쁘다	114
과자	230	귀고리	026	기사[1]	122
과제	185	귀엽다	105	기사[2]	122
관객	209	귤	229	기숙사	194
관광	211	그래도	349	기자	123
관심	113	그래서	349	기차	259

기침	331	나이	100	넓다	306
기타	220	나중	073	넣다	001
길	268	나중에	085	넥타이	027
길다	076	낙제	179	넷	057
김밥	244	낚시	217	년	063
김장	244	난방	306	노랗다	286
김치	244	날	063	노래	217
깁스	339	날씨	292	노래방	007
까맣다	286	날짜	063	노력	179
깎다	163	남성	100	노선도	263
깨끗하다	293	남성복	023	노약자석	264
꼭	157	남자	100	노인	100
꽃	282	남자친구	097	노트	035
꽃 가게	007	남편	093	노트북	039
꽃집	007	낫다	340	녹차	233
꾸다	137	낮	058	놀다	138
끄다	151	낮다	289	놀라다	115
끓다	145	낱말	180	농구	206
끓이다	241	내과	340	농구장	013
끝	074	내년	064	농부	123
끝나다	179	내려가다	130	농사	123
끼다¹	026	내려놓다	004	농촌	123
끼다²	292	내려오다	130	높다	289
		내리다	263	놓다	002
ㄴ		내의	022	놓치다	131
나	094	내일	063	누구	095
나가다	130	내후년	064	누나	091
나다	332	냄비	041	누르다	145
나무	282	냉면	245	눈¹	292
나쁘다	047	냉장고	038	눈²	324
나오다	127	너	094	눕다	128

뉴스	138	담다	251	돌아오다	212
느리게	086	담배	339	돕다	180
느리다	083	답장	146	동	268
늙은이	100	당구	206	동기	175
늦게	061	당근	236	동료	175
늦다	058	당신	094	동문	175
		대	039	동물	283
ㄷ		대답	190	동생	092
		대답하다	181	동안	077
다니다	198	대사관	007	동영상	219
다르다	045	대여하다	183	동전	164
다리	324	대추차	233	동창	175
다리미	312	대출하다	183	돼지	283
다림질	312	대학교	122	되다	123
다섯	057	대회	205	된장	236
다음	073	댁	100	두껍다	046
다이어트	340	더럽다	313	두다	002
다정하다	105	던지다	205	두부	236
다지다	241	덜다	250	두통	333
다치다	333	덥다	293	두통약	342
닦다	312	데이트	158	둘	057
단어	180	도서관	195	뒤	004
단체 여행	215	도시	011	뒤풀이	195
단풍	282	도착하다	264	드라마	208
닫다	308	독서	217	드라이클리닝	313
달	076	독일어	187	드리다	101
달걀	235	돈	164	드시다	101
달다	227	돈가스	245	듣다	138
달력	306	돌	289	들다	027
달리기	206	돌려주다	183	들어가다	128
달리다	129	돌아가다	268	들어오다	130
닭	282				

등	324	마지막	074	멀다	269
등록금	192	마트	011	멋있다	106
등산	218	마흔	055	멋지다	021
등산복	023	막걸리	231	메뉴	251
따갑다	333	막다	269	메다	028
따뜻하다	293	막히다	269	메모하다	180
따로	250	만	053	멜로 영화	210
딸	092	만나다	139	며칠	077
딸기	229	만들다	241	면도	139
땀	324	만화 영화	210	명	102
때	082	많다	053	몇	054
떠나다	212	말	101	모델	124
떡	230	말리다	313	모래	289
떨어지다	180	말씀	101	모레	064
똑똑하다	106	말하다	139	모르다	186
똑바로	269	맑다	293	모으다	218
뛰다	129	맛	227	모자	028
뜨겁다	245	맛없다	227	모텔	124
		맛있다	227	목	325
ㄹ		맞다	192	목걸이	028
		맞은편	269	목도리	028
라면	245	맡기다	313	목욕	140
레스토랑	012	맡다	313	몸	326
로션	027	매다	027	몸살	333
룸메이트	095	매표소	209	못되다	108
		맥주	231	못생기다	107
ㅁ		맵다	228	무겁다	046
		머리	325	무게	046
마늘	236	머리카락	328	무궁화	282
마르다	313	먹다	139	무덥다	294
마리	283	먼저	074	무료	164
마시다	138				
마음	106				

무릎	326	바로	082	방향	270
무섭다	115	바르다	140	배[1]	259
무슨	164	바쁘다	198	배[2]	326
무엇	164	바이올린	220	배구	206
묵다	213	바지	021	배구장	013
문	307	박물관	008	배낭여행	215
문구점	007	-박 -일	213	배달	251
문방구	007	밖	003	배드민턴	206
문병	341	반	059	배우	124
문자메시지	146	반갑다	115	배우다	182
문제	181	반납하다	183	배탈	334
묻다	181	반지	029	배편	263
물	230	반찬	246	백	054
물건	046	받다	168	백만	053
물론	115	발	326	백화점	009
물약	342	발가락	326	버리다	314
미루다	158	발등	326	버스	260
미술	209	발목	326	버튼	146
미술관	008	발바닥	326	번	147
미안하다	119	발신자	146	번호	147
민박	214	발음	181	벌	021
밀리다	270	발전	182	벌다	182
밑	002	밝다	008	벌써	082
		밤	058	법원	124
ㅂ		밥	246	법학	189
		밥상	044	벗다	140
바꾸다	164	방	307	벚꽃	282
바나나	229	방금	082	베란다	307
바다	290	방법	264	벽	307
바닥	309	방송국	009	변비	334
바둑	218	방학	195	변호사	124
바람	294				

별	290	부인	093	빠지다	335
별표	147	부지런하다	107	빨갛다	286
병[1]	230	부치다	147	빨다	314
병[2]	334	분[1]	059	빨래	314
병문안	341	분[2]	102	빨래하다	314
병아리	282	분필	183	빨리	084
병원	009	분홍색	286	빵	231
보내다	077	불	308	빵집	009
보다	140	불고기	246	빼다	335
보름	078	불편하다	264	뺨	328
보리차	233	불행하다	120	뼈	327
보석	029	붓다	251	뽑다	195
보이다	165	붕대	341		
보통	219	붙다	183	ㅅ	
복습	182	붙이다	148		
복잡하다	270	뷔페	252	사거리	271
볶다	242	블라우스	022	사과	229
볼링	207	비	294	사귀다	176
볼펜	036	비누	041	사다	165
봄	297	비비다	242	사다리차	311
봉지	036	비서	125	사람	102
봉투	036	비슷하다	046	사랑	116
뵈다	101	비싸다	166	사무실	183
뵙다	101	비용	213	사업	184
부동산 소개소	311	비타민	341	사용하다	039
부러지다	334	비자	213	사이	002
부르다[1]	102	비키다	270	사장	176
부르다[2]	250	비행기	260	사전	184
부모	095	빌딩	303	사진	219
부부	096	빌리다	183	사촌	092
부엌	308	빠르다	083	사탕	231
				사흘	078

산	290	서두르다	083	세탁기	040
산부인과	340	서로	096	세탁소	010
산책	219	서른	055	세탁하다	314
살[1]	102	서비스센터	010	셋	057
살[2]	327	서재	308	소	284
살다	141	서점	010	소개	096
삶다	242	섞다	243	소금	237
삼	057	선글라스	029	소독약	342
삼계탕	246	선물	158	소설가	125
삼촌	092	선배	176	소스	237
상영	209	선생님	176	소식	198
상처	335	선선하다	294	소아과	340
상추	237	선수	125	소주	231
상품	165	선약	159	소파	044
새	283	선택하다	163	소포	148
새벽	059	선풍기	039	소풍	196
색깔	287	설거지	314	소화	335
샌드위치	247	설명	184	소화제	342
샐러드	247	설사	334	속[1]	003
생각	116	섬	290	속[2]	327
생강차	233	성격	107	속옷	022
생기다	158	성명	104	손	327
생물학	189	성함	104	손가락	327
생선	237	성형외과	340	손님	165
생수	230	세	102	손등	327
생신	102	세계	214	손목	327
생일	102	세계 여행	215	손바닥	327
생활	141	세상	214	손수건	029
샤워	141	세수	142	송금	013
샴푸	042	세우다	142	송별회	159
서다	129	세제	315	송이	284

쇼핑	166	슈퍼마켓	011	시장	012
수	054	스노보드	207	시키다	252
수건	042	스마트폰	148	시합	205
수리하다	038	스물	055	시험	185
수면제	342	스웨터	022	식당	012
수박	229	스카프	030	식사	246
수선하다	038	스케이트	206	식사하다	139
수술	340	스키	206	식중독	335
수신자	146	스키장	011	식탁	044
수업	184	스타킹	030	신다	031
수영	206	스테이크	247	신문	143
수영복	023	스트레스	185	신문방송학	189
수영장	010	스파게티	247	신발	031
수저	042	스페인어	187	신분증	197
수집하다	218	스포츠	125	신선하다	238
수첩	036	슬리퍼	030	신용카드	166
수표	164	슬프다	117	신체	328
수학	189	습하다	294	신호	148
수학여행	196	승강장	265	신호등	271
숙모	092	승객	261	신혼여행	094
숙박	214	승차하다	267	실례	198
숙박하다	213	시	059	싫다	117
숙부	092	시간	078	싫어하다	119
숙제	185	시계	030	싫증	117
숟가락	042	시골	011	심심하다	117
술	231	시끄럽다	013	심하다	336
술집	011	시다	228	십	055
숲	282	시외전화	145	십자로	271
쉬다	142	시원하다	295	싱겁다	228
쉰	055	시작	074	싱싱하다	238
쉽다	186	시작되다	179	싸다	166

싸우다	177	아주머니	103	약국	012
쌀	238	아직	083	약도	271
쌀쌀하다	295	아침	060	약사	125
쌓이다	185	아파트	303	약속	160
썰다	242	아프다	336	약혼	094
썰매	207	아홉	057	얇다	046
쓰다[1]	031	아흐레	078	양	284
쓰다[2]	143	아흔	055	양말	032
쓰다[3]	167	악기	219	양복	022
쓰다[4]	228	안	003	양산	032
쓰레기	315	안개	295	양식집	253
쓰리다	336	안경	032	양주	231
쓸다	315	안과	340	양파	238
쓸쓸하다	118	안내	214	어깨	328
씻다	143	안녕	159	어느	167
		안다	129	어둡다	008
ㅇ		안전선	265	어디	004
		안전하다	272	어떻다	047
아가씨	103	앉다	129	어렵다	186
아기	103	알다	186	어른	104
아내	093	알레르기	337	어린이	103
아동복	023	알리다	186	어머니	093
아들	092	알약	342	어서	084
아래	002	앞	004	어울리다	167
아르바이트	196	애인	097	어제	064
아름답다	291	액세서리	032	억	056
아마	118	액션 영화	210	언니	091
아무	097	야구	206	언제	060
아버지	093	야구장	013	언제나	084
아이	103	야영	220	얼굴	328
아이스크림	231	약	342	얼다	297
아저씨	103				

얼룩	315	연예인	126	오빠	094
얼른	084	연주회	211	오이	239
얼마	167	연필	036	오전	060
업다	129	연휴	064	오피스텔	304
없다	005	열[1]	055	오후	058
엉덩이	329	열[2]	337	올라가다	130
엎드리다	128	열다	308	올라오다	130
에어컨	040	열쇠	308	올려놓다	005
엔지니어	122	열심히	187	올해	064
엘리베이터	304	열흘	078	옷	023
여관	214	엽서	149	옷걸이	309
여권	215	영문학	189	옷장	309
여덟	057	영어	187	와이셔츠	025
여드레	078	영화	210	왕복	265
여드름	337	영화관	006	왜냐하면	353
여든	055	옆	004	외과	340
여름	297	예매	210	외국어	187
여보세요	149	예쁘다	107	외국인등록증	197
여섯	057	예순	055	외롭다	118
여성복	023	예술	209	외식하다	252
여자친구	097	예습	182	요가	207
여행	215	예약	215	요구르트	232
역	260	예의	199	요금	266
역사학	189	예절	199	요리	243
연고	342	옛날	084	요일	065
연극	209	오	057	요즘	084
연기하다[1]	124	오늘	064	욕실	309
연기하다[2]	158	오다	137	우동	248
연락	149	오래	079	우리	098
연세	100	오렌지	229	우물 정자	147
연습	186	오리	284	우산	032

우유	232	이	057	읽다	188
우체국	012	이따가	085	잃다	033
우표	149	이렇다	045	입	329
우회전	272	이르다	058	입국	216
운동	206	이름	104	입다	023
운동장	013	이마	328	입원하다	342
운동화	033	이메일	152	입학하다	197
운전	272	이모	091	있다	005
운전면허증	197	이미	082	잊다	118
원피스	023	이번 名	073		
월	065	이비인후과	340	ㅈ	
월급	187	이사	311	자격증	197
위	005	이야기	160	자녀	092
위치	005	이야기하다	139	자다	105
위험하다	272	이제	085	자루	037
유급	179	이혼	094	자리	266
유료	164	인도 음식	249	자매	099
유명하다	104	인사	160	자식	103
유자차	233	인삼차	233	자주	085
유턴	272	인터넷	150	작가	125
유학	187	일¹	056	작년	065
육	057	일²	065	작다	047
육교	272	일³	188	작은아버지	094
은행	013	일곱	057	잔	232
음료수	232	일기	143	잔돈	162
음식	243	일기예보	292	잘생기다	107
음식점	012	일본어	187	잠깐	085
음악	210	일식집	253	잠시	085
음악회	211	일어나다	144	잠옷	024
의사	126	일찍	061	잠자다	131
의자	044	일흔	055	잡수시다	105

장갑	033	좋다	047	중문학	189
장마	295	좋아하다	119	중요하다	189
장미	282	좌석	266	즐겁다	119
장소	005	좌회전	272	지각	194
재미없다	118	죄송하다	119	지각하다	199
재미있다	118	주	066	지갑	033
재작년	064	주다	168	지금	086
저	098	주로	219	지나다	062
저녁	061	주말	066	지난 名	073
저렇다	045	주무시다	105	지내다	199
저축	013	주문하다	252	지다	285
저희	098	주방	308	지도	274
적다	180	주변	001	지루하다	117
전공	188	주부	126	지상	305
전화	150	주사	342	지역 번호	150
전화기	150	주소	150	지우개	037
전화번호	150	주스	233	지우다	316
점심	060	주위	001	지키다	160
점원	168	주유소	014	지하	305
접시	042	주의하다	273	지하도	274
젓가락	042	주인	165	지하철	261
젓다	243	주일	079	직업	126
정류장	260	주차	273	직원	177
정리	316	주택	304	직장	189
정문	304	주황색	287	직접	266
제과점	009	죽	248	직진	274
조심하다	273	죽다	141	진단서	343
조용하다	013	준비	189	진달래	282
조카	093	중간	074	진동	151
졸업하다	197	중국어	187	진찰	343
좁다	306	중국집	252	진통제	342

진학	190	참기름	239	출구	266
질문	190	창문	309	출국	216
질문하다	181	찾다	190	출근	199
집	014	채소	239	출발하다	264
집들이	312	책	191	출석	194
집사람	093	책꽂이	044	출입국관리사무소	213
집안일	316	책방	010	출장	191
짜다	229	책상	037	춤	220
짜리	168	책장	044	춥다	293
짜장면	248	처리하다	191	충혈되다	337
짧다	076	처방	343	취미	221
짬뽕	248	처음	074	취소	161
째	074	천	056	취직	200
쪽[1]	190	천만	053	층	305
쪽[2]	274	천장	309	치과	340
쭉	275	천천히	086	치다	206
쯤	062	철	297	치마	024
찌다	242	첫	075	치수	168
찍다	220	청년	100	치약	043
찜질방	016	청소	316	치즈	239
찢다	024	청소기	040	친구	098
찢어지다	024	초	062	친절하다	108
		초대	161	친척	093
ㅊ		초록색	287	친하다	099
		초밥	248	칠	057
차[1]	233	초콜릿	233	침대	045
차[2]	261	촬영하다	219	칫솔	043
차갑다	245	추다	220		
차다[1]	034	축구	206	**ㅋ**	
차다[2]	206	축구장	013	카네이션	282
차편	263	축하	161	카레	249
착하다	108				

카메라	219	탕수육	248	팔다	165
카센터	261	태권도	206	페이지	190
카페	014	태풍	294	펜션	214
칼	043	택배	151	편도	265
캠핑	220	택시	261	편리하다	264
커튼	310	터미널	261	편안하다	310
커피	234	테니스	206	편의점	014
커피숍	014	테이블	044	편지	152
컴퓨터	040	텔레비전	041	편하다	310
컴퓨터공학	189	토마토	240	평일	066
컵	043	토하다	338	포도	229
케이크	234	통장	013	포도주	231
켜다	151	통증	338	폭포	291
켤레	034	통화	151	폭풍	294
코	329	퇴근	199	표	211
코미디 영화	210	퇴원하다	342	풀다	027
코트	024	퇴직	200	프랑스어	187
코피	338	튀기다	243	피	338
콘도	214	튼튼하다	330	피곤하다	339
콘서트	211	틀리다	192	피다	285
콜라	234	틈틈이	086	피부과	340
콩	236	티셔츠	025	피서	298
크다	047	티켓	211	피아노	220
큰아버지	094	팀	208	피자	249
큰어머니	094			필름	211
큰집	094	**ㅍ**		필요	119
키	329			필통	037
		파랗다	287		
ㅌ		파티	161	**ㅎ**	
		판사	124		
타다	207	팔[1]	057	하나	057
탁구	206	팔[2]	330	하늘	291

하다	144	해외여행	215	회사	015
하숙집	197	핸드백	034	회사원	127
하얗다	288	햄버거	250	회의	193
하지만	353	행복하다	120	회장	125
하차하다	267	향수	034	횡단보도	275
학교	015	허리	330	후문	304
학기	192	헤어지다	139	후배	176
학년	192	현금	169	휴가	200
학비	192	현금자동인출기	013	휴게실	194
학생	177	혈액	338	휴대전화	150
학생증	197	형	094	휴일	066
학원	015	형제	099	휴지	317
한가하다	198	호	305	흐리다	296
한국말	193	호랑이	285	흡연	339
한국어	193	호선	275	희다	288
한글	193	호수	291	힘	330
한복	025	호텔	214	힘들다	194
한식	249	홍차	233		
한식집	253	화	120		
한약	343	화가	127		
한의사	343	화장	144		
한의원	343	화장실	310		
한자	193	화장품	035		
합격하다	180	확인	152		
항공사	259	환송회	159		
항구	259	환승역	263		
항상	086	환영하다	162		
해	079	환자	343		
해변	290	환절기	298		
해산물	240	황사	294		
해수욕장	290	회	248		

기타

PC방	015